Découvrez l'histoire par les archives de presse

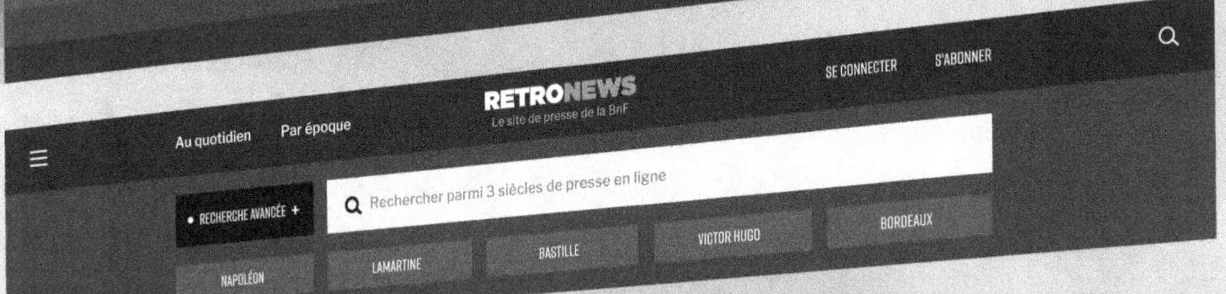

RETRONEWS

Le site de presse de la BnF

www.retronews.fr

5ᵉ ANNÉE. — Nᵒ 1.   5 Janvier 1899.

BULLETIN

DU

COMITÉ DE MADAGASCAR

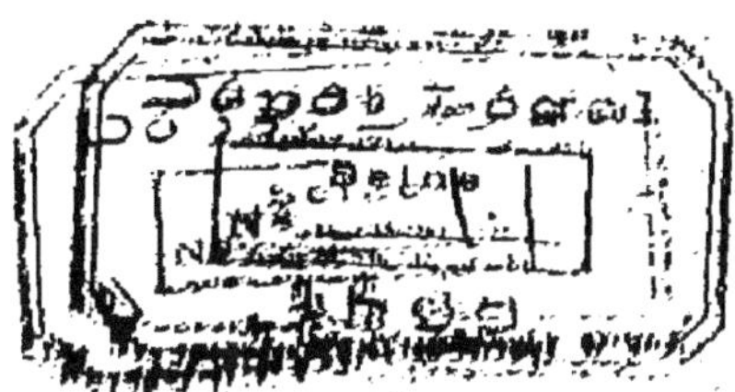

PUBLICATION MENSUELLE

SOMMAIRE :

	Pages.
La situation générale à la fin de 1898	1
Voyage dans la vallée du Bas-Mangoky et à travers le Fiherenana par E. J. Bastard (suite)	5
L'Emigration créole à Madagascar	15
Organisation de la justice	18
Le Voyage de la Reine Rasoberina à la côte en 1867 (suite)	26
Nouvelles de Madagascar	34
Actes officiels	43
Informations	44
Sociétés commerciales et industrielles	47
Bibliographie	48

Abonnement : 12 francs par an. — Le Numéro : 1 franc

PARIS

COMITÉ DE MADAGASCAR | Augustin CHALLAMEL, Éditeur
44, CHAUSSÉE D'ANTIN   17, RUE JACOB

La Situation générale à la fin de 1898

La situation politique de Madagascar a peu varié depuis quelques mois. Elle est toujours très satisfaisante sur la côte Est ainsi qu'en Emyrne et dans le Betsiléo. Dans les territoires de l'Ouest et du Sud les dernières opérations militaires ont amené une amélioration sensible dans l'état du pays et le calme y renaît peu à peu. Au Nord-Ouest un certain mouvement insurrectionnel s'est produit récemment et plusieurs de nos compatriotes ont été victimes des rebelles. L'effervescence s'est déclarée dans la partie de la province de Nossi-Bé située sur la Grande-Terre et s'est propagée dans le nord de la province d'Analalava. Les causes de cette effervescence ne sont pas encore exactement connues, des troupes ont été envoyées immédiatement et les mesures nécessaires ont été prises pour que le mouvement fût enrayé sans retard. Malgré la certitude de ce résultat, il est à redouter que ces regrettables événements n'influent sur l'esprit des futurs colons et n'arrêtent pendant quelque temps le courant d'immigration dans ces régions du Nord-Ouest réputées parmi les plus riches et les plus fertiles de l'île.

Ces populations nous semblaient cependant entièrement acquises, mais il est à remarquer que la génération actuelle, celle qui a accepté notre autorité, est trop mûre pour subir complètement notre influence, c'est pourquoi par la création de nombreuses écoles et la propagation de l'enseignement nous cherchons surtout à nous attacher la génération nouvelle.

Les voies de communication qui s'ouvrent partout facilitent en même temps l'essor de la civilisation et celui du commerce en permettant à nos colons, à nos commerçants et à nos missionnaires l'accès des diverses régions de l'île. Les travaux de routes ont été activement poussés pendant les derniers mois ; l'on a reconnu récemment deux nouvelles voies fluviales de pénétration par la côte Ouest, le cours de la Tsiribihina et celui du Mangoka. Les communications télégraphiques s'augmentent également. La ligne électrique de Tananarive à Fianarantsoa est en construction, celle de la côte Est a atteint Mahanoro le 22 octobre et se poursuit sur Mananjary.

On travaille aussi à d'importants ouvrages destinés à améliorer nos ports. A Majunga, c'est la construction d'une digue pour la protection de la Pointe-de-Sable ; à Tamatave c'est celle d'une autre digue pour défendre le rivage contre les atteintes du flot, c'est celle d'un boulevard maritime desservant toute la rade, c'est enfin la construction d'un nouvel appontement devant permettre d'effectuer avec facilité l'embarquement et le débarquement des marchandises.

L'agriculture continue à se développer d'une façon normale. L'étendue des rizières surtout a augmenté dans une grande proportion et la récolte sera cette année très abondante. Ce résultat peut être attribué aux efforts des commandants de territoire, de cercle et de province ainsi qu'à l'initiative privée de quelques colons pour pousser les indigènes au travail de la terre et les initier aux méthodes de culture les plus rationnelles. C'est ainsi que deux essais de labour à la charrue viennent d'être faits dans les 3ᵉ et 4ᵉ territoires militaires, dans le but d'apprendre aux Malgaches l'usage de cet instrument et d'en faire généraliser l'emploi. A ce sujet il convient de signaler qu'un de nos compatriotes, M. Bouts, vend à Tananarive des charrues construites dans ses ateliers avec des matériaux provenant de sa concession.

Cette introduction, au temps du Gouvernement malgache, aurait été des plus difficiles, par suite surtout du manque de routes et du mauvais vouloir des gouvernants, systématiquement opposés à toute innovation.

Aujourd'hui les indigènes commencent à se rendre compte de l'utilité d'employer la charrue pour le labour, et plusieurs d'entre eux viennent de faire des commandes d'instruments aratoires français.

Les cultivateurs sont aidés dans leur tâche par des articles agricoles très complets insérés au *Journal officiel*. L'auteur de ces articles, M. Fauchère, chef jardinier du jardin d'essais de Tananarive (Nahanisana), vient encore d'attirer l'attention du public rural sur une plante fourragère indigène, le varontsanjy, qui semble pouvoir suppléer, pendant la saison sèche, à la pénurie des pâturages dans la région centrale. (*Journal Officiel* du 20 octobre 1898.)

Des articles de même sorte pour la côte Est sont publiés par M. Martin, chef jardinier du jardin d'essais de Tamatave.

Dans le courant du mois d'octobre dernier, sept nouvelles concessions agricoles et une concession forestière ont été accordées.

Les exploitations minières sont en bonne voie de prospérité. A citer entre autres celles de la Compagnie lyonnaise, de MM. Meurs et Boussand, de M. Baudin, de M. Sescau, etc...

M. le garde d'artillerie Villiaume vient de rentrer à Tananarive, de retour d'une longue mission d'études minéralogiques au cours de laquelle il a relevé de nombreux gisements dont voici la liste : *Charbon tertiaire*, sous forme de lignite fibreux et compacte, semblable au combustible fossile qui donne au gisement de Fuveau

(Bouches-du-Rhône) l'importance d'une véritable houil-
lère. Les échantillons, recueillis dans les plus mauvaises
conditions sur les points bas où les couches sont inon-
dées par les ruisseaux, donnent encore à l'analyse
6,000 calories. — *Nickel* (hydrosilicate), bonne teneur
moyenne des minerais calédoniens. — *Cuivre panaché*,
le pyrite cuivreux, l'azurite, en gisements puissants ;
avec un chemin de fer et des tarifs peu élevés, les minerais pourraient être exportés tels quels. — *Galène*, en
forts filons. — *Cérusite*, en masses concrétionnées. —
Bleude et cassiterite, paraissent peu abondantes aux
affleurements. — *Manganèse cobaltique*, en gisement,
avoisinant les filons plombifères ; possibilité de teneurs
argentiques ou à l'état natif de l'argent dans les minerais en profondeur.

M. Villiaume a remarqué une longue zone calcaire
destinée, d'après M. Muntz, membre de l'Institut, à transformer le sol de la province de Betsiléo.

Il a en outre trouvé des gisements : de chaux carbo-
natée spathique (carbonate pur) ; d'albâtre et de marbre
gris de l'étage houiller ; de carbonates divers destinés
à la fabrication des chaux hydrauliques et des ciments ;
de phyllades et d'ardoises, de pyrite et de fer sulfuré
employés à la fabrication à bon marché de l'acide sulfu-
rique, transformation des phosphates en phosphates tri-
basiques assimilables.

Les échantillons rapportés n'ont pas encore été tous
analysés.

Il existe enfin, dans certaines régions, de grands
dépôts ossuaires renfermant les restes des grands ver-
tébrés de l'Eocène (hippopotamus major, cervus mégacé-
ros, anthrécotérium, etc.)

La mission de M. Villiaume fera l'objet d'un rapport
détaillé, qui sera publié ultérieurement.

VOYAGE DANS LA VALLÉE DU BAS-MANGOKY
ET A TRAVERS LE FIHERENANA (1)

Nous côtoyons un parc à bœufs à l'entrée duquel les hommes armés qui gardent la nuit le troupeau, sont accourus en entendant les chiens. Très défiants, ils se penchent pour nous distinguer dans l'ombre et questionnent nos guides pendant que nous gagnons le centre du village. Je m'arrête : les porteurs déposent leur charge et se laissent choir à côté observant les indigènes qui nous entourent, pendant que j'explique à un vieillard qui s'est avancé pour me voir, notre fatigue et notre envie de trouver au plus vite un abri. Je m'introduis dans la première case venue dont les occupants, sans mot dire, délogent et me cèdent la place : quatre minces cloisons de roseaux et un pauvre petit toit d'herbes sèches, et je m'étends pour dormir.

Oh la mauvaise nuit ! durant laquelle, jusqu'à l'aube, les féroces moustiques entretiennent une impitoyable insomnie qu'un demi-sommeil, peuplé de cauchemars, va peut-être enfin calmer un moment. Mais point ! Voilà qu'au bord du bois, vers un bout du village, le premier coq a chanté : aussitôt les chiens s'éveillent, aboient, hurlent, pleurent ! Au milieu de ce concert, subitement, un bouc fait entendre sa voix retentissante. Les chiens se taisent comme par enchantement. Le bouc continue à parler en solo et termine par plusieurs éclats d'un rire étrange et formidable ! Puis les coqs secoués à leur tour, se saluent à la ronde, sans trève. Enfin les bœufs s'agitent

(1) Voir les *Bulletins* des 5 septembre et 5 novembre 1898, ainsi que la carte du Fiherenana, p. 545.

et se lèvent en soufflant pendant que les vaches meuglent après leurs veaux. Le jour est venu ! Il faut se lever avec des courbatures et la fièvre après cette nuit sans repos.

J'examine les alentours.

Les eaux du Mangoky, jadis, avaient ici une large voie d'écoulement, bouchée désormais. Plus que du sable, des roseaux et des mares ! étendue dénudée, par delà laquelle. sur la rive du sud, s'estompe la lisière opposée des bois.

Bekapoka est sur la rive droite de cet ancien fleuve, caché dans la forêt qui n'est plus la brousse mais une série de hautes futaies impénétrables en certains endroits, entremêlées dans d'autres de clairières herbeuses.

Et pendant qu'avec un de mes hommes je fais une tournée d'inspection, ayant chargé Samat du soin des vivres, je songe qu'une faune abondante doit habiter cette région inconnue et que peut-être je vais faire des trouvailles ! et je rentre au village avec l'espoir d'y séjourner assez longtemps pour enrichir mes collections. Beau projet ! mais c'est compter sans mes hôtes !

Samat a eu bien du mal à trouver du riz pour un jour.

Je sais que le chef du village est un fils de N'Driamananga. Je l'envoie prévenir que je voudrais le voir. Il me fait répondre qu'il est malade et d'attendre l'après-midi. Cette réponse me semble bien un peu bizarre, mais s'en plus m'en soucier, je vais me reposer à l'ombre d'un gros arbre du village. Une grande fille m'apporte gravement une natte qu'elle déroule à mes pieds : attention délicate que je paierai tout à l'heure d'un joli cadeau de perles blanches. En attendant, je contemple avec intérêt les curieux qui suivent d'un œil attentif chacun de mes gestes. Ma pipe Jacob que je bourre avec méthode leur semble un objet merveilleux, je le vois, et je mets le comble à leur admiration lorsque, frottant négligemment une allumette, je produis une flamme subite.

— Vazaha biby ! vazaha biby ! (quel animal étrange que ce blanc !)

N'est-il pas charmant de se trouver au milieu de gens qu'étonne encore une allumette?

Et ces gens ne manquent pas d'une certaine beauté, surtout les jeunes, presque nus, aux gestes très dignes lorsqu'ils paradent avec leurs sagaies luisantes et leurs longs fusils à pierre ornés de clous de cuivre.

Les femmes et les filles surtout me serrent de très près, mais hélas ! quelle saleté !

Ces jeunes filles qui sont là à m'exposer leurs seins et leurs formes jolies, ont le corps si maculé que, malgré la couleur naturellement foncée de leur peau, l'œil s'amuse à compter les taches d'ordure et souvent s'y perd.

Leur passe-temps favori est de se chercher les poux dans la tête : elles font cela en bavardant comme chez nous les jeunes demoiselles de la tapisserie. Ici, il arrive (rarement!) qu'une jeune fille manque de cette denrée, je veux dire d'insectes dans la tête, parce qu'elle s'est fait faire la veille une chasse trop assidue. Alors elle s'en fait prêter et repeuple rapidement sa chevelure avec des emprunts faits à ses bonnes amies qui ne refusent pas ce service. Quelle volupté de se faire taquiner à nouveau sa forêt crépue, la tête paresseusement appuyée sur la cuisse de l'amie attentive à la chasse! J'écris ceci d'après nature, cependant que quelques-uns de ces parasites, véhiculés de mains en mains, sont parfois emportés par le vent, et, tout à l'heure sans doute, me causeront, je le crains, quelques démangeaisons!

Midi ! Soupe à la pintade !

Samat me rapporte qu'il y a dans ce village quelques

indigènes habiles à la chasse et connaissant à fond la forêt qu'ils parcourent sans cesse. Ils dédaignent de cultiver un champ de maïs et préfèrent traquer les tanrecs et les bêtes des bois, et les autres Sakalaves qui sont peu chasseurs les appellent des « Mikeo ». On a raconté que ces *Mikeo* formaient des tribus à part, purement sylvicoles et ne vivant que de chasse et de miel. C'est là, je pense, une simple légende. Dans le voisinage des forêts il y a de ces *Mikeo*... qui passent leur temps à courir les buissons, mais ils ne se distinguent des autres que par leur passion pour la chasse, et ils ont leur case au village et aussi leur femme.

Me voilà bientôt en train d'apprivoiser un de ces Mikeo, en partageant avec lui mon tabac, qu'il met par pincées entre sa gencive inférieure et sa lèvre. Il est impatient de voir l'effet de mon fusil et veut tout de suite me mener dans la forêt vers les endroits où il y a des bêtes. Je suis moi-même enchanté d'un tel guide et n'attends, pour le suivre, que d'avoir vu le chef, auquel je veux annoncer que je compte me fixer chez lui quelques jours.

Je n'ai pas cette peine, car il m'envoie dire que, décidément, il ne tient pas à me voir, qu'il est fort étonné que son père N'Driamananga m'ait laissé passer et qu'il me prie de quitter le village au plus vite.

Voilà bien d'un contre-temps !

Le mieux est d'être patient et d'attendre. Je laisse donc Samat veiller aux bagages et je pars avec mon ami chasseur, curieux d'éprouver ses talents. Il siffle sept ou huit chiens, de ceux qui nous ont si mal accueillis hier soir, une vraie meute farouche, au poil dur, et nous voilà dans les bois à travers futaies et broussailles. Le Mikeo ne m'a point menti et lorsque nous rentrons au coucher du soleil, les deux porteurs qui m'avaient suivi ont leur charge de gibier : Sifaka, lemurs mongoz, pintades, gangas, pigeons. Rien de rare, il est vrai, mais qui sait ce que me réserveront les jours suivants?

Le village est très silencieux! Qu'y a-t-il? Je trouve Samat et les hommes accroupis en groupe autour du feu : ils me regardent d'un air consterné. Il y a qu'il se prépare quelque chose contre nous, paraît-il. Quelques indigènes ont déjà cherché chicane à plusieurs de mes porteurs, sans motif sérieux, et les femmes, présage inquiétant, ont disparu dans les cases.

Au lieu du bruit habituel, tout est tranquille. Seuls, quelques gaillards armés rôdent autour de nous, nous épiant, et affectant de garder les bœufs comme si nous voulions les voler. Les maudits chiens, qui décidément jouent un rôle macabre, sont tous en rang, assis sur leur derrière à petite distance de nous, et hurlent d'une voix hargneuse à tour de rôle.

Bêtes et gens sont peu hospitaliers à Bekapoka!

Je couche dehors à côté des bagages : les hommes à côté de moi entretiennent le feu et pas un d'eux n'ose s'écarter. Encore une nuit où l'on ne dort que d'un œil.

8 octobre 1896. — Lorsque le soleil se lève, nous sommes déjà à dix kilomètres de Bekapoka où j'aurais tant voulu séjourner !

La forêt devient moins touffue et les essences se modifient. Les baobabs apparaissent.

Tout un monde d'oiseaux voltige d'arbre en arbre, surtout de grands perroquets noirs qui nous accompagnent en poussant des cris aigus.

A chaque instant des pintades filent dans les herbes d'un pied leste. Je suis désolé que la prudence m'oblige à quitter une pareille région. C'est une guigne ! Mais suis-je en force ? Deux fusils et un revolver !

Cette partie du delta du Mangoky paraît bien fertile.

Le maïs y vient magnifique, voici des patates douces, du manioc et de la canne à sucre. Sans doute une foule de plantes de nos climats pourraient y donner des résultats excellents. D'abord tous nos légumes y pousseraient certainement mieux encore qu'à Morundava où j'ai vu des choux énormes et des tomates colossales. Il y a aussi des pâturages et les bœufs sont très beaux : cabris, poulets abondent et le pays est fort peuplé.

A chaque instant des indigènes nous croisent sur le sentier : ils vont d'un village à l'autre, la sagaie sur l'épaule. Ces Masikoros, à la fois pasteurs et agriculteurs, n'ont toutefois pas grande industrie, à en juger par leurs cases rudimentaires et leur ethnographie plus que pauvre. Ils ne tirent aucun parti du lait de leurs troupeaux. On croirait qu'ils ne les ont que pour avoir le plaisir de se les piller les uns aux autres, car ils sont belliqueux et par-dessus tout voleurs, comme j'ai pu le constater maintes fois dans la suite de mes excursions chez eux.

Après être sortis de la forêt, nous passons plusieurs villages, et de bonne heure, nous sommes à Tanandava, résidence de Laïmanganika, fils préféré et bras droit du vieux N'Driamananga.

A l'encontre de son frère de Bekapoka, celui-ci m'accueille avec empressement et sans m'imposer un trop fastidieux Kabary, en quelques mots, il me souhaite la bienvenue, m'appelle son frère, et m'offre de loger dans l'enceinte fortifiée où il habite lui-même. La case qu'il me donne est un peu plus habitable que celles où j'entrais jusqu'à présent, comme un lapin dans son trou. Ici je puis me tenir debout chez moi : c'est du confort ! La case du roi, voisine de la mienne, a une porte qui fut autrefois la porte d'une cabine de navire : vieille part de butin, apportée, quelque jour, de la côte jusqu'ici !

La curiosité de Laïmanganika à mon égard est on ne
peut plus indiscrète : il m'examine en détail, me palpe
sur toutes les coutures, essaie mon casque, boit au bidon
d'un de mes porteurs, examine mon fusil. Après souper,
je vais chez lui et il me présente ses six femmes : « Voilà
tes belles-sœurs, me dit-il, elles iront te voir demain. »
Je sais ce que me coûtera cette politesse!

Deux des plus jeunes femmes viennent s'agenouiller
devant nous et nous présentent de la nourriture. Je
refuse parce que j'ai soupé, mais je félicite le jeune roi
de son urbanité. Après qu'il a mangé son riz, il me
montre un accordéon et me demande de le faire parler
« à la façon des blancs » : — « Il serait si heureux d'entendre de la musique et de distraire ses femmes ! »

J'organise immédiatement une sauterie nègre, et l'un
de mes porteurs, Doëla, qui sait jouer « J'ai du bon tabac »
et « la Marseillaise », fait gémir avec frénésie l'instrument royal pendant que mes porteurs, mêlés aux indigènes, se démènent comme des enragés. Assis entre
Samat et mon jeune frère le roi, j'assiste, très sérieux, à
ce charivari, comparant à part moi la sécurité de ce soir
à la morose et inquiète veillée d'hier à Bekapoka.

Jeudi 9. — Je constate que je suis arrivé à la ra-
mification du Mangoky principal avec son ancienne
branche de Kitombo, suivie par nous depuis Bekapoka.
En cet endroit, le Mangoky n'est guère large que de
400 mètres, mais nous sommes à l'époque des plus basses
eaux, et il est facile de voir qu'à la saison des pluies, le
fleuve est large de plus de 800 mètres. Au loin, j'aperçois
des collines blanches qui se trouvent, me dit-on, derrière
Vondrové.

L'amitié d'un chef Masikoro est un bienfait du diable !
Laïmanganika n'est pas sorti de ma case aujourd'hui,

et ses femmes, mes six belles-sœurs, sont venues aussi :
tous les objets m'appartenant ont été examinés, palpés,
dérangés, cassés. Tous ces sauvages m'étouffent, m'é-
crasent, s'écrasent eux-mêmes. Je ne respire plus, si
ce n'est une odeur d'huile·rance. C'est tout juste si
l'on ne me déshabille pas, et mes belles-sœurs en ont,
je crois, grande envie — pour voir si ma peau est partout pareille ! Laïmanganika ne me demande qu'une bou-
teille de rhum, que je lui refuse. Son œil circule autour
de la case, fouille tous les coins méthodiquement et
brille. Je serais bien étonné si, demain au départ, je
ne m'apercevais de la disparition de quelque objet.

Je n'ai pourtant pas été chiche de cadeaux pour lui et
ses femmes, en échange du bœuf et du lait qu'il m'a
donné.

Le soir, étant retourné au Mangoky, je reviens affamé,
mais Rahma, au lieu de préparer mon dîner, s'occupe de
faire « l'échange du sang » avec une fille du village. Cette
cérémonie m'est connue et ne m'intéresse plus, l'ayant
moi-même endurée. Je ne songe pour l'instant qu'à mon
repas qui n'est pas cuit, et je cause un certain scandale,
en faisant irruption dans la case où s'accomplit l'opération, et en cueillant séance tenante le néophyte pour le
ramener un peu vigoureusement à sa marmite.

10 octobre. — Nous quittons Tanandava. Il fait presque froid. Tout de suite nous traversons le bras de
sable du Kitombo, large d'un kilomètre.

Tout le long du sentier s'enfuient des bandes de pintades. Eugène Samat me fait observer que les porteurs
ont mangé hier durant toute la journée et toute la nuit,
qu'il n'y a plus de vivres et qu'au prochain village, peut-
être n'en trouverons-nous pas.

Je m'écarte donc du sentier pour chasser.

Il est très rare qu'on ait l'occasion de tirer la pintade au vol : c'est un animal très farouche qui piéte vite et disparaît dans les herbes sans jamais se laisser approcher à portée de fusil. Avec un chien dressé, les conditions changent. J'ai amené de France une petite chienne fox terrier, et l'ai habituée à chasser la pintade : elle prend le pied, rejoint à la course les oiseaux qui font alors un vol pour se poser sur les arbres ; mais la chienne les a suivis de l'œil et s'en vient aboyer au pied des perchoirs. Les pintades tendent le cou et regardent la chienne comme hypnotisées : s'approcher alors avec précaution, en se dissimulant, et en abattre successivement plusieurs, est tout à fait facile. Cette chasse n'est ainsi qu'un massacre, mais lorsqu'on a des hommes à nourrir on n'y regarde pas de si près. Ce matin j'en tue dix-huit en fort peu de temps : une pour chacun ! A neuf heures, nous passons à Ankotepoka dont les habitants demandent un prix exorbitant pour quelques patates : le chef me fait toutefois cadeau d'une cinquantaine d'épis de maïs.

Le sentier suit la rive gauche du Mangoky et à onze heures nous nous arrêtons au bord de l'eau, non loin d'un village.

Le fleuve dont le courant est fort rapide, est encombré de bancs de sable.

A l'horizon les collines bleues ont maintenant l'air de vraies montagnes : bientôt nous les atteindrons.

A mesure que j'avance vers l'intérieur, ma fièvre disparaît : je redeviens fort. Mes porteurs qui s'aperçoivent très bien que l'énergie me revient, marchent à merveille tous. Le soir nous campons au village de Katsakatsa chez Reafy, jeune fils du roi Sanabé qui commande à quelques peuplades au sud de la rivière.

Comme toujours, avant de nous installer, il faut patienter un bon moment jusqu'à ce qu'on nous ait annoncé que le chef, entouré de son monde, nous attend pour faire Kabary.

Reafy est un tout jeune homme qui n'a pas encore le calme indifférent d'un vieux chef, car lorsque je m'approche, il se lève debout comme un ressort, et s'avance pour me voir. Un murmure désapprobateur le rappelle au sentiment de la dignité et il se rassied ; mais il est tout de même ému, cela se voit, et ce manque de tenue scandalise les vieillards. Ils m'en tiennent rancune en me chicanant pour des vétilles. Tout finit par s'arranger grâce au moyen ordinaire, c'est-à-dire à mes cadeaux, et le kabary se termine sans trop d'aigreur.

Reafy, assez penaud, ne peut pourtant résister bien longtemps à sa curiosité, et il ne me quitte pas de la soirée. Il me plaît, et je le gâte. Mais il ne veut pas être en reste avec moi et bientôt les vivres abondent au camp : toute une provision de maïs pilé, de patates sèches et de poulets, sans compter un jeune bœuf.

J'ajoute encore à mes dons : ma générosité n'a plus de bornes !

Celle du petit roi non plus : il m'offre sa femme ! Merci ! Elle est plus vieille que lui et le sage Sanabo, en la lui donnant lui a dit : « — Mon fils, cette première femme est un peu ta mère, mais elle te communiquera l'expérience qui est en elle, et plus tard, lorsqu'elle aura fait de toi tout à fait un homme, tu prendras de plus jeunes épouses. » — Touchante sollicitude paternelle !

(A suivre.)

E. J. BASTARD.

L'ÉMIGRATION CRÉOLE A MADAGASCAR

Au début, ou tout au moins à la première période de l'occupation française, quelques renseignements sur les conditions de l'immigration à Madagascar m'ont semblé avoir leur utilité ; c'est, avec des chiffres à l'appui, et des données en quelque sorte officielles que je désire présenter, à ceux que cela peut intéresser, ce simple travail, sans aucune prétention d'ailleurs.

Certes, bien des choses ont été écrites à ce sujet et je ne prétends rien apporter de véritablement nouveau, je désire seulement exposer en les coordonnant le plus grand nombre possible de renseignements utiles au futur colon.

Madagascar, ainsi que tous les explorateurs, petits ou grands, l'ont affirmé, peut devenir sinon une des plus belles colonies de notre empire d'outre-mer, du moins une de celles où l'industrie, le commerce, l'agriculture et l'élevage peuvent donner à ceux qui s'y adonneront avec suite de réels bénéfices.

Un des obstacles les plus sérieux au développement de notre nouvelle possession est indiscutablement le défaut de main-d'œuvre dû aussi bien à la faible densité de la population qu'à l'incorrigible paresse des indigènes.

Je n'ignore pas que l'opinion populaire en France objecte souvent à la théorie de l'occupation du sol par le conquérant, le droit pour l'autochtone de ne pas travailler n'ayant pas de besoins : l'idée peut être juste, mais les conséquences qu'on en tire sont fausses en ce sens qu'elles sont la négation des besoins généraux de l'humanité. « Une race d'hommes n'a pas le droit de faire bande à part, de se refuser à toute communication avec les autres, et d'inutiliser des territoires immenses dont elle ne sait pas tirer parti. La question est de savoir si les Européens doivent se résigner à tous les maux qu'entraîne l'*over population* pour permettre à quelques sauvages de se manger entre eux » (1).

Présentée ainsi, la question est aisément résolue, et le droit de l'Européen à l'occupation du sol malgache, le devoir pour

---

(1) Arthur Girault.

l'indigène ou de le mettre en valeur ou de céder la place se trouvent nettement établis.

La population, ainsi que je le dis plus haut, étant trop clair-semée et trop indolente, il en résulte pour nous, colonisateurs, l'obligation de lui apporter le concours de nos bras, de notre intelligence et le fruit de plusieurs siècles d'efforts et de travaux accomplis par notre race.

La position géographique de la grande île attira dès le début de son occupation un élément de colonisation, sur lequel les organisateurs de la première heure fondèrent de grands espoirs et qui ne répondit en rien à leurs espérances : je veux parler de l'immigration créole de Bourbon et de Maurice.

Aussitôt les opérations de guerre terminées et l'occupation française proclamée, il se produisit aux îles voisines de la Réunion et de Maurice un mouvement considérable d'immigration vers Madagascar : ce mouvement ne fit que s'accroître par la suite.

Dans une période de neuf mois — du 3 janvier au 3 octobre 1898 — 963 créoles, dont 525 de Bourbon et 358 de Maurice débarquèrent à Tamatave par les seuls paquebots des Messageries Maritimes. Je ne parle pas, n'ayant pas de données certaines à ce sujet, des arrivées dans les autres ports de l'île, ni de celles faites par les voiliers ou les autres compagnies de navigation, mais ceci n'infirmera en rien mon raisonnement basé sur des comparaisons de chiffres.

Dans la même période de neuf mois on relève le rapatriement gratuit, pour cause d'indigence, de 244 créoles de Bourbon, ceux de Maurice étant dirigés sur leur pays d'origine par les soins du consul anglais. Si l'on ajoute à ce chiffre déjà respectable, celui des créoles qui rentrent à leurs frais, on constatera que plus de la moitié des immigrants créoles ne font à la colonie qu'un court séjour, et sans avoir rendu aucun service grèvent le budget local : le prix du passage, réductions comprises, étant de 19 francs, c'est donc une somme de 4.636 francs déjà perdue en trois trimestres et d'environ 6.000 francs pour l'année entière.

D'autre part et pour le 1er trimestre 1898, seulement, les frais d'hospitalisation payés par le budget local se sont élevés à

5,866 fr. 95, ceux pour secours et médicaments aux indigents à 478 fr. 70 et d'enterrement à 180, soit au total 6.525 fr. 65 pour un trimestre et pour une année environ 25.000 francs.

Les Français et Malgaches ne figurant dans ces dépenses que dans une faible proportion, à peine le dixième, et les étrangers créoles de Maurice ou autres étant hospitalisés et secourus par leurs consuls respectifs, la conclusion logique est que l'immigration créole de Bourbon ne rend aucun service et charge inutilement le budget déjà si difficile à équilibrer. Au point de vue moral, cette catégorie d'immigrants ne vaut guère mieux qu'au point de vue de la résistance physique. L'île Maurice, où n'existe pas le casier judiciaire, est un nid de véritables convicts qui traqués dans leur pays d'origine passent à Madagascar pour se refaire une virginité morale.

Aussi la moitié, exactement, des condamnations prononcées par le tribunal de 1re instance de Tamatave, a-t-elle frappé des créoles Mauriciens.

La débilité et la moralité de ces gens en font par conséquent d'exécrables colons.

Si l'on ajoute à ce bilan, exact mais peu flatteur, j'en conviens, que leur arrogance les rend insupportables aux européens aussi bien qu'aux indigènes, que leur paresse, leur nonchalance, natives, les rendent impropres à tous travaux de force, ou simplement de suite, on constatera que les efforts faits pour enrayer cette immigration ont été raisonnables et raisonnés.

Je dis raisonnés, car il ne faudrait pas croire que c'est par esprit de dénigrement, par animosité d'Européens envers des métis que nous nous opposons à l'arrivée de cet élément de colonisation.

Des tentatives de colonisation officiellement soutenues ont été tentées et ont abouti aux pires résultats. M. Babet ancien maire et conseiller général de la Réunion, obtint en mai 1897, le passage gratuit de Saint-Denis à Tamatave, et de Tamatave à Mananjary pour lui et 71 personnes choisies par lui et dont il était le chef. Il est vrai que ce groupe ne comprenait que 22 hommes ou jeunes garçons au-dessus de seize ans. Des instructions détaillées furent envoyées par le Gouverneur Général à l'administrateur de la province de Mananjary pour la réception, le logement et la nourriture des immigrants, en attendant leur installation sur les concessions. Entourés de soins, défrayés de tout, il y avait lieu d'espérer un bon résultat. Quelques mois après (octobre 1897) le Secrétaire Général allait visiter la colonie et recevait plaintes sur plaintes. M. Babet déclarait qu'il était « entouré de voleurs », et désignait ainsi ses compagnons. Ceux-ci de leur côté demandaient le renvoi de leur chef qui ne rêvait qu'à la création de Babet-ville, et pour les grouper et les administrer, les forçait à habiter à deux et trois heures de marche de leurs terrains de culture (1).

ORGANISATION DE LA JUSTICE

Nous avons annoncé dans le *Bulletin* du 5 décembre 1898, p. 633, qu'un décret du Président de la République concernant l'organisation de la justice avait paru dans le *Journal Officiel* du 26 novembre.

Voici le texte du rapport adressé par le Ministre des Colonies au Président de la République ainsi que celui du décret :

Rapport.

Les décrets du 28 décembre 1895 et du 9 juin 1896 concernant l'organisation de la justice à Madagascar se sont bornés, en ce qui concerne les tribunaux indigènes, à maintenir leur institution sans fixer les règles de leur compétence, la procédure qu'ils auraient à appliquer et les voies de recours aux juridictions supérieures.

Il était difficile, en effet, au lendemain de la prise de possession de la grande île, de régler définitivement ces questions sans s'exposer au danger de froisser les populations indigènes auxquelles le gouvernement de la République avait reconnu le droit de faire juger leurs différends suivant leurs usages et leurs coutumes.

L'administration locale s'est donc trouvée amenée à réglementer par une série d'arrêtés locaux l'organisation et le fonctionnement des juridictions indigènes et à assurer la marche du

(1) Nous avons annoncé dans le *Bulletin* du 23 décembre 1898, p. 613 que M. Babet avait demandé à l'administration le rapatriement de ses colons.

service dans des conditions qui n'ont soulevé aucune plainte de
la part des populations.

Le décret que j'ai l'honneur de soumettre à votre signature,
d'accord avec M. le garde des sceaux, a pour but de consacrer
définitivement les mesures provisoires prises par M. le général
Gallieni et dont l'expérience a démontré l'efficacité.

Aux termes de cet acte, la justice indigène comprendra désormais trois degrés de juridiction : 1° les tribunaux du 1ᵉʳ degré
dont la compétence sera à peu près la même que celle des justices de paix à compétence étendue ;

2° Les tribunaux du 2ᵉ degré dont les attributions, surtout en
matière répressive, sont sensiblement plus étendues que celles
des tribunaux de première instance ;

3° La cour d'appel de Tananarive, qui aura à connaître des
appels ou des demandes en annulation formés contre les jugements des divers tribunaux.

Présidés par les administrateurs, par les commandants de
cercle et par des fonctionnaires et officiers chefs de districts ou
de secteurs, ces tribunaux statueront sur toutes les affaires indigènes, avec l'assistance de deux assesseurs indigènes ; dont le
rôle purement consultatif consistera surtout à mettre les juges
au courant des usages et des coutumes du pays.

La cour d'appel de Tananarive devra également s'adjoindre
deux assesseurs indigènes lorsqu'elle aura à examiner les jugements rendus par les tribunaux du 1ᵉʳ ou du 2ᵉ degré.

J'ai la confiance que cette organisation, qui a été expérimentée
avec succès par M. le général Gallieni et qui associe directement
l'élément indigène à l'administration de la justice, assurera d'excellents résultats et facilitera la diffusion de notre influence et
de nos idées dans les populations de Madagascar.

Déjà les administrateurs et les officiers du corps d'occupation
ont su inspirer aux indigènes une crainte salutaire de la justice
française jointe à un profond sentiment de respect pour son
impartialité. En voyant consolider par le pouvoir central une
organisation dont ils ont pu apprécier les bienfaits, ils comprendront que si la République entend maintenir intacts son
autorité et ses droits, elle a également la ferme volonté d'assurer
en s'inspirant des coutumes et des traditions locales, la sécurité
de leurs personnes et le respect de leurs propriétés.

Décret.

TITRE I

DE L'ORGANISATION DES TRIBUNAUX INDIGÈNES

Article premier. — Il est institué au chef-lieu de chaque subdivision de province ou de cercle, de district ou de secteur, un tribunal indigène du 1ᵉʳ degré pour juger, conformément aux lois et coutumes locales des affaires indigènes.

Le gouverneur général peut, en outre, par arrêté pris en conseil d'administration, créer des tribunaux indigènes du premier degré, dans toutes autres localités où la nécessité en sera constatée. Il peut également et dans la même forme supprimer ceux dont l'inutilité sera reconnue.

Lorsque le fonctionnement du service l'exigera, dans les localités où existe déjà un tribunal indigène, le Gouverneur général pourra, par un arrêté pris en conseil d'administration, instituer des chambres supplémentaires et désigner les fonctionnaires chargés de les présider.

Art. 2. — Le tribunal indigène du premier degré est présidé, dans les districts ou les secteurs, par le fonctionnaire ou l'officier chef de ce district ou de ce secteur, et, au chef-lieu de la province ou du cercle, par l'officier ou le fonctionnaire faisant fonctions de chancelier ou d'administrateur adjoint.

Il comprend, en outre, deux assesseurs indigènes, choisis de préférence parmi les indigènes parlant le français. Ces assesseurs n'ont que voix consultative.

Les fonctions de greffier sont remplies de préférence par un Français, à défaut par un indigène parlant le français.

Art. 3. — Il est institué au chef-lieu de chaque province ou cercle un tribunal indigène du deuxième degré.

Ce tribunal est présidé par l'administrateur ou le commandant du cercle ; il comprend deux assesseurs indigènes choisis de préférence parmi les indigènes parlant le français.

Ces assesseurs n'ont que voix consultative.

Les fonctions de greffier sont remplies soit par un officier, un sous-officier, un fonctionnaire, soit par un Français, ou à défaut, par un indigène parlant le français.

Art. 4. — Les administrateurs chefs de province, les comman-

dants de cercle, les chefs de district et commandants de secteur
investis de la présidence des tribunaux indigènes peuvent tenir
des audiences foraines de ces tribunaux dans une localité quelconque de leur circonscription. Ils sont assistés soit de deux
assesseurs du chef-lieu, soit de deux assesseurs choisis au lieu
de la tenue de l'audience, de préférence parmi les indigènes
parlant le français.

Les fonctions de greffier sont remplies comme il est dit aux
articles 2 et 3 ci-dessus.

Art. 5. — La cour d'appel de Tananarive, lorsqu'elle est appelée
à statuer en matière indigène, se constitue comme pour le jugement des affaires européennes avec l'adjonction de deux assesseurs indigènes parlant le français.

Ces assesseurs n'ont que voix consultative.

TITRE II

AFFAIRES CIVILES ET COMMERCIALES

Art. 6. — Les tribunaux indigènes du premier degré connaissent :

1° En premier et dernier ressort, des actions personnelles et
mobilières jusqu'à la valeur de 100 francs en principal et des
actions immobilières jusqu'à 7 francs de revenus déterminés
soit en rente, soit par prix de bail ;

2° En premier ressort seulement et à charge d'appel, des
actions personnelles ou mobilières jusqu'à la valeur de 1.500 fr.
en principal, et des actions immobilières jusqu'à 100 francs de
revenus déterminés soit en rente, soit par prix de bail.

Art. 7. — Les tribunaux indigènes du 2ᵉ degré connaissent :

1° De l'appel des jugements rendus en premier ressort par les
tribunaux du premier degré ;

2° En premier et dernier ressort des actions personnelles et
mobilières supérieures à 1.500 fr. et inférieures à 3.000 fr. en
principal et des actions immobilières supérieures à 100 francs
et inférieures à 150 fr. de revenus déterminés soit en rente, soit
par prix de bail ;

3° En premier ressort seulement et à charge d'appel devant la
cour d'appel de Tananarive, des actions personnelles et mobilières supérieures à 3.000 fr. en principal et des actions immo-

bilières supérieures à 150 fr. de revenus déterminés soit en rente, soit par prix de bail.

Art. 8. — La procédure et le jugement des affaires civiles et commerciales soumises aux tribunaux indigènes du 1er et du 2e degré ont lieu sous la direction du président qui se conforme autant que possible, pour la citation, l'instruction et le débat oral, à la procédure suivie devant les justices de paix de la colonie.

Il peut toutefois s'inspirer des usages et coutumes locaux s'ils paraissent devoir mieux assurer la bonne administration de la justice et faire procéder sous son contrôle, par les assesseurs indigènes, aux enquêtes qu'il juge utiles.

Les citations peuvent être délivrées par les agents indigènes.

Art. 9. — La cour d'appel de Tananarive statuant en matière indigène se conforme à la procédure tracée par le titre III, section 1re, du décret du 9 juin 1896. Les citations peuvent néanmoins être délivrées par les agents indigènes.

Les assesseurs indigènes peuvent être chargés des enquêtes sous le contrôle de la cour.

Ces enquêtes doivent être faites en français; en cas d'impossibilité, elles devront être traduites.

Art. 10. — Dans les affaires indigènes, le délai pour interjeter appel est de deux mois à compter de la signification du jugement. L'appel est formé par une déclaration faite au greffe de la juridiction qui a connu l'affaire en premier ressort.

Le président de cette juridiction en fait donner avis à la partie intéressée aux frais de l'appelant.

L'appelant qui succombera sera condamné à une amende de 50 fr., qui devra être consignée au moment de la déclaration d'appel.

TITRE III

DES AFFAIRES RÉPRESSIVES

Art. 11. — Les tribunaux du 1er degré connaissent :

1° En premier et en dernier ressort, des contraventions commises par les indigènes et prévues par les règlements de police émanés de l'autorité administrative ou résultant des coutumes locales ;

2° En premier ressort seulement à charge d'appel devant les

tribunaux du 2° degré, des délits commis par des indigènes au préjudice d'indigènes lorsque la pénalité prononcée n'excède pas 150 francs d'amende ou trois mois de prison, et prévus soit par les textes en vigueur dans la colonie, soit par les coutumes locales.

Art. 12. — Les tribunaux du 2° degré connaissent :

1° De l'appel des jugements rendus par les tribunaux du 1er degré dans les cas prévus au paragraphe 2 de l'article précédent ;

2° En premier et dernier ressort, des délits commis par les indigènes au préjudice d'indigènes lorsque la pénalité prononcée n'excède pas 300 francs d'amende ou six mois de prison ;

3° En premier ressort seulement et à charge d'appel devant la cour de Tananarive, des autres délits et des crimes commis par des indigènes au préjudice d'indigènes.

Art. 13. — La cour d'appel de Tananarive, composée comme il est dit à l'article 5, connaît des appels formés contre les jugements en premier ressort rendus en matière répressive indigène par les tribunaux du 2° degré.

Pour l'examen et le jugement de ces affaires, la cour se conforme à la procédure suivie devant elle en matière correctionnelle.

Art. 14. — Les informations, poursuites et instructions en matière répressive sont faites sous la surveillance des administrateurs, des commandants de cercle, de district ou de secteur, avec le concours, s'il y a lieu, des assesseurs indigènes.

Les administrateurs et commandants de cercle, de district ou de secteur, peuvent seuls traduire les inculpés devant les tribunaux de répression.

Art. 15. — Il est procédé aux débats publics dans la forme prescrite pour les justices de paix à compétence étendue de la colonie.

Les assesseurs n'ont que voix consultative.

Les citations et l'exécution des décisions des tribunaux de répression peuvent être confiées à des agents indigènes.

Art. 16. — Le délai pour interjeter appel en matière répressive indigène est de dix jours à compter de la notification du jugement de condamnation. L'appel est formé par une déclaration faite au greffe de la juridiction qui a prononcé le jugement attaqué.

L'appelant qui succombera pourra être condamné à une amende de 150 francs.

Art. 17. — Les administrateurs ou les commandants de cercle peuvent faire appel de la décision rendue par les tribunaux du 1er degré dans le mois qui suit le prononcé du jugement.

Le procureur général est investi du même droit à l'égard des jugements rendus par les tribunaux du 2e degré.

Art. 18. — Les tribunaux indigènes du 1er et du 2e degré et la cour d'appel de Tananarive statuant en matière indigène peuvent ordonner qu'il sera procédé suivant les usages et coutumes locaux et au moyen d'agents indigènes à l'exécution de leurs jugements et arrêts.

TITRE IV

DISPOSITIONS GÉNÉRALES

Art. 19. — Le recours en annulation est ouvert en toutes matières aux parties contre les jugements rendus en dernier ressort par les tribunaux du 1er et du 2e degré pour incompétence, excès de pouvoir ou violation de la loi ou des coutumes.

Art. 20. — En matière civile et commerciale, le délai pour former le recours est de deux mois à compter de la signification du jugement.

En matière répressive, le délai pour former le recours est, pour les affaires de police correctionnnelle, de dix jours francs à compter du jour du prononcé du jugement.

La déclaration de recours est faite au greffe du tribunal qui a rendu la décision attaquée.

Le recours est suspensif

En cas de rejet du recours, le demandeur peut être condamné à une amende de 300 francs.

Art. 21. — Le procureur général a le droit de former un recours en annulation contre les jugements rendus en dernier ressort par les tribunaux du 1er et du 2e degré par une déclaration signée de lui au greffe de la cour d'appel dans les mêmes délais que les parties.

Après l'expiration des délais, il ne peut former de recours que dans l'intérêt de la loi.

Les parties peuvent toujours se prévaloir des arrêts rendus sur les recours formés dans les délais par le procureur général.

Art. 22. — Les archives des juridictions indigènes ainsi que les minutes des jugements et arrêts rendus par elles en toute matière sont déposées suivant les cas au greffe de la cour et à ceux des tribunaux du 1er et du 2e degré. Les greffiers ou les fonctionnaires en faisant fonctions, en ont la garde et en sont dépositaires.

Ils délivrent, aux parties qui en font la demande et contre le payement d'un droit fixé par arrêté du Gouverneur général, expédition des décisions rendues par les juridictions auxquelles ils sont attachés.

Art. 23. — Les jugements et arrêts rendus en matière indigène ne sont susceptibles de pourvoi en cassation.

Art. 24. — Le Gouverneur général de Madagascar et dépendances peut, par arrêtés pris en Conseil d'administration, prendre toutes les mesures urgentes pour assurer le bon fonctionnement de la justice en matière indigène, sous réserve de l'approbation du ministre des colonies dans le délai de quatre mois à compter de la date de l'arrêté et sous la condition que ces mesures ne contreviennent pas aux prescriptions du présent décret.

Art. 25. — Sont abrogés toutes dispositions générales ou locales et tous arrêtés relatifs à l'organisation de la justice indigène.

Sont en outre abrogées toutes dispositions des décrets du 28 décembre 1895 et du 9 juin 1896 sur l'organisation de la justice à Madagascar contraires au présent décret.

Art. 26. — Le ministre des colonies et le garde des sceaux, ministre de la justice, sont chargés, chacun en ce qui le concerne, de l'exécution du présent décret, qui sera inséré au *Journal officiel* de la République française, au *Bulletin des lois* et au *Bulletin officiel* des colonies.

LE VOYAGE DE LA REINE RASOHERINA

A LA COTE, EN 1867 (*Suite*) (1)

Ampasimbé, mercredi 17 juillet 1867.—Les officiers partagèrent la nourriture des sujets : le riz fut donné par les soldats et les porteurs, les servants du Palais, les tsimandoa et les chanteurs : les autres vivres par le reste de l'escorte. A 10 heures, la Reine se dirigea vers Ambateharana. Elle arriva vers 11 heures à l'arbre de Rainibehesitra où elle reçut le hasina de ce 13e honneur. Elle contempla la mer : près de cet arbre est une pierre debout élevée par Radama. A midi et demi, la Reine atteignit Mahela. A 2 heures, elle arriva à Tomaniankova; de là on voit encore la mer. On parvint à Ambatoharam à trois heures. Rainibobalahy, chef des porteurs de sagaie, fit présent à la Reine de fruits qu'il avait reçus de Tananarive. Elle leur fit des reproches de n'avoir pas suivi ses ordres. M. Laborde offrit un bœuf. Le riz valait 8 francs la mesure. On tua dix-huit bœufs. Rainilambo 25e honneur portait le cordeau d'alignement.

Ambatiharana, jeudi 18 juillet. — A 9 heures, la Reine quitta Ambateharana se dirigeant vers Ranomafana. A 9 heures et demie, elle atteignit Bedara : elle y trouva les officiers venus de Betsisaraina qui lui firent le hasina, lui rendirent compte de ce qu'avaient fait pour son bien leurs sujets, et lui offrirent les fruits de la terre. A midi, on arriva à Ranomafana. Rakotevao 12e honneur et Ralaimandy offrirent un bœuf à la Reine. On en tua vingt-cinq. Rainikote, 15e honneur, portait le cordeau d'alignement.

Andranomafana, vendredi 19 juillet. — La Reine, à 8 heures, se dirigea vers les sources où elle s'agenouilla. Rainandriantsilaro, 15e honneur, Ravoninahitriniarivo, 15e honneur, et Rainibesa, 15e honneur, aides de camp du Premier Ministre, se baignèrent avec leurs compagnons. Il y avait peu de monde à la suite de la Reine. Les officiers du rang de 15 honneurs et au-dessus avec Rasoamiaramanana, 14e honneur, seuls y assistaient ce dernier portait le sabre du Premier Ministre. Cent maranitra

(1) Voir le *Bulletin* de 1898, p. 193.

(soldats) commandés par Rabemolaly et Rabejanisaka, servaient d'escorte. La Reine reçut sept bœufs en présent; on fit faire la manœuvre aux porteurs de lames, puis les Betsimisaraka donnèrent après le Kabary fait suivant les règles par Rainimamonjisoa.

Andranomafana, samedi 20 juillet. — La Reine retourna aux sources et tout se passa comme la veille. Elle jeta une piastre dans l'eau : on fit un rava sur le bord et on donna à manger aux Vadinandriana, aux Zanakandriana, aux officiers du Palais, aux 15ᵉ honneurs qui étaient restés en dehors de l'enceinte, à M. Laborde, aux chefs de Tamatave, aux grands des Betsimisarakas. Rainimamonjisoa, 14ᵉ honneur, fit le hasina : un bœuf fut offert à la Reine. On en tua dix-huit.

Andranomafana, dimanche 21 juillet. — La Reine retourna aux sources et tout se passa comme la veille. Le Premier Ministre donna dix verres aux Maranitra, cinq bœufs aux Betsimisaraka de Belanona qui partaient : il remercia ceux-ci de ce qu'ils avaient fait, dit à ceux qui voulaient boire du rhum d'en boire, affirmant que défense ne leur en était pas faite. On tua dix-neuf bœufs.

Andranomafana, lundi 22 juillet. — La Reine fit comme la veille; les soldats qui avaient arrangé le Rova le brûlèrent. Un soldat du nom de Rainitodiarivo fut mordu par un caïman qui lui coupa un fort muscle de la jambe. La Reine le fit visiter et lui donna 2 fr. 50 : Ratsimatahodriaka fut chargé de cette démarche : l'homme avait été mordu vers 6 heures et demie. On tua vingt et un bœuf.

Andranomafana, mardi 23 juillet. — Ramboa, 9ᵉ honneur des maranitra, mourut. Un tsimandoa qu'on avait laissé à Anevoka mourut également. On tua vingt et un bœufs.

Andranomafana, mercredi 24 juillet. — Ralaingita, 6ᵉ honneur, aide de camp de Andriantsitehaina, 16ᵉ honneur, mourut. On partagea les vivres restant. Ramanisa, 12ᵉ honneur, et Raschenolahy, 10ᵉ honneur, avec leurs compagnons et des soldats arrivèrent. Ils apportaient de Tananarivo des fruits de la terre. Ils furent reçus par la Reine vers 5 heures, lui firent le hasina, lui offrirent le présent destiné à remplacer le bœuf *volanta* et demandèrent des nouvelles de Sa Majesté. Elle les remercia. Ils demandèrent à l'accompagner. La Reine leur répondit : « Qui prendra soin de Tananarive et d'Ambohimaya ? » Alors après avoir demandé la permission, ils dansèrent. Ralaimaniso, 12ᵉ honneur, s'était trompé dans la manière de présenter les armes, prescrite par le Premier Ministre. On lui fit recommencer il se trompa encore. La Reine ordonna à Rainimaharavo, 16ᵉ honneur, secrétaire en chef de l'Etat, de lui parler ; voici ce qu'elle lui dit : « Pourquoi toi, officier, qui connais le commandement, te trompes-tu par deux fois ? Es-tu fou ? Dis-nous quelle était ta pensée ? » L'autre demanda pardon en s'excusant de sa faute vis-à-vis de la Reine. Celle-ci répondit : « S'il n'avait pas demandé pardon, étant donné qu'il s'est trompé deux fois, je l'aurais regardé comme coupable et traître ». On tua vingt-deux bœufs.

Andranomafana, jeudi 25 juillet. — La Reine partit à 9 heures se dirigeant vers Analamiorika. A 11 heures, elle arriva à Fisakafoanibasaha, à midi moins quelque chose à Ankazomafiraino et à midi passé à Mananibonitra. A 1 heure on atteignit Analamiorikia. Ramikota, 15ᵉ honneur, portait le cordeau d'alignement. On tua 17 bœufs. Pendant la nuit vers 9 heures, la trompe résonna : c'était un rafia qui brûlait : on avait cru à l'incendie d'une tente.

Analamiorikia, vendredi 26 juillet. — La Reine se promena un peu dans le Sud. A 11 heures, elle fit danser les Betsimisarakas. Une femme du nom de Porakanivo dansait admirablement. A son retour, Sa Majesté se fit suivre par les Betsimisarakas qui chantaient, et dit au peuple de ne pas venir sans être appelé. Les sujets de Vongo et de Vahijanahary sur cet ordre ne furent pas reçus. On prescrivit de ne plus sonner la trompe de nuit en cas d'incendie de tente.

Analamiorikia, samedi 27 juillet. — Il n'y eut ce jour-là aucune affaire : on tua 16 bœufs.

Analamiorikia, dimanche 28 juillet. — On fit porter à l'ouest du Rova les fruits de la terre apportés par les gens de Vohibóhazo. Un soldat des Avaradrano mourut, un des Marovatana également. Andriantsatohaina 16ᵉ honneur envoya prévenir tout le monde *de ne pas aller au bord de la mer de peur de la salir.* On tua 20 bœufs.

Analamiorikia, lundi 29 juillet. — Les aides de camp du Premier Ministre et les officiers du Palais rappelèrent le Kabary de la Reine au sujet des mauvaises pièces d'argent. Tout individu qui paierait avec de mauvaise monnaie serait considéré comme coupable et traître. On tua 23 bœufs.

Analamiorika, 28 juillet. — La Reine reçut les fonctionnaires de Tamatave et les Betsimisarakas des environs. Ils vinrent faire le hasina, offrir le « solonombivolarita » (litt. en remplacement du bœuf « volarita ») et prêter serment. La Reine fit danser les Betsimisarakas. On tua 21 bœufs. Vers 7 heures du soir on entendit des coups de tonnerre.

Analamiorika, 29 juillet. — Le premier ministre, les fonctionnaires et les officiers du palais partagèrent le riz destiné au peuple à raison d'un *verre* par homme avec un peu de manioc. Il fut interdit au porteur de bagages de dépasser le pont de pirogues. Ranilambo, 15e honneur, fut envoyé en avant. On tua 11 bœufs.

Analamiorika, 30 juillet. — A son départ d'Analainorika vers 8 heures, la Reine se dirigea vers Sahatsara. Vers 9 h. 1/2 elle atteignit Namahoaka, et arriva vers 10 h. 1/2 au Jaroka. On tua un bœuf « volarita » sur le bord de la rivière : la Reine pria ; les Zanatompo (caste de noblesse) firent le hasina. On porta l'idole Kelimalaya sur le rivage suivant les rites. Vers 11 h. 1/2 la Reine se mit en grand costume. Les « Tsanigoka » et les « grenadiers » virent les premiers le pont : la Reine suivait. Craignant que la surcharge ne fît plonger le radeau, la Reine prescrivit au peuple de rester au Sud : elle dit aux fonctionnaires et officiers de se retirer, la chaleur étant très grande, ils voulurent rester. La moitié des gens passa le pont, quelques-uns pour aller plus vite, traversèrent en pirogue. Vers midi et demi, tout le monde était passé. Vers 1 h. 1/2 la Reine s'arrêta à l'Ouest, contempla la mer. Le canon « Mojanga » fut tiré quand la Reine atteignit le Rova. Le canon « Laimena » avait été tiré au départ d'Analaniorika. On fit entrer les femmes Betsimisarakas avec les chanteurs : tout le monde prit le grand costume. On tua 15 bœufs. Ranilambo, 15e honneur, portait le cordeau d'alignement.

Sahatsara, 31 juillet. — Raharo, 14e honneur, fit présent d'un bœuf à la Reine. La Reine demanda aux fonctionnaires d'examiner l'affaire de Raharolahy et du consul. On tua 15 bœufs.

Sahatsara, 1er août. — On tua 17 bœufs.

Sahatsara, 2 août. — Dès que la Reine fut habillée, on tira un coup de canon : tous ceux qui faisaient partie de la suite, revêtirent leur grand costume et s'alignèrent sur deux rangs. En tête on plaça les deux canons Mojanga et Laimena. Le canon lkialomalala fut dix fois tiré depuis le camp jusqu'à la mer. On consomma 400 fois le poids d'une piastre de poudre (10 k. 800). En arrivant sur le rivage, la Reine fit tuer un bœuf « volarita » et pria. Kelimalaya fut promené sur le bord de la mer; la cérémonie d'usage fut célébrée. Le premier ministre fit le kabary, présenta le hasina, transmit à la Reine le serment de ses sujets. Celle-ci alla au bord de l'eau et en puisa. Deux hommes, Ranavaky, esclave de Ravokata, 11e honneur, et Ratsimisagaka, esclave de Sakotova, 12e honneur, nagèrent dans la mer. Les 400 « maranitra », les grenadiers et les trois compagnies formaient l'escorte. On partit à 8 heures de Sahatsara et on arriva dès une heure à la mer. On tua 12 bœufs.

Tanimandry, 3 août. — La Reine fut se promener sur le rivage, après s'être habillée. On tira un coup de canon à son départ et à son arrivée. Elle joua, se promena, s'assit, se joua de l'agitation de l'eau. Elle fit asseoir près d'elle Ramisampono et Rutavao et rit avec eux. Un Betsimisaraka en nageant poussa une pirogue vide qui était sur la mer et la fit entrer dans l'eau douce. Papay et Banoma cherchèrent une chaloupe pour aller à la pêche. Ils attrapèrent un peu de poisson et l'apportèrent. On le partagea entre les 16e et 15e honneurs et quelques femmes. Les maniratra et les soldats accompagnaient la Reine. On tua 25 bœufs.

Tanimandry, 4 août. — La Reine alla encore au bord de la mer. A son départ on tira le célèbre canon Mojanga et à son arrivée on passa une petite revue. La Reine se baigna dans la mer avec sa suite pour soigner sa maladie. En partant elle demanda du poisson. Papay, Banoma et leurs gens allèrent à la pêche; ils en prirent et l'apportèrent à la Reine qui leur donna six piastres. Puis elle passa par le Mianzy (embouchure du fleuve) pour s'en aller. On tira le canon Laimena qui suivait la Reine. A son arrivée au Rova, elle partagea le poisson entre les fonctionnaires jusqu'au grade de 14e honneur, les Andriambaventy, les bourgeois et les « Vadinandriana », les parents de la Reine et les dames de sa suite. Elle fit danser les Betsimisarakas dans l'angle du Rova, elle s'était placée elle-même sur son trône dans « le coin des ancêtres ». Le soir elle fit venir les 15e et 16e honneurs, les chanteurs royaux, les Tsimando femmes, ses dames de cour, les grands juges, les bourgeois : on dansa, on chanta les chansons anciennes et on se sépara tard. 29 bœufs furent tués. Radera 12e honneur en fit présent d'un à la Reine, Tsitohara et le mari de Razahinaly en donnèrent un autre.

Tanimandry, 5 août. — La Reine se promena sur le bord de la mer et y joua. Les sujets ramassèrent des coquillages et les lui apportèrent. Elle en demanda les noms, nota chacun. Elle mangea un peu et partit. Le canon fut tiré comme d'habitude. On tua 14 bœufs.

Tanimandry, 6 août. — Les enfants de Rainivoataro et ceux de Ramahery offrirent 2 bœufs. Ramena en donna deux également. Les enfants du grand Rainiharo en offrirent 55, dont 5 pour cuire. Le total des bœufs qu'ils ont donnés est à ce jour de 117. La Reine donna audience aux fonctionnaires, aux grands juges et aux chefs venus de Tamatave. Ils offrirent le hasina, prêtèrent serment et présentèrent les fruits de la terre. La Reine fit ouvrir une barrique de biscuits qu'elle leur distribua. Papay et Banoma prirent un requin. La Reine leur dit de l'apporter : on alla le voir avec des torches; il respirait encore. On tua 16 bœufs.

Tanimandry, 7 août. — La Reine partagea les vivres entre ses sujets, le premier ministre, les fonctionnaires, et les officiers. M. Laborde dit au premier ministre que M. Garnier, arrivé à Andevorante, le faisait chercher. Le premier ministre lui dit d'y aller. A son retour, il raconta que le blanc lui avait dit que son voyage s'était bien passé et qu'à Tananarive il causerait de son affaire. On tua 22 bœufs.

Tanimandry, 8 août. — La Reine alla se promener sur le rivage et envoya des officiers visiter l'envoyé de l'Empereur et lui annoncer qu'elle le recevrait le lendemain à deux heures. On tua 23 bœufs.

Tanimandry, 9 août. — A midi les tambours battirent : tout le monde s'habilla. Les soldats, les fonctionnaires, les bourgeois et toute les dames en grand costume s'alignèrent. Quand chacun eut pris sa place, Ramaniraka, 14e honneur, fut envoyé avec ses compagnons, vingt soldats et une douzaine de musiciens au devant de Garnier. A son. arrivé, il salua la Reine placée en haut à l'ouest du Rova. M. Laborde et M. Campan étaient les seuls blancs qui l'accompagnaient. Cinq agents de la police, le sabre en main le suivaient, quatre en avant, un derrière. On les fit entrer dans le Rova et la Reine leur présenta la main. M. Laborde et M. Campan étaient toujours avec lui. Là M. Garnier lut un papier, que M. Campan traduisit. Puis M. Laborde se retira dans sa tente et l'emmena. On tira 14 coups de canon et on tua 16 bœufs.

Tanimandry, 10 août. — A une heure, les fonctionnaires et les soldats s'alignèrent, ainsi que les femmes en grand costume. Quand cet alignement fut bien établi, Raharolahy, 15ᵉ honneur, et ses compagnons reçurent Finkilemier consul d'Amérique que suivaient Ramaniraka, 14ᵉ honneur, avec vingt soldats et une douzaine de musiciens. A son arrivée, le premier ministre fit présenter les armes, et salua la Reine. Puis il alla recevoir et fit entrer le consul dans le Rova : il le conduisit jusqu'à l'endroit où était assise Sa Majesté. Il lui présenta la main : la Reine lui demanda de ses nouvelles et prit congé de lui. Raharolahy, 15ᵉ honneur, fit le hasina et présenta les fruits de la terre, puis on fit le concours de Kabary entre les villages. La Reine parla, à la très grande satisfaction de tous ses sujets. Elle fit appeler le gouverneur de chaque village. Ramisompay, 13ᵉ honneur, aide de camp du premier ministre sortit, et se jeta aux pieds de la Reine qui lui tendit la main. On tira 21 coups de canon dans cette journée. On ne put terminer ce jour-là, ce qu'il y avait à faire. A la nuit il restait à recevoir Packenham. Il avait refusé d'être reçu avec les gouverneurs, disant qu'il ne voulait pas suivre des libertins : il avait ajouté : « c'est bien fait, j'ai mordu. » On tua 24 bœufs.

Tanimandry 11 août. — La Reine continua à recevoir ses sujets. On tira 3 coups de canon et on tua 23 bœufs.

Tanimandry, mercredi 12 août. — On introduisit Reniboti, la femme de Rainisompay, celle de Rainitavy et les enfants d'Andrianavony. La Reine se leva : ils lui embrassèrent les pieds. Elle leur tendit la main. On tua 26 bœufs.

Tanimandry, 13 août. — La Reine donna l'ordre de recevoir le consul d'Angleterre Packenham avec un capitaine de vaisseau appelé Dronio (*sic*) : ils étaient accompagnés de quelques

Anglais. Des officiers et des aides de camp du premier ministre, vingt soldats et une douzaine de musiciens les accompagnaient. On tira 14 coups de canon. A leur arrivée, on fit entrer dans le Rova Packenham et Dronio, on les introduisit près de la Reine qui leur serra la main. Les troupes étaient bien alignées, et portaient de beaux lambas. On regarda un petit caïman qui avait été apporté dans le Rova.

Tanimandry, 14 août. — Papay apporta à la Reine un gros zampony (poisson). Elle lui donna deux piastres pour lui acheter des souliers. A trois heures, les fonctionnaires, quelques blancs, les chefs de Tamatave se réunirent dans le Rova et à l'ouest du Rova : la joie de tous était grande. On tira 2 coups de canon. Raharolahy, 15e honneur, fit le hasina et prêta le serment. Le premier ministre prévint tout le monde de ne pas s'absenter le dimanche suivant, et qu'il y aurait Kabary de la Reine. Il rappela qu'il était interdit de défricher la forêt si ce n'est pour le service royal, et de laisser les esclaves séjourner sur les côtes. On tua 25 bœufs.

Tanimandry, 15 août. — Rainijohary, 16e honneur, fit présent de 21 bœufs à la Reine. Ramambazafy, 12e honneur, aide de camp du premier ministre, offrit un bœuf. Raingory, 16e honneur, et Randriantsitohaina, 16e honneur, offrirent 4 bœufs. Rainisketaka, 15e honneur, et Rainifiringa, 15e honneur, en présentèrent deux. Le nombre des malades depuis Tananarive, en dehors de ceux qui furent renvoyés, était de 88. Le nombre des morts, de 14. Le total des hôtes pour le Nord et le Sud, sans compter Tamatave était de 577 chefs et 8.884 sujets. La Reine fit danser les Betsimisarakas. Rahasolahy, 15e honneur, et Rainisompay, 13e honneur, ainsi que Rainitary, 13e honneur, aide-de-camp du premier ministre furent introduits dans le Rova avec les chefs. On tua 30 bœufs.

Tanimandry, 16 août. — La Reine fit partager les bœufs entre ses sujets par le premier ministre. Il y avait douze musiciens et 50 soldats. Voici le partage qui fut fait : 312 furent donnés aux hôtes, 150 à ceux qui suivaient la Reine. Le total était de 462. On en tua quinze.   (*à suivre*).

NOUVELLES DE MADAGASCAR

Région du Nord-Ouest. — Voici quelques détails complémentaires sur les désordres qui se sont produits à l'embouchure du Sambirano à la fin d'octobre et auxquels nous avons fait allusion dans nos précédents *Bulletins.*

Le poste de milice de Marotoalana, situé non loin de l'embouchure du Sambirano, a été attaqué, le 25 octobre au soir, par une bande de fahavalos venue de l'intérieur et ayant fait subitement irruption dans le pays : M. Ettori, garde de milice, a été massacré, ainsi qu'un sergent et un caporal indigènes.

Le 27 au soir, la même bande attaquait le poste d'Ambalavelona, situé à six kilomètres de la côte ; M. Frontin, commis de résidence, était tué, et avec lui MM. Dubois, Durand, Vergniaud, Lebreton, Cadet, Gouraud, Casemayou, colons. Plusieurs cadavres ont été mutilés.

Le contre-coup de ces événements s'est fait sentir jusqu'à Nossi-Bé. Le commandant du *Fabert* a fait débarquer un détachement de marins à Hellville, de crainte de désordres dans les villages indigènes et pour rassurer les colons.

On est très incertain sur les causes de ces événements survenus dans une région considérée comme très calme. Les uns les attribuent aux mahométans Comoriens et Indous, qui auraient excité Tsiarano chef des Sakalaves Bemazava, d'autres à des fautes administratives, d'autres encore à la rapacité de certains colons et aux actes arbitraires qu'ils se seraient permis vis-à-vis des indigènes.

Voici les mesures prises par le Gouverneur général : à Majunga le capitaine Laverdure s'est embarqué le 1er novembre sur le *Pourvoyeur*, avec une compagnie de marche sénégalaise et un détachement de miliciens; il a pris le commandement de la province de Nossi-Bé, transformée en cercle annexe, par arrêté du 4 novembre.

Une seconde compagnie de 150 tirailleurs sénégalais commandée par le capitaine Briand, a été transportée à Analalava.

Le commandant Mondon a pris provisoirement le commandement de la province d'Analalava afin d'assurer l'unité d'action des opérations militaires.

Le commandant Lamolle s'établit sur la ligne Befandriana-Mandritsara, de manière à arrêter les insurgés refoulés par le commandant Mondon et le capitaine Laverdure et à empêcher que l'effervescence ne gagne le sud de la province d'Analalava.

Enfin deux compagnies complètes, fournies par les 1er et 2e régiments de la légion étrangère, sont parties d'Oran pour Marseille, où elles ont pris passage le 25 décembre sur le *Yang-Tsé*, à destination de Madagascar.

Ce renfort, demandé d'urgence par le général Galliéni, formera le noyau de la colonne destinée à la pacification du nord-ouest de l'île.

La peste bubonique. — Le 24 décembre, les nouvelles étaient les suivantes :

La peste reste toujours localisée à Tamatave, où il s'est produit 108 décès depuis le commencement de l'épidémie. Les victimes sont : 57 Malgaches, 50 créoles de la Réunion et de l'île Maurice. et 1 Européen.

Le gouverneur général a pris les mesures les plus énergiques pour empêcher que le fléau ne sorte de Tamatave et ne se répande dans l'île ; plusieurs cordons sanitaires ont été établis sur la ligne d'étape, avec des lazarets provisoires pour les hommes et les marchandises.

Les ouvriers indigènes de la route de Tamatave à Tananarive ont été licenciés. De grandes précautions ont été prises à Tananarive et sur le plateau central. Toutes ces mesures ont été maintenues strictement, malgré les protestations des commerçants de Tamatave. La route de Majunga est, en conséquence, de plus en plus fréquentée.

Dix médecins et un certain nombre d'infirmiers sont partis le 10 décembre, de Marseille pour Majunga. Le service est placé sous la direction de M. Thiroux, médecin de la marine, attaché depuis deux ans à l'institut Pasteur ; il emporte avec lui de grandes provisions de sérum et des appareils de désinfection.

La création d'un *Institut vaccinogène et antirabique* a été décidée par un arrêté du 24 octobre. Un crédit de 50.000 francs sera affecté à la construction et à l'ameublement de l'établissement.

Développement des cultures vivrières et industrielles. — Le Gouverneur général a adressé sur ce sujet le 19 novembre 1898 aux administrateurs civils et militaires, chefs de province une circulaire très importante.

L'augmentation des productions vivrières comme celle des cultures industrielles s'impose. Les populations malgaches paresseuses et ignorantes doivent être stimulées et instruites par les administrateurs.

Le principe de l'obligation de la culture pour tous les indigènes doit être absolu, surtout dans le plateau central. L'abandon ou la diminution des cultures en Emyrne et dans le Betsileo entraînerait les plus graves conséquences et certainement la famine, les routes ne sont pas encore assez développées pour permettre l'approvisionnement du dehors. Ni les colons, ni l'administration ne doivent se prêter aux procédés détournés qu'emploient les indigènes pour se soustraire à la culture.

La culture à développer en première ligne est celle du riz, tant pour alimenter la colonie que pour faire un centre d'exportation de cette denrée.

Chaque village devra donc cultiver une surface de rizières, telle que leur production dépasse largement sa consommation.

Le meilleur moyen d'encourager les indigènes à la culture du riz et des plantes vivrières est de leur concéder la propriété des parcelles qu'ils auront mises en valeur, surtout si l'appropriation est individuelle et non collective, la propriété individuelle constituant certainement le plus puissant stimulant de l'activité de chacun.

Les administrateurs devront étudier les moyens d'irriguer les terres cultivables, perfectionner les moyens de culture en introduisant des défonceuses, des charrues, des herses, des angadys perfectionnées, et en faisant employer des matières fertilisantes.

Enfin, il faut se préoccuper de l'extension des cultures industrielles.

« Pendant mes voyages dans l'intérieur de l'île, dit le Gouverneur Général, je n'ai cessé d'appeler l'attention des commandants de cercles et chefs de province sur la nécessité absolue de créer à la Colonie des produits d'échange et d'exportation qui doivent être tout d'abord des produits agricoles. Ces produits n'existent aujourd'hui qu'en faibles quantités et il faut les créer. C'est ici

que votre intervention peut s'exercer de la manière la plus utile,
car les diverses peuplades de la Grande Ile n'ont pas encore
compris la nécessité et la possibilité pour elle d'utiliser les ressources de leur sol et de leur climat pour se procurer des produits d'échange. Sauf quelques centaines de tonnes de rafia et
de caoutchouc, Madagascar n'exporte actuellement aucun produit provenant de cultures industrielles entreprises par les indigènes. D'autre part l'industrie proprement dite n'existant à vrai
dire pas dans l'île et les exploitations minières, forestières et
d'élevages n'étant encore qu'à la période des débuts, il s'ensuit
que les importations ne trouvent pas leur contre-partie dans nos
exportations. C'est assurément la cause la plus sérieuse de la
crise commerciale sévissant actuellement dans notre Colonie. Les
importations, et surtout celles d'origine française, n'ont cessé
d'augmenter depuis deux ans, mais les exportations locales sont
restées à peu près stationnaires.

J'estime qu'il nous est possible de porter remède à cette situation en astreignant les habitants de chaque village à planter
chaque année un certain nombre d'arbres ou arbustes à produits
utiles au commerce ou à l'industrie et appropriés au sol et au
climat de chaque région. C'est ainsi que les indigènes des villages situés sur la ligne des dunes bordant les côtes orientale
et occidentale, devront créer des plantations de cocotiers et de
palmiers, arbres qui ont fait et font encore la fortune de plusieurs
pays intertropicaux, par la production de l'huile, du coprah, etc. ;
que les villages de la région de Fort-Dauphin, ainsi que je l'ai
l'ai prescrit lors de mon passage dans cette localité (arrêté du
8 août 1898), seront tenus de planter chaque année un certain
nombre de plants de caoutchouc ; que les villages de la zone
intermédiaire, entre la côte et le plateau central, seront astreints
à créer, à entretenir et à développer des plantations de caféiers,
de cacaoyers, de caoutchouc, etc ; enfin que les villages du plateau central auront à planter un nombre de pieds déterminé de
mûriers, etc., etc. »

Le général conclut en ces termes : « La première mesure qui
s'impose, pour satisfaire à mes instructions, sera évidemment
de supprimer, dans toutes les provinces et d'une manière générale, les prestations qui ne seront pas absolument indispensables, soit pour le ravitaillement de nos troupes en opérations,

soit pour les *réparations des routes* suivies par les convois. La nécessité de mettre en œuvre les plus grandes étendues possibles de terres cultivables prime toutes les autres considérations et présente un caractère d'urgence évident pour tous. »

Le commerce en 1897. — Le service des douanes a publié comme supplément au *Journal Officiel* de Madagascar du 5 novembre un tableau statistique des importations et exportations en 1897, dont voici le résumé.

Importations.

	1896	1897
Objets d'allimentation.. fr.	3.247.287.39	4.904.977 03
Matières nécessaires à l'industrie............ fr,	733.206 59	1.812.157 39
Objets fabriqués....... fr.	10.007.437 13	11.641.783 58
Totaux.....	13.987.931 11	18.368.918 »

Différence en plus en 1897 : 4.370.986 fr. 89.

Exportations.

	1896	1897
Objets d'alimentation... fr.	670.387 60	761.437 50
Matières nécessaires à l'industrie............ fr.	2.895.081 75	3.480.938 50
Objets fabriqués....... fr.	40.482 25	100.056 »
Totaux.....	3.605.951 60	4.342.432 »

Différence en plus en 1897 : 736.480 fr. 40.

Les principaux produits exportés ont été les suivants, valeur en francs.

	1896	1897	En plus	En moins
Caoutchouc...	1.325.329	1.101.200	»	224.129
Rafia	684.273	593.344	»	90.929
Bœufs, vaches, taureaux....	407.190	547.335	140.145	»
Cire brute....	306.564	502.881	196.517	»
Or brut en lingots ou barres	»	185.306	185.306	»
Vanille.......	59.093	171.965	112.872	»
Peaux brutes..	106.891	116.946	10.055	»
Or en poudre .	112.206	28.306	»	83.900
Peaux tannées.	115.047	20.111	»	94.936

Principaux pays de destination des produits exportés :

	1896	1897	En plus	En moins
France.......	736.772	1.193.991	457.218	»
Allemagne....	643.679	1.158.214	509.535	»
Angleterre...	1.551.736	1.014.184	»	537.572
Maurice......	136.574	317.969	181.393	»
Réunion......	481.031	277.340	»	203.690

Principaux pays de provenance des produits importés :

	1896	1897	En plus	En moins
France.......	5.798.297	9.583.230	3.784.933	»
Angleterre....	4.681.731	4.481.748	»	199.982
Maurice......	1.465.105	991.486	»	473.619
Allemagne....	597.009	829.701	232.691	»

Commerce des tissus. — Le Gouverneur général a inauguré le 23 décembre, à Tananarive, les magasins de la maison Grétry de Lille et a fait ressortir dans un discours prononcé à cette occasion que les toiles françaises, grâce aux efforts de tous, prenaient de plus en plus la place des tissus étrangers. En 1896, les tissus français n'entraient à Madagascar que pour une valeur de 500,000 francs contre six millions de francs de tissus étrangers. Pour les huit premiers mois de 1898, la valeur des tissus s'élève déjà à quatre millions, tandis que celle des tissus étrangers est tombée à 1,500,000 francs.

La grande maison américaine Arnold-Chesnay, qui avait jusqu'à ce jour le monopole presque exclusif des ventes de tissus et de liquides, va être remplacée par plusieurs maisons françaises.

La flotte de Madagascar, dans laquelle il faut distinguer : 1° la division navale de l'océan Indien ; 2° la flottille locale de Madagascar, va s'accroître en 1899. Depuis la perte du *Lapérouse*, à Fort-Dauphin, le 31 juillet 1898, la division navale ne se compose plus que du *Fabert* et du *Pourvoyeur*. Le projet du budget du ministère de la marine pour 1899 s'exprime ainsi : « La division navale de l'océan Indien est augmentée d'un aviso-transport *la Durance* prévu pour l'année entière et affecté spécialement à la reconnaissance hydrographique des côtes de Madagascar. »

La *flottille locale* ne se compose actuellement encore que de quelques chaloupes à vapeur : deux à Tamatave, une à Andevorante, une à Diégo, une à Majunga, une sur la Tsiribina. Au commencement de cette année, vont arriver une canonnière et un aviso. La canonnière est destinée à naviguer sur la Tsiribina, dont la reconnaissance hydrographique a, comme nous le disons plus bas, été achevée cette année.

Cette canonnière aura une longueur de 24 mètres. Sa vitesse sera de 9 nœuds, c'est-à-dire supérieure de 3 nœuds aux plus forts courants observés dans le fleuve pendant la saison des pluies. Elle sera armée de 3 canons-revolvers placés sur le pont supérieur ; car elle aura deux ponts superposés distants de 2 mètres. Elle aura deux hélices. Elle permettra de ravitailler les postes de la Tsiribina et le Betsiriry, d'évacuer rapidement les malades et les blessés, son apparition frappera l'imagination des peuplades sauvages de ces régions et contribuera à la pacification du Ménabé.

Quant à l'aviso l'*Etoile*, voici les services qu'on en attend : doubler le *Mpanjaka* qui, en raison des mouvements importants de troupes et de matériel qu'entraîne l'occupation militaire de la côte Ouest, n'arrive pas à assurer tous les transports en temps voulu ; surveiller les estuaires et les baies où ne peuvent pénétrer, en raison de leur fort tirant d'eau, les bâtiments de la division navale, et y empêcher la contrebande de guerre ; faciliter les communications entre les différents postes du littoral, ravitailler en charbon la canonnière de la Tsiribina.

La Tsiribina, l'un des plus grands fleuves de la côte occidentale, a été récemment explorée par M. Compagnon, enseigne de vaisseau de réserve et commandant de la flottille de la côte ouest. Voici quelques renseignements sur le cours, le régime et la navigabilité du fleuve.

La Tsiribina est formée de deux cours d'eau, la Mania et le Mahajilo, venant le premier du Sud-Est, le second du Nord-Est. Elle se dirige vers l'Ouest en décrivant des méandres très prononcés. Elle se jette dans le canal de Mozambique par un large estuaire formant une plaine marécageuse, couverte de palétuviers.

Le fleuve commence à monter vers la fin de novembre. Les grandes crues se produisent en février ; le fleuve devient un véritable torrent, s'étend hors de son lit, inonde son estuaire et les plaines peu élevées qui l'environnent. Les plus fortes crues atteignent 5 mètres.

Le niveau commence à baisser au mois d'avril. La période qui s'étend d'avril à juin est la plus favorable pour la navigation ; il y a de l'eau partout, les embarcations qui montent peuvent éviter les grands courants et les utiliser en descendant. Après juin, les chenaux se creusent, les bancs se forment aux endroits les plus divers et il faut par prudence naviguer dans les chenaux, c'est-à-dire à contre-courant.

De juillet à novembre, le niveau continue à baisser ; quelquefois, en août et septembre, de petits orages provoquent une augmentation momentanée de 20 et 25 centimètres.

Le courant de la Tsiribina a une vitesse moyenne de deux nœuds et demi. Au moment des pluies, il atteint quatre à cinq nœuds, et jusqu'à six en certains passages. La vallée étant très inclinée, les marées se font peu sentir dans le fleuve.

Le seul bras de l'estuaire navigable en toute saison pour les boutres ou les embarcations à vapeur se jette près du village de Tsimanandrafozana.

A Bemena, le fleuve est coupé par un seuil qui constitue un léger obstacle. La Mania paraît encombrée de rochers et dangereuse. Au contraire on peut remonter le Mahajilo jusqu'à Miandrivazo.

Avec une canonnière calant 0m75, il sera possible, pendant toute l'année, de remonter jusqu'à Berevo et très probablement jusqu'à Bemeha et Miandrivazo. Le seuil de Bemena ne peut entraver la navigation que pendant une période maxima de trois mois environ.

Routes. — Le lieutenant d'artillerie Bourrienne, parti le 18 octobre de Mévatanana, a conduit à Ankazobé un convoi de 22 voitures Lefebvre transformées, attelées de mulets et chargées de matériel aratoire. Le trajet a été fait en 11 jours, avec une moyenne de 22 kilomètres par jour. C'est une nouvelle preuve des services que peut rendre la grande route de l'Ouest.

. ,— La route de Tananarive à Ambositra, qui mesure deux cent dix kilomètres environ, a été rendue carrossable sur une longueur de cinquante-deux kilomètres, divisée en quatre tronçons.

Dispense du service militaire et de l'exonération. — Le général Gallieni a pris le 29 octobre 1898 un arrêté par lequel « sont dispensés de tout service militaire ainsi que de l'exonération les indigènes ayant contracté un engagement régulier de 5 ans avec un colon français s'adonnant à l'agriculture, au commerce ou à l'industrie, sous réserve que cet engagement ait été contracté avant le 1ᵉʳ juillet de l'année qui précède l'inscription sur les tableaux de recensement et dans les conditions prévues par l'arrêté du 27 décembre 1896.

« Jouiront de la même dispense, s'ils justifient d'un engagement de 3 ans seulement : 1° les Hovas employés par un colon français s'adonnant à l'agriculture, au commerce et à l'industrie dans les provinces côtières ; 2° les indigènes employés dans les services publics de ces mêmes provinces ».

Le Gouverneur général a estimé qu'il est du plus haut intérêt pour la colonisation de l'île, la mise en œuvre rapide de ses richesses minières, industrielles et agricoles, ainsi que pour le développement de son commerce intérieur et extérieur, de faciliter aux colons français le recrutement des travailleurs et de la main-d'œuvre indigène dont ils ont besoin.

Il a également jugé utile de favoriser l'expansion des Hovas en dehors du plateau central, et notamment leur émigration vers les provinces côtières, pour en mettre en exploitation les nombreuses parties encore incultes dont la fertilité est cependant reconnue, et pour donner aux populations qui les habitent l'exemple du travail et de l'industrie.

Exploration. — Dans une lettre lue le 9 décembre à la séance de la Société de géographie, M. Rechnewski rend compte d'une exploration dans le Nord-Ouest de Madagascar. Il a déterminé avec précision le cours du Sambirano et de l'Ifasy, ainsi que le relief de l'arrière-pays. Riche en essences et en caoutchouc dans sa partie montagneuse, cette région est dénudée sur beaucoup de points de la côte.

ACTES OFFICIELS

Journal officiel de Madagascar et dépendances

5 novembre. — Arrêté du 29 octobre 1898 dispensant du service militaire et de l'exonération les indigènes ayant contracté un engagement de cinq ans avec les colons français.

8 novembre. — Arrêté du 4 novembre 1898 érigeant la province de Nossi-Bé en cercle annexe.

10 novembre. — Arrêté du 24 octobre 1898 ouvrant un crédit de 50.000 francs pour la création d'un institut vaccinogène et antirabique.

17 novembre. — Circulaire du 20 octobre 1898 à MM. les commandants des 1er, 3e et 4e territoires militaires et à MM. les chefs des provinces d'Andevorante, de Tamatave et de Majunga, au sujet des ruptures et des vols de fil sur les lignes télégraphiques.

Arrêté du 28 octobre 1898 fixant un droit de patente hors classe de mille huit cents francs par an à payer par les trafiquants d'or.

Arrêté du 8 novembre 1898, portant de 3 à 7 francs la taxe personnelle établie dans la province des Betsimisarakas de Tamatave et assujettissant également les femmes de cette province au paiement d'une taxe de trois francs.

22 novembre. — Arrêté du 11 novembre 1898 modifiant la taxe à percevoir au passage de différents cours d'eau du cercle d'Ambatondrazaka et créant un service de pirogues entre Anororo et Ambohidava.

24 novembre. — Instructions à MM. les administrateurs civils et militaires chefs de province au sujet des mesures à prendre pour le développement des cultures vivrières et industrielles dans la colonie.

26 novembre. — Arrêté du 14 novembre 1898 ouvrant un crédit de 208.000 francs pour les travaux d'amélioration du port de Tamatave.

Arrêté du 12 novembre 1898 ouvrant un crédit supplémentaire

de 3.450 francs pour les travaux d'aménagement de la maison d'habitation et le fonctionnement du jardin d'essai de Tamatave jusqu'à la fin de l'année 1898.

INFORMATIONS

Parmi les décorations dans *l'ordre de la Légion d'honneur*, décernées à l'occasion du 1er janvier, nous relevons les suivantes.

Ont été nommés :

Commandeur : M. Bompard, ministre plénipotentiaire, directeur des consulats au ministère des Affaires étrangères. M. Bompard a été jadis résident général de la République française à Tananarive, et à continué à s'intéresser très vivement à tout ce qui concerne Madagascar.

Officier : M. Larrouy, ministre de France à Lima. M. Larrouy a été le dernier résident général de la République avant la campagne de 1895.

Chevaliers : M. L. Delhorbe, fondateur des agences du Comptoir d'Escompte à Madagascar, qui rendit d'importants services pendant la campagne de 1895, et envoya au *Temps* des lettres très intéressantes sur les événements du moment.

Sescau, président de la Chambre consultative de Tananarive et de la section du *Comité* établi dans cette ville.

R. P. Roblet, missionnaire à Madagascar, dont M. Grandidier a récemment exposé les travaux dans le *Bulletin*.

Sourd, président de la cour d'appel de Tananarive.

Even, commissaire adjoint des colonies.

Commandant Ditte, commandant du cercle de Maintirano, qu'il est parvenu à pacifier à force d'énergie et de prudence.

Capitaine Toquenne, commandant du cercle de Tullear.

Estèbe, administrateur.

M. Clément Delhorbe, secrétaire général du Comité, a été nommé délégué adjoint de la colonie de Madagascar, à l'exposition de 1900.

Détaxe des affranchissements postaux. —Les représentants des colonies au Parlement ont reçu la lettre suivante du sous-secrétaire d'Etat des postes et télégraphes :

Pour répondre à un désir qui a été fréquemment exprimé par les représentants de nos colonies, mon administration vient de s'entendre avec le département des colonies pour abaisser à 15 centimes par 15 grammes en cas d'affranchissement, à 30 centimes par 15 grammes en cas de non affranchissement la taxe des lettres dans les relations franco-coloniales Cette mesure sera appliquée à partir du 1er janvier prochain. A cette date, les conditions du tarif intérieur pour les lettres seront ainsi applicables à tous les territoires placés sous la souveraineté ou le protectorat de la France.

A partir de la même date, il sera permis d'ajouter à la main sur les cartes de visite imprimées, à destination des pays étrangers et des colonies françaises, indépendemment des qualités et adresse de l'expéditeur, des vœux, souhaits, remerciements, félicitations, condoléances ou autres formules de politesse exprimés en cinq mots au maximum ou au moyen d'initiales conventionnelles, ainsi du reste que cela se pratique depuis plusieurs années dans le service intérieur.

Les lettres ordinaires pour ou de Madagascar, qui étaient affranchies jusqu'à présent à 0 fr. 25, ne le seront donc plus qu'à 0 fr. 15.

Il est remarquable que la mesure prise par le sous-secrétaire d'Etat des postes et télégraphes, corresponde presque jour pour jour à une mesure analogue prise par le Postmaster général du Royaume-Uni. Depuis le jour de Noël 1898 la taxe d'affranchissement des lettres entre le Royaume-Uni et les colonies britanniques a été abaissée de 2 1/2 pennies, à un penny, soit de 0 fr. 25 à 0 fr. 10.

Services maritimes postaux. — M. Delombre, ministre du commerce a arrêté les itinéraires des services maritimes postaux français de l'Indo-Chine et de l'océan Indien pour l'année 1899.

Le développement du commerce avec Madagascar a nécessité une augmentation du temps de séjour des navires dans les ports de Majunga, Tamatave et Diego-Suarez. La durée du stationnement prévue dans les anciens itinéraires était en effet devenue insuffisante pour permettre l'accomplissement des opérations à effectuer dans ces escales. La Compagnie des Messageries maritime a consenti à prolonger jusqu'au port de Durban dans la colonie anglaise de Natal, le service qu'elle assure actuellement entre Diégo-Suarez et Lourenço-Marquès.

Armée. — Le lieutenant-colonel Gérard, chef d'état-major à Madagascar, a été promu colonel d'infanterie de marine. hors tour, à un emploi créé, pour faits de guerre à Madagascar. Nous adressons à M. le colonel Gérard l'expression de nos plus sincères félicitations pour cette récompense si bien méritée. Depuis plus de deux ans, il a pris une part considérable à l'œuvre énorme qui a été accomplie à Madagascar. Il a été véritablement l'*alter ego* du Général Galliéni. Tous les membres du *Comité de Madagascar* se réjouirons avec nous de sa nomination.

Ont été nommés : chef d'escadrons dans l'artillerie de marine, le capitaine Debou à l'état-major hors cadres à Madagascar (hors tour pour faits de guerre).

Sous-directeur d'artillerie à Diego-Suarez, le chef d'escadrons Doctaire.

— Une batterie de montagne d'artillerie de marine partira pour Madagascar par le paquebot de Marseille du 10 janvier. Cette nouvelle batterie, qui prendra le n° 5 *bis* dans la série des unités du groupe d'Afrique et des Antilles, sera à l'effectif de 5 officiers et 103 hommes de troupe.

Les officiers désignés pour les cadres de cette batterie sont les capitaines Cros et Bonvalet et les lieutenants Artigue, Morin et Sagols.

Diego-Suarez va recevoir un bataillon d'infanterie de marine qui sera commandé par le chef de bataillon Gillet, du 2ᵉ régiment.

— Les épreuves écrites qui doivent être subies par les sous-officiers d'infanterie de marine comme candidats à l'école de Saint-Maixent auront lieu les 9 et 10 janvier 1899. Les sous-officiers rentrés de Madagascar sont autorisés à prendre part à ces épreuves s'ils ont été l'objet d'une proposition pour le grade de sous-lieutenant.

Un décret du 15 décembre inséré au *Journal officiel de la République française* du 20 décembre détermine l'étendue du territoire, qui *sera point d'appuï de la flotte*. Il comprend la partie de Madagascar située au nord d'une ligne joignant Soavimandriane à Rafala en suivant les rivières qui aboutissent en ces deux points, l'île de Nossi-Bé et Sainte-Marie.

Le ministre de la marine est investi sur ces territoires des attributions que les lois, décrets et règlements confèrent sur les territoires civils de l'Algérie au ministre de la guerre et au ministre de la marine.

Retours et départs. — M. Cl. Delhorbe, secrétaire général du *Comité*, chargé de mission par le ministère des Colonies, est revenu en France le 17 décembre.

M. E. J. Bastard, notre distingué collaborateur, partira le 10 janvier pour Madagascar, chargé d'une mission par le Museum d'histoire naturelle.

Il est institué, à l'Ecole des langues orientales vivantes, un cours de *langue malgache*. M. Durand, ancien administrateur adjoint à Madagascar, est chargé de ce cours.

M. Henri Froidevaux, docteur ès-lettres, agrégé de l'Université, a été nommé chef de l'*Office colonial de la Sorbonne*, qui a été récemment rétabli, grâce à la libéralité de l'Union coloniale. Nous adressons à notre éminent collaborateur nos très vifs compliments.

Nécrologie. — Le 3 novembre 1898, le lieutenant d'infanterie de marine Clavier est mort à l'hôpital de Fianarantsoa des suites d'une blessure qu'il avait reçue le 4 octobre, dans un combat livré aux Antaibetonas, tribu turbulente du secteur d'Ikongo, dont le lieutenant Clavier était le commandant.

SOCIÉTÉS COMMERCIALES ET INDUSTRIELLES

Assemblées générales.

10 décembre. — Messageries françaises de Madagascar, 14, rue de Milan, à 2 h. 1/2 du soir. — Première assemblée constitutive.

12 décembre. — Compagnie Coloniale et des Mines d'or de Suberbieville et de la côte Ouest de Madagascar, 19, rue Blanche.

19 décembre. — Compagnie d'exploration de Madagascar, 21, rue Vivienne, 3 h. 1/2 — Extraordinaire ; dissolution.

BIBLIOGRAPHIE

Notes, reconnaissances et explorations.

31 août 1898. Les études de colonisation (province de Mananjary, de Nossi Bé. Cercle annexe d'Ankavandra). — Notes sur les Mahafalys. — Les végétaux producteurs de caoutchouc à Madagascar, par M. Gintgenet. — Le pays Sihanaka ou cercle d'Ambatondrazaka. — Mon premier observatoire, par le R. P. Elie Colin. — Travaux de routes exécutés dans le premier territoire militaire pendant l'année 1898.

Voies de Communication.

J. CHARLES ROUX, ancien député. — *Les voies de communication et les moyens de transport à Madagascar,* broch. in-8° de 50 pages avec 6 cartes.

La question des voies de communication à Madagascar est primordiale. Aussi saura-t-on le plus grand gré à M. Charles Roux d'avoir exposé l'état des travaux accomplis depuis l'occupation ainsi que les projets actuellement en discussion. L'auteur montre d'abord où en est la construction des routes et celle du canal des Pangalanes. Deux chapitres sont ensuite consacrés aux voies ferrées. Les services maritimes constituent la matière du dernier chapitre. En dehors des renseignements qui sont à la portée de tous, M. Ch. Roux en avait de particuliers et en a composé fort habilement la synthèse. Les cartes augmentent l'intérêt de cette brochure qui sera mise en vente à partir du 15 janvier.

Le Gérant : A. SMITH.

PARIS. — Imprimerie A. Picquoin, 53, Rue de Lille.

L'HYGIÈNE DU COLON A TANANARIVE

Tananarive est située dans l'Imérina dont elle est l'ancienne capitale et se dresse sur une colline élevée à 1.400 mètres d'altitude au-dessus du niveau de la mer. Tout autour d'elle et surtout à l'ouest s'étend une vaste plaine formée par la vallée de l'Ikopa, rizières innombrables toutes cultivées à l'heure actuelle. A l'Est, au contraire, il n'y a pas de plaines. Ce sont une série de monticules déboisés analogues à tous ceux que l'on rencontre dans le plateau central et qui contribuent à lui donner son aspect particulièrement sauvage et triste.

La ville est là, élevée, dominant les alentours, exposée à tous les vents qui la balaient sans cesse et en particulier les vents d'est. C'est donc à bon droit que Tananarive jouit d'un grand renom de salubrité. D'ailleurs dans cette grande cité où depuis longtemps se trouve entassée une forte agglomération d'indigènes pour qui les moindres préceptes d'hygiène sont et surtout étaient inconnus, on n'a jamais signalé de ces épidémies terribles telles qu'il en existe dans les grands centres : jamais de fièvre typhoïde ni de choléra, ni de fièvre jaune, etc... Seule, la variole a parfois fait d'assez grands ravages. Les maladies que l'on y rencontre sont, outre celles communes à l'Europe, la dysenterie qui est presque toujours bénigne et le paludisme qui y règne constamment, toutefois sans gravité excessive, puisque les cas pernicieux y sont rares.

Il est bon de connaître ses ennemis pour pouvoir les combattre ; aussi tous ceux qui viennent séjourner à Tananarive doivent-ils craindre d'une part la fièvre intermittente et ses conséquences ; de l'autre les diarrhées et parfois la dysenterie. Ils doivent redouter, avant tout, et le soleil et le froid. Se préserver de ces maladies ou tout au moins en atténuer les effets est chose facile, à condition cependant de suivre une série de précautions hygiéniques toutes d'une exécution facile.

Nous voudrions les résumer pour être utiles à tous ceux qui seront attirés à Tananarive. Ces précautions découlent de la connaissance même de la situation orographique de la ville, de son état hygrométrique, de la direction des vents régnants et des différences de température que l'on peut y observer. La température y est douce et clémente, avec des différences assez grandes, puisque pendant l'hiver le thermomètre descend jusqu'à 5° et 6° et que pendant l'été il atteint 29° et 30°.

Si nous nous reportons aux moyennes établies par le Père Colin à l'observatoire de Tananarive, sur des observations très soignées, nous voyons qu'à une altitude de 1402 mètres, la moyenne générale de la température a été pour dix-sept années de 18°, moyenne presque constante chaque année. La température la plus élevée de l'année 1891 a été de 29°2 le 26 octobre et la plus basse 5°7 le 11 août.

En 1892, le maximum a été de 28°2 le 30 novembre, le minimum 6°5 le 7 septembre.

Que conclure de ces chiffres ? A savoir que vivant dans un pays où il fait froid l'hiver et chaud l'été, tout voyageur et tout habitant doit être muni de vêtements adaptés au milieu, être persuadé que l'un de ses plus grands ennemis est le froid. L'hiver, il faut des costumes chauds, des vêtements de drap tels que nous les portons en France ou encore mieux de molleton de flanelle. Il faut, pour le soir, un pardessus d'hiver qui, pendant quelques jours de l'année au moins, sera parfaitement supporté. Les nuits sont toujours fraîches même en été, aussi est-il bon de se munir de couvertures de laine.

En effet, dès que le soleil s'est couché, la température brusquement baisse et il est rare que l'on observe ces soirées chaudes et brûlantes telles qu'il en existe en France et particulièrement à Paris. De là nous pouvons tirer une indication précieuse à savoir qu'il est bon d'avoir toujours de la flanelle en contact avec la peau pour éviter le rayonnement brusque qui se produit. La ceinture de flanelle, en particulier, ne doit jamais être quittée même et peut-être surtout au moment des grandes chaleurs.

Il ne faut jamais coucher par terre, sur le sol qui reste humide ou froid, même quand on y étale de nombreuses couvertures. Aussi tous les voyageurs doivent-ils être toujours munis d'un lit pliant qu'ils installeront dans les cases que l'administration a fait en grand nombre construire à leur usage, ou dans celles des habitants. Le lit sera mis avec avantage un peu loin des murs et encore mieux au milieu de la case, pour de multiples raisons; d'abord c'est éviter ainsi les nombreux insectes qui courent le long des murs, ensuite la pluie qui peut, grâce à une fissure, ruisseler jusqu'à terre ou tomber sur vous pendant votre sommeil.

Si la région traversée est absolument déserte, sans habitants (ce qui est rare et n'est pas le fait de l'Emyrne et des hauts plateaux dont nous nous occupons dans cet article, mais qui peut intéresser des voyageurs qui prendraient Tananarive comme centre de leurs expéditions) il est indispensable de se munir outre son lit d'une tente absolument imperméable qui vous protège contre la pluie et le froid.

La saison à Tananarive est d'une assez longue durée ; la saison des pluies est relativement courte, mais avec cette particularité que la hauteur d'eau tombant à ce moment est considérable. Toutes les après-midi, vers trois heures, le ciel se couvre brusquement de nuages, les coups de tonnerre et les éclairs se succèdent sans interruption et puis ce sont des trombes d'eau qui s'abattent sur le pays, transformant instantanément les rues de la ville en torrents. La pluie continue ainsi jusqu'au milieu de la nuit, avec de légers moments d'arrêt. Puis, le lendemain matin au réveil, on trouve un ciel pur et bleu, sans le moindre nuage. Alors, les routes sèchent et il reste seulement une légère fraîcheur analogue à celle qui suit les arrosages abondants de nos grandes villes.

On devra toujours se rappeler que la pluie et l'humidité sont un des facteurs importants de la fièvre. D'où la précaution indispensable de ne se laisser mouiller que le moins possible. Par conséquent il faut avant tout pendant la saison des pluies être muni d'objets capables de vous garantir. Il faut avoir un vêtement imperméable, et celui de beaucoup le meilleur est le puncho, sorte de carré de toile cirée au centre duquel se trouve percé un trou pour la tête, avec autour de ce trou un capuchon. Le puncho doit être en toile cirée car les toiles caoutchoutées rendent de mauvais services ; très rapidement ces pluies torrentielles les traversent. La forme généralement adoptée du pardessus, paletot, mac-farlan à pèlerine, est mauvaise, car chaque pli est autant de gouttières qui déversent l'eau sur le filanzana qui vous porte ; chose à considérer puisque, pendant les pluies, le filanzana est indispensable. Outre le puncho il est très utile de se munir d'un large morceau de toile cirée d'environ deux mètres carrés que l'on étend au-devant de soi sur les deux bras du filanzane laissant pendre les deux côtés comme une nappe le long des bords de la table. Les jambes et les pieds sont ainsi garantis de la pluie qui fouette et découle de toutes parts.

Quoique tombant si abondamment pendant la saison des pluies, l'eau à Tananarive est une rareté et il est indispensable que rapidement elle y soit amenée et distribuée à profusion. En attendant ce moment, il faut bien savoir que l'eau y est mauvaise et peu potable. Des différentes sources qui alimentent la ville, une seule se trouve sur la hauteur à côté du Palais de la Reine, situé lui-même au point culminant; toutes les autres sont au centre, dans les bas-fonds, récoltant les immondices de la ville et surtout des indigènes qui, malgré la surveillance, viennent y faire leurs ablutions et y laver leur linge sale. Il est donc de toute utilité de ne pas boire d'eau avant de l'avoir préalablement fait bouillir. On peut, si l'on veut, prendre du thé qui aura cet avantage d'avoir forcément bouilli.

Mais Tananarive étant une grande ville où tout ce qui est nécessaire à la consommation se rencontre, où l'on a du vin autant que l'on en veut, où en somme se trouvent réalisées les mêmes conditions que dans nos grands centres, une seule chose est indispensable, c'est de faire bouillir l'eau de table.

Le soleil, comme dans tous les pays tropicaux, est très dangereux et d'autant plus dangereux que par temps couvert on semblerait pouvoir être à l'abri de ses rayons. Seul le casque peut et doit vous protéger, et par casque il faut entendre le modèle adopté par le ministère des colonies. Un bon casque doit entrer profondément sur la tête et recouvrir les tempes de chaque côté. Le bord postérieur doit être suffisamment grand pour abriter complètement la nuque. Le casque doit être mis dès le matin à huit heures et ne plus être quitté avant le coucher du soleil. Il doit être gardé dans les appartements où il entre le moindre rayon de soleil ou même dans les pièces qui, par une baie entr'ouverte, laissent entrer une grande quantité de lumière réfléchie. Les exemples d'accès de fièvre contractés pour être resté la tête découverte et la nuque exposée à la lumière réfléchie provenant du dehors dans une pièce où ne pointait pas le moindre rayon de soleil, sont très fréquents. Il ne faut pas s'imaginer que par un *temps couvert, brumeux, on puisse se* dispenser de porter le casque. Erreur ! c'est par ces temps, où précisément, les imprudences sont nombreuses, que les insolations sont fréquentes.

Avant huit heures du matin et le soir après le coucher du soleil, toutes les coiffures sont bonnes.

De la nourriture je ne dirai presque rien, car à Tananarive elle est saine. Les légumes qui manquent sur la côte y sont, au contraire, très abondants et toutes les espèces de France y sont représentées.

La viande constituée par le bœuf à bosse ou zébu est belle et délicate. Les porcs y viennent bien. Seuls, les moutons ont une viande mauvaise et désagréable, car il n'a pas encore été possible d'y acclimater les races européennes. La race indigène n'est autre que le mouton d'Orient à grosse queue.

Les fruits sont représentés par beaucoup de ceux de France, tels la pêche, la pomme, le raisin, les fraises même auxquels il faut ajouter les fruits de l'Equateur, tels que la banane, la mangue, l'ananas.

Il sera toujours prudent de ne jamais manger les fruits que bien mûrs et de ne jamais en prendre avec excès.

Tous les surmenages doivent être évités et les excès

génitaux absolument interdits ; d'abord à cause de la fatigue nerveuse qui les accompagne, prélude de la fièvre puis de la neurasthénie, ensuite à cause de la fréquence des accidents vénériens de toutes sortes, qui certainement sont un des dangers les plus grands à redouter à Madagascar et à Tananarive, en particulier. C'est là où plus que partout ailleurs peut-être, il faut être avant tout sage et prudent; se rappeler les conseils de Flacourt et penser que cette crainte est le commencement de la sagesse.

Reste à considérer au point de vue hygiénique la quinine. Doit-on la prendre préventivement et que doit-on entendre par quinine préventive? La quinine doit être considérée à Tananarive et dans tout Madagascar comme un médicament de première nécessité. Elle doit être prise préventivement. Je considérerai deux cas : ou quelqu'un vient faire un voyage de deux ou trois mois, ou il vient s'établir définitivement, du moins pour longtemps.

Je conseillerai à celui qui vient faire un simple voyage de prendre chaque jour, au repas du matin ou de midi 20 à 25 centigrammes de chlorhydrate de quinine et cela dès le moment où il aura débarqué pour ne cesser qu'au moins un mois après son retour en France. Cette condition de continuer au moins pendant le premier mois du retour est une condition *sine quâ non*, car il ne faut pas oublier que, même si l'on est resté indemne à Madagascar, on peut très bien, en rentrant en France, avoir des accès très sérieux. On est obligé, en quelque sorte, de s'acclimater à nouveau.

Dans le second cas, c'est-à-dire celui d'une personne venant à Tananarive pour y séjourner longtemps, je lui conseillerai de prendre tous les jours de la quinine pendant le voyage de la côte à la capitale, puis une fois arrivé, de continuer au moins pendant un mois et même deux. Ensuite de ne prendre de la quinine que toutes les fois où elle se sentira fatiguée, lasse, où elle aura commis une imprudence ou un excès quelconque. Cette médication est toujours préventive, [mais accommodée aux besoins d'un long séjour. Chaque fois qu'il aura été fait un voyage dans la brousse, ne fût-ce que de quelques jours, il faudra considérer le retour comme un nouvel acclimatement et se soumettre au régime précédemment indiqué avec cette différence qu'un mois ou deux de quinine serait peut-être exagéré. Une dizaine de jours suffiront amplement.

Il est une croyance contre laquelle on ne saurait trop s'élever et qui malheureusement s'accrédite de jour en jour, faisant même des adeptes parmi les médecins, à savoir qu'il faut prendre de quinine le moins possible, qu'il faut ne pas s'y habituer et réserver le médicament pour les cas graves. Je dirai presque, en exagérant volontairement, que l'inverse est le vrai, que l'on ne prend jamais trop de quinine ; que la quinine préventive a fait ses preuves, qu'elle est nécessaire, même indispensable, que l'on a en elle un véritable gage de bonne santé dans nos colonies paludéennes.

La seule objection possible consiste dans les bourdonnements d'oreilles que ressentent quelques personnes. Dans ce cas, la seule chose à faire est de diminuer la dose, mais non pas la supprimer.

Quant à la préparation de la quinine, celle qui paraît de beaucoup la meilleure, c'est le chlorhydrate de quinine, dont il suffit d'ailleurs de se munir modérément, car Tananarive possède deux pharmaciens auprès desquels il est facile de s'approvisionner.

Tels sont les principes élémentaires d'hygiène que doivent connaître tous ceux qui se destinent à venir habiter les hauts plateaux de Madagascar. Ils sont d'une grande simplicité d'exécution. Puissent-ils être écoutés et rendre service à quelques-uns de nos compatriotes.

Dr FONTOYNONT,
ancien interne des hôpitaux de Paris.

BUDGET COLONIAL ET BUDGET LOCAL

C'est toujours un sujet d'étonnement pour nous, quand le budget d'une colonie tombe sous nos yeux, que d'y relever des imputations de deux sortes faites sous deux titres différents. Il nous avait toujours semblé jadis, avant que l'expérience nous eût appris ces détours, que l'argent sortant des caisses de l'Etat en balance avec celui qui y rentrait, constituait pour toute administration le livre du Doit et Avoir que met à jour tout bon commerçant. Les tendances modernes de la colonisation pratique nous paraissaient même de nature à accentuer davantage le rôle essentiellement commerçant d'un gouverneur tenant pour le compte de la maison mère, la patrie, une succursale, la colonie. Et de même que toute maison de commerce débite son fondé de pouvoirs d'une certaine somme dont il est comptable, de même il nous semblait logique de mettre à la disposition d'un gouverneur, une somme globale dont le doit et avoir constituait le budget de la colonie où il avait été nommé gérant. Il n'en est pas, et il ne peut pas en être ainsi : parce qu'il existe une administration centrale, et que cette administration centrale doit avoir son budget elle aussi. Donc deux budgets : l'un dit colonial dont le ministre est ordonnateur : l'autre dit local dont les gouverneurs de nos colonies font l'ordonnancement. Résultat : tout budget d'une colonie comporte deux genres d'imputations : l'un comprenant celles faites au budget colonial, l'autre englobant celles du budget local. Deux têtes faisant marcher deux bras semblent devoir provoquer dans un seul corps, des mouvements différents peu susceptibles d'assurer l'unité d'action : or c'est tout à fait ce qui se passe en matière de budget colonial. La concordance ne saurait exister que si le but était unique et si les deux cerveaux y faisaient tendre les deux mouvements : ce n'est pas le cas. Alors en effet que les économies réalisées sur le budget colonial sont faites au profit de ce budget, les économies du budget local restent à ce dernier. D'où acharnement de l'ordonnateur du budget colonial pour imputer le maximum au budget local, et efforts constants de l'ordonnateur du budget local pour reporter sur le voisin, le trop plein qu'on lui déverse. Donc non seulement action différente, mais divergente, et comme l'ordonnateur colonial est plus près du soleil que l'ordonnateur local, la victoire reste au premier, et les pauvres économies qui devraient revenir à la colonie, dont elle a besoin pour assurer sa mise en valeur, s'en vont grossir les économies de l'administration centrale, et assurer des dépenses métropolitaines ou les dépassements de crédits faits dans d'autres colonies.

De quel genre sont les dépenses métropolitaines? En voici un exemple. En 1896, on est resté très étonné de voir imputer au *budget colonial de Madagascar*, les dépenses provenant de l'achat du mobilier et de l'installation de l'hôtel du commissaire de Nantes. Quant aux dépassements de crédits, les colonies sont rangées en haut lieu dans deux catégories, le passé et le présent, les vieilles colonies qui n'ont plus le don de plaire, dont l'opinion publique s'est lassée, et les jeunes auxquelles on décoche volontiers un sourire; celles d'actualité. Inutile de dire que les dernières paient pour les premières. Les dépenses d'actualité, pratiquées dans une nouvelle conquête, passent comme une lettre à la poste, tandis que des censeurs sévères rechigneraient peut-être en voyant les mêmes dépenses faites pour les *rossignols* du magasin. Or Madagascar a le privilège d'être encore une colonie d'actualité et par suite de recevoir le trop plein des dépenses de ses sœurs. Pourquoi, par exemple, les prévisions budgétaires de l'exercice 1899 comportant les achats et transports d'effets, munitions, vins, du corps d'occupation de Madagascar, prévisions qui étaient parties pour Paris, sous le chiffre global de 3.500.000, en sont-elles revenues sous celui de 8.000.000 ? Nos chiffres sont quelconques; l'écart seul est réel !

Est-il possible, dans ces conditions, nous le demandons en conscience, qu'un gouverneur prenne à tâche les intérêts de la colonie, et les gère en *bon père de famille*, alors que d'un trait de plume, les économies réalisées sont rognées, et qu'une partie même de ces économies, les coloniales, ne peuvent pas, ne doivent pas revenir à son budget ?

Cette question de résultat pratique, primant toutes les autres, puisqu'elle vise le développement même de la colonie gérée, il est impossible de ne pas être frappé des difficultés qu'une pareille organisation soulève pour le contrôle. C'est un jeu de bascule, une jonglerie de chiffres qui échappe forcément à ceux qui n'en ont pas le maniement, et à l'aide duquel, suivant les phases traversées par l'opinion publique, on peut présenter au Parlement des situations modifiées à son gré.

Comment, dans ces dernières années, a-t-on fait tomber le budget colonial du Soudan, de 9.800.000 à 7.000.000? Tout simplement en chargeant le budget local de la différence. Le but ? Faire croire à la réduction des dépenses d'occupation et à l'augmentation des dépenses d'administration. c'est-à-dire aux progrès de la pacification.

De pareils moyens sont-ils admissibles ? Comment les commissions de budget si désireuses de lumière, à juste titre, tolèrent-elles une organisation financière capable de les couvrir?

Il faut, il est nécessaire aujourd'hui que l'affaire coloniale soit résolument mise à jour, et que ceux qui ont le contrôle des fonds de bas de laine que nous versons chaque année dans les pays lointains aient à leur disposition des chiffres précis leur permettant de suivre d'année en année le développement de chacune des affaires engagées. Il faut que le gouverneur de chaque colonie, d'autre part, soit et reste seul chargé de la gestion de chacune de ces affaires et que les économies comme les dépassements soient affectés ou imputés à la colonie qui les a produits. Il faut donc que budget colonial et budget local soient confondus dans un seul et même budget pour chacune de nos colonies, ce budget comprenant les dépenses militaires, les recettes et dépenses administratives, la subvention de la métropole, et faisant un tout global, une somme forfaitaire mise à la disposition du gouverneur de la colonie et dont il demeurera le gérant responsable. Il faut pour conquérir, pacifier et administrer Madagascar une somme de 24 millions, décomposée actuellement en 22 millions affectés aux dépenses militaires et diverses, et 2 millions dits de subvention. Pourquoi cette distinction subtile : n'est-ce pas un total de 24 millions qui sort des caisses de l'Etat, sous

une seule et même étiquette : Madagascar. Or ces 24 millions, si la colonie est en bonnes mains, se développe et
prospère, sont appelés à subir une diminution annuelle,
proportionnelle aux progrès accomplis, diminution qui
ressortira nettement de la balance totale, unique, pour
l'établissement de laquelle le gouverneur, gérant de sa
caisse, aura établi ses recettes et dépenses totales. Donc
la commission spéciale sera en mesure de fixer le chiffre
de cette diminution, en connaissance de cause, après
avoir exercé sur les comptes soumis un contrôle effectif
et désintéressé, et de décider surtout si la somme forfaitaire totale doit être maintenue ou diminuée, et l'image
chiffrée du budget de la colonie sera par sa balance une
représentation fidèle de la réalité. Un autre avantage
immédiat serait une économie réalisée dans le nombre
des services comptables dont la multiplicité, rendue
nécessaire par les imputations diverses, gêne le fonctionnement. Section de comptabilité du secrétariat général,
section de comptabilité du commissariat, et section de
comptabilité du contrôle financier, voilà bien des
rouages pour assurer l'exécution du grand livre « Doit
et Avoir » qui seul en définitive constitue la comptabilité
d'une colonie.

NOSSI-BÉ ET LA GRANDE TERRE

Les troubles actuels qui ont eu pour conséquence première l'assassinat de plusieurs de nos compatriotes et pour foyer principal la région correspondant à Nossi-Bé sur la grande terre sont dus à plusieurs causes. On pourra mettre en avant les exactions commises par quelques prétendus colons, les rigueurs exercées par des gardes de milice ou de petits fonctionnaires faisant office d'administrateurs. Ces causes peuvent avoir hâté le mouvement, mais il était latent depuis que nous nous sommes rendus maîtres de Madagascar, et virtuellement préparé depuis de longues années. La torpeur dans laquelle, comme dans toutes nos petites colonies annexes, a croupi l'île de Nossi-Bé depuis 1841, et l'indépendance qui a été pour les indigènes le résultat de notre prise de possession depuis cette époque, voilà la cause véritable, la seule, de la rébellion actuelle. Dotée comme toutes ses sœurs d'une administration coloniale aussi nombreuse qu'inutile dont la plupart des membres s'étaient taillé dans le budget local soit en bâtiment, soit en mobilier, soit en espèces, un gâteau dans lequel ils savouraient paisiblement les douceurs de l'oisiveté, la petite île dont la population au temps de sa prospérité était de 8.000 habitants environ, figurait, avant la campagne de 1895, sur le budget de l'Etat (service colonial) pour une dépense de 241.361 fr.; à ce chiffre il convient d'ajouter la solde et les frais de passage de la garnison, à la charge du budget général de la marine.

Le budget local montait en recettes et en dépenses à 240.000 fr. dans lesquels les impôts fonciers et personsonnels figuraient pour un total de 37.500 fr., soit 4 fr. par personne environ.

Quant aux travaux de route, en 1880 seulement notre colonie avait dépensé 70.000 fr.

Enfin la métropole faisait une subvention annuelle de 70.682 francs.

Soit pour ce petit rocher un total de :

241.364 fr.	service colonial
150.000	garnison
240.000	budget local
70.000	travaux
70.682	subvention
772.043 fr.	

Sept cent soixante douze mille francs sur lesquels il rentrait en recettes 240.000 fr., si bien que cette « délicieuse colonie » coûtait chaque année à la métropole 532.000 fr.

De droits de douane il n'y en avait pas, ce qui explique les plaintes continuelles des commerçants de l'endroit depuis qu'ils ont été établis. Le chiffre des importations était sensiblement égal à celui des exportations. Il s'agit bien entendu dans tous ces chiffres, de l'île seule de Nossi-Bé. Quant aux autres îles Nossi-Komba, Nossi-Mitsiou et Nossi-Faly, l'installation d'un sanatorium sur la première en 1895 a été notre seul acte de prise de possession.

Quant à la *grande terre* sur laquelle par traité du 14 juillet 1840 les chefs Sakalaves et la reine Tsiounaka nous avaient abandonné tous leurs droits de souveraineté sur la côte occidentale depuis la baie de Passandava jusqu'au cap Saint-Vincent, alors que par traité du mois d'avril 1841, Tsimiaro, après nous avoir cédé les îles de

Nossi Bé, de Nossi Mitsiou, de Nossi Lava, de Nossi Faly et autres, nous faisait l'abandon de ses droits sur les terres de Madagascar, jamais il ne nous est venu à l'idée d'en prendre possession. Les petits chefs, Tsialana, Binao, Tsiarassa continuèrent à mener à leur guise leurs populations, protestant à chaque fête officielle de leur dévoûment à la cause française, mais évitant soigneusement de se compromettre avec nous, dès que nous avions sur les bras une vilaine affaire. Et peu à peu, sans avoir jamais mis les pieds dans ce pays, sauf en 1885, où l'énergie d'un homme put faire croire au dévoûment des auxiliaires, nous nous sommes habitués à l'idée que le royaume Antankarana était nôtre, que le sol des provinces Nord-Ouest était terre française, ce qui pis est colonie ! Heureusement la présence des Hovas dans certaines parties de ce territoire nous a empêchés d'y envoyer des fonctionnaires, le mal autrement serait irréparable.

Lorsqu'en 1895 la glorieuse colonne volante nous eut livré Tananarive on ne s'occupa guère de Nossi-Bé, c'était une colonie ! pas plus que des provinces Nord-Ouest. Vinrent les événements de 1896 continués en 1897. Les Hovas d'Anorontsangana, d'Andranomalaga, d'Andranosammta soulevés, augmentés des rebelles de l'intérieur se réfugièrent près d'Ankaramy et nous tinrent tête. Dans une admirable lutte dont il sera bon de publier plus tard les épisodes, avec quelques poignées d'hommes, nous les avons disloqués et anéantis : toute la ligne Mandritsara Analalava fut libre et on put y circuler mieux que par le passé. Quant aux provinces Nord-Ouest, il n'en était toujours pas question : nous n'y avions pas paru. Préoccupé d'éteindre l'incendie qui avait mis en conflagration tout le centre de l'île, le général Gallieni avec peu d'hommes et peu d'argent jouait une partie d'échecs quotidienne où les pions des carrés de droite passaient aux carrés de gauche. Le faible effectif dont il disposait ne lui permettait que de courir au plus pressé. Et puis les rapports de nos administrateurs ne signalaient-ils pas dans toute cette région Nord-Ouest la même note optimiste : état satisfaisant. — Très satisfaisant effectivement : on n'y faisait rien.

Un beau jour cependant à la suite de quelques dissentiments entre Tsialana et son frère Mamba on se décida à demander un poste pour Ambatoharana, puis de réforme en réforme on en arriva à créer une chancellerie à Ambalavelo. Un autre beau jour, le chancelier d'Ambalavelo fut envoyé ailleurs et la clef fut mise sous la porte de la maison : il ne resta comme représentant de notre autorité que le garde de milice d'Ambatoharana, soit un Européen sur une longueur de 500 kilomètres de côte : c'était peu, mais on était chez soi, vieille colonie française. Et de fait c'était l'année dernière le pays de cocagne : de routes, point; d'impôts, point; de souci du maître, aucun. Les bons habitants se saoulaient tous les soirs en faisant le *mourengue*, chantaient et dansaient toute la nuit et se moquaient pas mal des arrêtés et des règlementations longuement étudiées qu'on élaborait à leur intention en haut lieu. Malheureusement l'activité du Gouverneur Général pénétra jusqu'en ces lieux privilégiés : Nossi-Bé fut arraché à sa douce quiétude et en même temps que l'administrateur en chef des provinces sakalaves de la côte Nord-Ouest commençait à s'occuper de son nouveau territoire et déterminait les points à occuper, on songeait à pratiquer des voies et à faire rentrer l'impôt, là comme partout ailleurs. Le siège de l'administrateur devait être transporté sur la grande terre : des chancelleries seraient créées : certains points occupés, etc..., enfin le programme complet de la prise de possession allait s'accomplir *cinquante-sept ans* après l'abandon fait en notre faveur par les premiers occupants. Il était trop tard : les esprits fermentèrent, excités par les Comoriens déjà mécontents d'être astreints aux obligations des sujets Français, par les Indiens peu désireux de se voir enlever le monopole du commerce, par des Arabes de Zanzibar, de Mascate, etc... On ne se doute pas des éléments divers qui, depuis *cinquante ans* vivent dans cette région à nos dépens et aux frais de l'indigène. On connaît la suite.

Eh bien, nous qui vivons depuis longtemps dans ces parages dont les habitants nous sont devenus familiers, nous ne voyons qu'un remède à la situation présente. Nous sommes convaincus que de Vohémar à Diégo Suarez et de Diégo Suarez au Mahajamba la population tout entière a besoin d'être prise en main.

L'élément arabe y domine et partout où il s'est installé, c'est par la force seule que nous l'en avons arraché. Son irréductibilité le rend opiniâtre : c'est notre autorité qui peut et doit le combattre. Ce vaste pays qui depuis de longues années a été abandonné à lui-même, aura, pour être remis dans le bon chemin, besoin de la force, celle-ci tempérée par la douceur : les commandants de cercles et de secteurs ont prouvé déjà qu'ils savaient allier les deux et nous en avons eu des preuves près de nos frontières, sous l'administration essentiellement énergique mais bienveillante du capitaine Toquenne. Au début de l'occupation d'un pays, il est indispensable que le pouvoir civil et le pouvoir militaire soient confondus : c'est tout l'un ou tout l'autre, et la présence de deux têtes agissantes est funeste vis-à-vis de nations primitives : le bras qui frappe doit obéir à la bouche qui parle. Donc, il faut que tout le Nord de Madagascar soit occupé militairement, organisé et mené pendant une année au moins, voilà le premier point.

Le second, c'est que la métropole prenne à sa charge les travaux urgents et ne force pas l'administrateur, quel qu'il soit et où qu'il soit, à abuser de la prestation ou de l'impôt.

Le troisième, c'est que les vieux débris qu'on appelle Nossi-Bé et Sainte-Marie, qui nous ont servi de marche-pieds pour atteindre et d'escales pour attendre Madagascar, soient ramenés à leur véritable place, gérés le plus simplement possible par un administrateur-maire et que Nossi-Bé ne reste pas plus longtemps le chef-lieu d'une province dont elle est séparée par plusieurs heures de navigation. Quand l'amiral de Hell occupa cette île, son rapport insistait sur les services qu'elle pouvait rendre par suite de sa proximité des côtes de Madagascar.

Aujourd'hui nous sommes les maîtres de Madagascar : c'est sur la grande terre qu'il faut nous installer et y établir nos résidences et nos chancelleries en nombre suffisant pour que les indigènes nous connaissent et nous nous reconnaissent.

Quant aux Comoriens, Indiens, Arabes, etc..., à toute cette écume du canal de Mozambique portée par les moussons sur nos côtes, qu'on la balaie à la mer.

Un livre bleu sur Madagascar

Le 6 janvier, le Foreign Office a publié un *Livre Bleu* sur Madagascar, qui porte le titre : « Further correspondence with the French government respecting Madagascar ». (France, N° 1, 1899; C. — 9,091.)

Il renferme trente-deux dépêches échangées entre nos ministres des affaires étrangères et le Foreign Office depuis le 24 février 1898 jusqu'au 29 décembre.

Les réclamations du gouvernement anglais portent sur les points suivants :

1. — Les formalités imposées aux étrangers, titulaires de baux emphytéotiques, pour la transformation de ces titres en aliénation définitive.

Ces réclamations ne sont pas fondées. Toutes les personnes qui détiennent des immeubles en vertu de ces baux peuvent en obtenir la transformation en contrats de vente définitive et l'immatriculation sur les registres de la propriété, moyennant une soulte débattue par une commission de trois membres dont le titulaire du bail ou son représentant fait partie.

2. — Les mesures adoptées pour mettre un terme à l'introduction, par les marchands arabes et hindous, d'armes et de munitions de guerre dans les petits ports de la côte.

Le gouvernement anglais déclare que le gouvernement de l'Inde ne laisse partir les Indous que munis d'un certificat établissant la parfaite honnêteté de leurs intentions.

Nous n'en disconvenons pas ; et le gouvernement français ne prétend pas que les munitions arrivent directement de l'Indoustan aux Sakalaves.

Il est beaucoup plus probable que c'est avec Zanzibar, qui est, comme on sait, peuplée d'Indous, que les petits traitants de la côte occidentale de Madagascar sont en relation. Quoi qu'il en soit, il est absolument certain que les Sakalaves continuent à être ravitaillés en armes et en munitions. Nos officiers et nos soldats n'en ont que des preuves trop certaines. Ils ne peuvent l'être que par le coté ouest. Le gouvernement anglais ne saurait vraiment, sans honte, protester contre des mesures ayant pour objet de protéger des Européens contre des sauvages.

3. — Les privilèges réservés aux navires français naviguant sur les côtes de Madagascar et dépendances.

Certains armateurs et capitaines de navire de Tamatave avaient demandé que le privilège de la navigation sur les côtes de Madagascar et dépendances fût réservé aux navires français. Ce vœu fut soumis par le général Gallieni aux présidents des chambres consultatives françaises.

« La mesure qui fait l'objet de ce vœu, disait-il dans sa circulaire, ne saurait, en principe, donner lieu à discussion, mais son application immédiate pourrait être de nature à soulever des difficultés et à amener une perturbation dans le mouvement des affaires de nos commerçants ».

Il résulta de cette consultation que le nombre des caboteurs français ne fut pas jugé suffisant pour assurer sans difficulté le trafic entre les postes de la colonie ; le cabotage reste donc libre pour tous les navires sans distinction de pavillons.

4. — Mais ce sont les réclamations relatives aux entraves apportées au commerce anglais qui tiennent de beaucoup la plus large place dans le nouveau *Livre Bleu*.

Voici la traduction des principaux de ces documents :

Lettre du consul anglais de Tamatave (1) *au Foreign Office*, 28 février 1898.—Le 28 janvier dernier M. l'Administrateur Compérat réunit les marchands indigènes, et les informa, en se servant du gouverneur indigène comme interprète, qu'ils ne devaient rien acheter ou vendre aux « étrangers », et qu'ils en avaient déjà été informés ; ils devaient acheter et vendre seulement à trois marchands français, MM. Lauratet, Venot et Bernard, s'ils agissaient autrement, ils seraient mis aux fers.

Par suite, le commerce des maisons étrangères a diminué. MM. Procter frères et L. Trouchet et Cⁱᵉ, marchands anglais de cette ville, qui ont des succursales à Mananjary, m'ont officiellement informé de ces faits, et j'en ai, à mon tour, saisi le Gouverneur Général.

_____

(1) M. Anatole Sauzier, franco-mauricien, qui a toujours cherché par un zèle intempestif à se faire bien venir de son gouvernement.

Lettre du marquis de Salisbury à sir E. Monson, ambassadeur de S. M. Britannique, près le gouvernement Français.

Foreign Office, 9 juillet 1898.

« Monsieur,

« Les rapports de la France et de l'Angleterre à Madagascar sont parmi les premiers sujets sur lesquels je désire que vous attiriez l'attention de M. Delcassé.

« Quelques-uns des actes récents du gouvernement qui a précédé celui de M. Brisson ont accru l'importance de cette question. En 1890, l'ambassadeur français près de cette cour, M. Waddington signa un traité par lequel le protectorat de la France à Madagascar était reconnu sous les conditions suivantes.

« Il est entendu que l'établissement de ce protectorat ne doit affecter aucun des droits et privilèges dont les sujets britanniques jouissent dans cette île.

« Les droits les plus importants, et principalement visés par ces paroles étaient les droits d'immunité fiscale, assurés au commerce britannique par le traité signé avec la reine de Madagascar en 1865. Le traitement de la nation la plus favorisée était assuré au commerce britannique et il était stipulé que les droits levés sur les produits importés ne pourraient jamais dépasser plus de 10 0/0 *ad valorem* (1).

« L'engagement (pris par M. Waddington) ne permettait pas de douter que les privilèges fiscaux de la Grande-Bretagne

(1) Le traité auquel lord Salisbury fait allusion est un « Traité d'amitié et de commerce entre la Grande-Bretagne et le royaume de Madagascar, signé à Tananarive le 27 juin 1865, par T. C. Packenham, consul de S. M. à Madagascar, et Rainimaharavo, principal secrétaire d'Etat, 16e honneur.

Art. 6. « Seule la reine de Madagascar peut importer des munitions de guerre dans ses Etats, mais à part ces munitions de guerre, l'importation d'aucun article dans le territoire de S. M. la Reine de Madagascar ne peut être prohibée, de même que l'exportation d'aucun article ne peut être prohibée, sauf les munitions de guerre et les articles suivants que la loi malgache défend d'exporter : le bois de charpente et le bétail.

Le commerce entre les possessions de S. M. Britannique et les possessions de S. M. la reine de Madagascar doit être parfaitement libre, soumis à un droit, qui ne dépassé pas dix pour cent. » De Martens, *Recueil général des Traités*, t. XX, p. 496.

seraient maintenus tant que durerait le protectorat de Madagascar.

« En 1894 et 1895 des différends surgirent entre la République française et le gouvernement malgache, qui aboutirent à une expédition armée dans l'île. Le Gouvernement de Sa Majesté observa une stricte neutralité pendant la guerre et déclara qu'il observerait cette neutralité de la manière la plus favorable à la France. Si on avait su que l'expédition avait pour objet *non seulement le maintien du protectorat, mais encore l'annexion de l'île,* on aurait pu prévoir que sa réussite entraînerait un changement non seulement dans l'indépendance de l'île, mais encore dans les privilèges fiscaux du *commerce* britannique. Mais le gouvernement de la République usa d'un langage qui convainquit le gouvernement britannique qu'on se proposait seulement de *fortifier le protectorat.*

« Lorsqu'on s'occupa de l'importante question de la déclaration de neutralité, lord Kimberley (1) s'abstint de faire une pareille proclamation par déférence *pour les représentations de l'ambassadeur de France qui disait que ce cas des protectorats était particulier et nouveau, et que dans les cas de guerre avec une puissance protégée une proclamation de ce genre n'avait pas été faite.*

« M. Hanotaux, à la séance de la Chambre des Députés du 12 novembre 1894, plaça sur le même pied le protectorat de Madagascar et le protectorat de Zanzibar et déclara que le traité de 1890 établissait entre Zanzibar et Madagascar un parallélisme absolu (« parallélisme qui existe dans la *forme comme dans le fond.* »)

« Le 27 novembre 1895, M. Berthelot déclara dans la Chambre au sujet de l'occupation de l'île : Il ne peut en résulter aucune difficulté extérieure ; nous n'avons pas besoin de déclarer que nous respecterons les engagements que nous avons contractés vis-à-vis de certaines puissances étrangères.

« Le 11 février 1896, M. de Courcel, ambassadeur de la République, me notifia dans une note, « qu'en conséquence des difficultés que rencontrait l'exercice du protectorat français, le gou-

---

(1) Lord Kimberley était ministre des Affaires étrangères dans le gouvernement libéral qui précéda l'arrivée de lord Salisbury au pouvoir.

vernement de la République était obligé de prendre des mesures pour fortifier le respect de ses droits et s'assurer des garanties pour l'avenir ». Ce langage ne se démentit pas. Le protectorat devait être maintenu et renforcé. On n'insinua jamais que le protectorat dût être détruit, par conséquent les droits fiscaux reconnus par le traité de 1890 ne paraissaient exposés à aucun risque par cette expédition que le gouvernement et le commerce britanniques considéraient sans appréhension.

« S'ils avaient su qu'elle aurait pour résultat d'abolir les droits du commerce anglais et de l'exposer à des tarifs, qui l'excluraient des marchés de l'île, la campagne projetée aurait excité en Angleterre une certaine inquiétude. En admettant même que le différend n'eût pas été suffisant pour faire renoncer à la politique suivie alors, la probabilité de la suppression de nos droits fiscaux à Madagascar aurait certainement suscité dans ce pays des réserves de la part du gouvernement et de l'opinion publique. Les difficultés propres à la tâche entreprise par la France auraient été augmentées, si dès l'origine on avait su dans l'île que l'Angleterre protestait contre la guerre, et la regardait comme une manœuvre pour faire échec à son commerce.

« Le mois dernier, le Président de la République a signé un décret, augmentant les droits sur les principaux articles de l'industrie anglaise, et en conséquence portant de plus en plus préjudice aux droits que les marchands anglais possédaient par le traité de 1865, et la Convention de 1890 entre France et Grande Bretagne.

« L'annexion qui a provoqué l'établissement injuste de ces droits, a résulté d'une expédition commencée et continuée avec l'affirmation qu'elle avait pour objet le renforcement du protectorat et le maintien des privilèges commerciaux anglais. J'ai déjà placé sous les yeux de M. Hanotaux, le dernier Ministre des Affaires étrangères une protestation contre le tort qui a été et qui est encore causé au commerce anglais. Tant à cause de l'aggravation des mesures dont nous nous plaignons qu'à cause de la possibilité de les soumettre à un nouveau ministre, j'ai l'honneur au nom du gouvernement britannique de réitérer ma protestation contre des actes, qui dans notre opinion sont contraires aux droits internationaux de l'Angleterre et aux assurances données par le gouvernement de la République.

« Je vous prie de communiquer en substance cette lettre à M. Delcassé et de lui en laisser copie. Je suis etc.

« Salisbury ».

Une note remise par sir E. Monson à M. Delcassé le 22 juillet 1898, s'exprime ainsi en substance : « Le gouvernement de Sa Majesté appelle sérieusement l'attention de Votre Excellence sur une circulaire du Gouverneur général de Madagascar, qui doit nuire gravement au commerce anglais. Cette circulaire publiée dans le *Journal officiel* du 23 avril ordonne aux fonctionnaires indigènes d'user de leur autorité en faveur de l'extension du commerce français et de persuader à leurs administrés qu'ils doivent se servir seulement de produits manufacturés en France. A la circulaire sont joints des dessins représentant les marques de fabrique françaises. Le gouvernement de Sa Majesté estime que ces procédés dépassent les limites de la concurrence permise et sont contraires aux assurances données à maintes reprises par le gouvernement de la République relativement aux privilèges commerciaux des sujets britanniques. »

Cette correspondance suscite plusieurs réflexions.

La longue lettre de lord Salisbury contient contre le gouvernement français une accusation, non expressément formulée, mais latente, de mauvaise foi. Il semblerait, à la lire attentivement, que l'expédition de 1895 a été entreprise en apparence pour fortifier le protectorat à Madagascar, mais en fait, avec l'arrière-pensée d'annexer l'île. Or, cette accusation est absolument injuste. L'expédition de Madagascar avait uniquement pour objet de fortifier le protectorat à Madagascar. L'article premier du projet de traité remis le 29 mars 1895 au général Duchesne est ainsi libellé : « Le gouvernement de Sa Majesté la Reine de Madagascar reconnaît et accepte le protectorat de la France avec toutes ses conséquences. »

Le gouvernement de la République a été de bonne foi, seulement entre le commencement et la fin de la campagne, c'est-à-dire entre le début et la fin de l'année 1895, l'opinion publique s'est modifiée en France. Ce qui d'abord paraissait satisfaisant a ensuite semblé insuffisant. Et c'est ainsi que M. Hanotaux, d'abord défenseur convaincu du protectorat, a été conduit, le 30 mai 1896, à demander au Parlement de voter l'annexion de Madagascar, comme colonie française. Les circonstances ont amené le gouvernement à changer sa manière de voir, mais il n'a pas joué double jeu.

Les réclamations de lord Salisbury s'appliquent à une question de droit et à une question de fait.

La question de droit est celle-ci : « La France a-t-elle le devoir de se conformer aux engagements pris en 1865 par la reine Rasoherina, dans le traité qu'elle signa alors avec le gouvernement de la Grande Bretagne ? »

Le paragraphe 3 de l'article premier de la convention anglo-française du 5 août 1890 est ainsi libellé : « Il est bien entendu que l'établissement de ce protectorat [de la France à Madagascar] ne peut porter atteinte aux droits et immunités dont jouissent les nationaux anglais dans cette ile. » Ces paroles s'appliquent aux droits personnels des Anglais résidant dans l'ile, mais rien n'indique qu'il soit question des produits importés dans l'ile.

M. Ribot qui était ministre des Affaires étrangères lors de la convention du 5 août 1890, s'est exprimé en ces termes le 23 janvier 1899 à la Chambre des députés :

« L'Angleterre s'est refusée à reconnaître l'annexion de Madagascar et cependant, dans la déclaration concernant la reconnaissance du protectorat, il n'y avait aucune clause constituant la France garante des traités passés par le gouvernement hova. L'orateur peut apporter sur ce point son témoignage personnel, et il ne saurait comprendre les difficultés injustifiables soulevées par l'Angleterre. »

Quoi qu'il en soit, le gouvernement de la République est certainement disposé à entrer, sur ce point comme sur tant d'autres, en négociation avec celui de la Reine.

Ces négociations ne sauraient manquer d'être dominées par une question de fait.

Entre 1890 et 1898, il s'est passé un événement énorme, auquel lord Salisbury paraît ne pas attacher la moindre importance au point de vue de nos droits : « Madagascar a été conquise par la France. » Alors que naguère nous étions supportés en maugréant, bafoués souvent, contrecarrés toujours, maintenant nous sommes les maîtres. Mais nous le sommes devenus difficilement en dépassant cent millions et en perdant 5.000 hommes.

Cette position et ces sacrifices méritent pourtant quelques égards.
Jamais l'opinion publique française ne saurait admettre que la
position des Français à Madagascar doive rester maintenant ce
qu'elle était avant 1895.

L'un des arguments donnés par le gouvernement anglais pour
exiger l'évacuation de Fachoda a été que l'Angleterre s'était imposé des sacrifices pour détruire le Mahdisme. Pourquoi cet
argument valable au Soudan serait-il sans force à Madagascar?

Mais il y a plus. Si le gouvernement français a été conduit à
décider l'expédition de Madagascar, dont résulte la situation présente, la faute en retombe en somme sur les Anglais euxmêmes. Si les Hovas avaient accepté franchement et sans réticence le régime du protectorat, dès 1885, le gouvernement français se serait bien gardé d'annexer Madagascar. Mais qui ignore
que le traité du 17 décembre 1885 signé par M. Patrimonio et
l'amiral Miot au nom de la France, par Digby Willougby au
nom de la Reine de Madagascar n'a jamais été exécuté et qu'en
particulier, le premier ministre Rainilaiarivony a toujours
éludé l'article 1er : « Le gouvernement de la République représentera Madagascar dans toutes ses relations extérieures » ?

Se serait-il senti isolé, que le gouvernement hova aurait certainement apporté plus d'aménité dans ses rapports avec le
Résident général. Mais sa résistance était encouragé par le
colonel Shervinton, par les missionnaires anglais, par tout ce
qui à Tananarive représentait l'élément anglais. Et c'est ainsi
qu'en 1895, le gouvernement français a été obligé de prendre
une grande résolution. Les manufacturiers de Manchester se
plaignent aujourd'hui de la fermeture de ce débouché ; ils pâtissent de la politique tortueuse et sans franchise suivie par leurs
compatriotes pendant plus de dix ans. Qu'ils s'en prennent
à eux.

LE VOYAGE DE LA REINE RASOHERINA

A LA COTE, EN 1867 (*Fin*) (1)

Tanimandry, 17 août. — On tua les bœufs des soldats ; cela se fit suivant les coutumes : on leur distribua également du riz à raison d'une mesure pour cinq hommes. Rainigory, 16e honneur, et Rainimaharavo, 16e honneur, secrétaire d'Etat en chef, reçurent de la Reine l'ordre de se reposer. « Non, dirent-ils, nous pouvons travailler car nous sommes forts : c'est à vous de ne rien faire, mais de vos ordres il n'y en a pas que nous ne puissions exécuter. » La Reine se mit en colère : « Je n'aime pas cela, dit-elle ; toi, Rainigory qui as fait le service d'Andrianampoinimerina, de Lehidama, de Rabodonandrianampoinimerina, il n'y a rien que tu ignores et toi non plus Rainimaharavo, la tradition orale, toi qui as servi depuis Rabodonandrianampoinimerina. Si vous recommenciez, je ferais ce que peut ma force. » Tous les deux firent le hasina. Une petite fille de « blanc » venait de naître ce jour-là ou la veille : sa mère était morte. Un de ses compatriotes l'avait prise à sa charge et l'avait remise à une servante. La Reine la fit chercher, elle l'embrassa ainsi que les assistants, et lui fit remettre quatre piastres. On tua huit bœufs. La Reine fit manger les fonctionnaires à partir du grade de 12 honneurs et au-dessus, ainsi que ceux qui les suivaient.

Tanimandry, 18 août. — Rainihaga, 14e honneur, avec sa suite eut un entretien avec la Reine. Il lui fit le « hasina » et lui offrit le présent remplaçant le bœuf « volavita » : il lui présenta aussi les produits de la terre. On tira trois coups de canon et on tua 12 bœufs.

Tanimandry, 19 août. — La Reine fit danser les gens venant de Hiarana : ils chantèrent très bien, mais dansèrent mal. On introduisit ensuite les Betsiléo : chants et danses étaient mauvais, mais faisaient rire tous les assistants. On apporta les droits de douane venant de Tamatave. 10 bœufs furent tués.

Tanimandry, 20 août. — La Reine distribua des lambas

(1) Voir le *Bulletin* du 5 janvier, p. 26.

venant de Tamatave, aux grands et aux petits chefs. On tua
11 bœufs.

Tanimandry, 21 août. — La Reine continua la distribution de
la veille en commençant par le premier ministre, les fonctionnaires, les Andriambenty et les principaux chefs civils. On tua
15 bœufs.

Tanimandry, 22 août. — La Reine avertit Tananarive du
jour où elle quitterait Tanimandry pour gagner la capitale de
Madagascar. Elle fixa le dimanche, c'est-à-dire dans huit jours
après demain et prescrivit de tirer 14 coups de canon à Tananarive et 2 coups à Ambohimanga, le jour où elle quitterait la
côte. Les Betsimisarakas qui n'avaient pas encore reçu de lambas,
se plaignirent : « Décidément, disaient-ils, Dieu n'est pas juste :
C'est nous qui partageons, et ce sont d'autres qui prennent. »
La Reine, en les entendant, trouva leurs réclamations justes et
fit couper des lambas pour eux. Elle envoya deux mille piastres
à Tananarive pour acheter des bœufs en recommandant de
consacrer un tiers de l'argent à l'achat de bœufs de 8 piastres,
un tiers à des bœufs de 7 piastres et un tiers à des bœufs de
5 à 6 piastres. On tua 16 bœufs.

Tanimandry, 23 août. — La Reine reçut Rainihaga, 14e honneur, officier du Palais, et quelques autres personnes. On tira
3 coups de canon. Ils firent le hasina, et prêtèrent serment. On
distribua des lambas, en particulier aux gens du district de
Tamatave : ils étaient au nombre de 4.920. Le total de ceux qui
reçurent des lambas dans cette journée fut de 8.178. Cette distribution dura assez avant dans la nuit jusque vers 7 heures et
demie. La joie était générale. Rahasolahy, 15e honneur, fit le
hasina et prêta le serment. On tua 19 bœufs.

Tanimandry, 24 août. — La Reine distribua des lambas aux
vadinandriana, aux *zanakandriana* et aux *sakaizandriana,* ainsi
qu'aux *tandapa,* aux *mpiantsa,* aux *tsimandolahy,* aux *tsiman-
dovary,* aux *tsindranovavy,* aux *lakoly,* aux *tsaramiera,* aux musiciens, aux *mpirelilangoraouy,* aux *andriambareinty,* aux principaux chefs civils, et aux fonctionnaires du rang supérieur à
10 honneurs. Après cette distribution, le premier ministre fit le
hasina et prêta le serment.

La Reine reçut Ramahabatry, 12e honneur, et ses compagnons
venant de Tananarive. Ils firent le hasina, prêtèrent serment et

offrirent les produits de la terre. Ils rendirent compte du bien qu'avaient fait les officiers et les sujets dans l'Imerina. La Reine accepta les présents, les remercia. Ils demandèrent la permission de danser et y furent autorisés. On tua 15 bœufs.

Tanimandry, 25 août. — La Reine fit exécuter des danses de Betsimisarakas : quelques créoles hommes et femmes dansèrent aussi. On tua 21 bœufs.

Tanimandry, 26 août. — La Reine fit à ses sujets une distribution de riz : le premier ministre la régla et la fit lui-même. Quand il eut distribué au prince Ramonya et à ses enfants, ainsi qu'aux « Vadinandriana » et aux « Zanakandriana » il eut une hésitation : « Où sont les tsindranotahy pour porter ceci ? » Le premier ministre fut irrité contre ses aides de camp. La Reine fit danser les Betsimisarakas, à l'est du Rova. On tua 21 bœufs.

Tanimandry, 26 août. — La Reine fit une distribution de riz aux soldats. Puis on joua de la *Lokanga* (violon à 2 cordes) et de la sodina (flûte indigène) au nord du Rova. 19 bœufs furent tués.

Tanimandry, 27 août. — La Reine donna une assiette à chacun des 8ᵉ et 9ᵉ honneurs, une également à chaque *Vadinandriana* ou *Zanakandriana* et aux autres déjà cités, plus les *Mpilahona* les gardes porteurs de sagaie, les « mpisarovy » et les gardiens de Maryakamiadana. On tua 19 bœufs.

Tanimandry, 28 août. — La Reine alla se promener sur le bord de la mer accompagnée de plusieurs de ses sujets. Reniniboti et Papay firent le hasina et prêtèrent serment. La Reine fit danser quatre « blancs » avec quatre « Tsaramiera » femmes, puis des Betsimisarakas. On tira trois coups de canon et on tua 11 bœufs.

RETOUR

Tanimandry, 29 août. — A 8 heures du matin, la Reine quitta Tanimandry, et le retour commença. Au moment où Sa Majesté sortait de la grande porte, le premier ministre et tous les sujets firent le hasina. Après le passage du pont, Raharolahy, 15ᵉ honneur O D P, et ses compagnons firent le hasina et prêtèrent le serment avec la formule « trarantitra ». On tira 14 coups de canon. En tirant le canon Mojanga, deux hommes furent grièvement atteints. La pièce qui avait tonné sans interruption était

brûlante et quand la charge fut mise elle s'enflamma d'elle-
même. L'un d'eux fut brûlé à la main, l'autre fut couvert de
brûlures. La Reine lui fit donner 2 piastres. Ralaitrino, 15e bon-
neur, avait été légèrement atteint aussi. La Reine lui fit donner
2 piastres ainsi qu'au soldat blessé à la main. Ils furent soignés
par un docteur malgache qui fit rester le plus malade. Un Père
vint le visiter et lui donna une piastre : plusieurs « blancs »
vinrent également, Ralaitro lui donna une demi-piastre et un
lamba.

Il tombait ce jour-là une petite pluie fine. La Reine prescrivit
de faire remonter le corps du blessé à Tananarive en cas de
mort.

Vers 3 heures on arriva à Namatroaka. Ramilambo portait le
cordeau d'alignement. On tua 12 bœufs.

Mamahoaka, 30 août. — La Reine partit à 7 heures et demie
du matin pour gagner Marimarina. Il y avait en chemin beaucoup de gens fatigués. Vers une heure et demie on arriva à
l'étape. Rainikoto 15e honneur, portait le cordeau d'alignement.
La Reine attendit environ une demi-heure à l'Est du camp, la
tente n'étant pas encore dressée à l'intérieur du Rova. On tua
14 bœufs.

Marimarina, 31 août. — La Reine quitta Marimarina vers
7 heures et demie du matin, se dirigeant vers Ambatoharana,
qu'elle atteignit vers une heure et demie. Ramilambo, 15e honneur, portait le cordeau d'alignement. On tua 21 bœufs.

Ambatoharana, 1er septembre. — La Reine quitta Ambatoharana à 7 heures et demie. En arrivant à la pierre dressée par
Radama I, Elle s'arrêta : on présenta les armes. Ramamba, chef
de la caste de Zanatompo fit le hasina, que firent également le
premier ministre et les sujets. On tira 3 coups de canon, et vers
une heure on arriva à Ampasimbé. Rainikoto, 15e honneur, portait le cordeau d'alignement. On tua 18 bœufs.

Ampasimbé, 2 septembre. — La Reine quitta Ampasimbé vers
8 heures pour gagner Beforona. Quand elle atteignit le sommet
de Madilo, on tira un coup de canon. Beaucoup de gens étaient
fatigués. Six esclaves et deux soldats moururent. Vers quatre
heures et demie on arriva à Beforona. Il pleuvait beaucoup : le
sentier était très glissant. Ramilambo, 15e honneur, portait le
cordeau. On tua dix bœufs.

Beforona 3 septembre. — Rainikoto, 15ᵉ honneur, la moitié des fonctionnaires et officiers et tous les soldats moins 600 et 400 maranitra furent envoyés en avant avec les porteurs de bagages, jusqu'à Ambavanihary pour préparer la demeure de la Reine et faire « Kabary » aux gens en leur recommandant de ne pas faire de feu dans la forêt, la Reine ne pouvant plus passer dans le chemin s'il y avait eu du feu. Les officiers du grade de 10 honneurs et au-dessus envoyèrent chacun un aide de camp pour garder la forêt. Voici l'ordre dans lequel ces aides de camp se rangèrent. Ceux du premier ministre, ceux des chefs de peuple à droite du chemin ; les aides de camp des officiers et ceux des premiers à gauche. On tua 9 bœufs.

Beforona, 4 septembre. — La Reine séjourna sur ce point en faisant partir ses gens en avant. Un bœuf appartenant à Raniaudrianaly, 14ᵉ honneur, aide de camp du premier ministre, dépassa les gardes. Il atteignit la maison de Rainigery, 16ᵉ honneur, où il fut tué à coups de sabre. On le porta à l'ouest du Rova où on le partaga entre les gardiens y compris les tsimando. Les andriambaseny envoyèrent quelqu'un prévenir la Reine que Radama I en descendant et en montant avait jeté une piastre à l'Andriambasibé (rocher) et avait donné un vêtement de femme, blanc, à celui qui l'avait fait, et ce pour empêcher la pluie de tomber. La Reine suivit cet exemple. On tua 5 bœufs.

Beforona, 5 septembre. — La Reine quitta Beforona à 7 heures du matin, se dirigeant sur Ambavanihasy et vers midi elle atteignit ce village. Ramikoto, 15ᵉ honneur, portait le cordeau d'alignement. La Reine l'envoya lui et sa suite en avant jusqu'à Analamazoatra. On tua 4 bœufs.

Ambavahihasy 6 septembre. — La Reine partit vers 6 heures et demie pour Analamazaotra. Le chemin était atroce. En arrivant à Anevoka, le premier.ministre et les sujets lui offrirent le présent de viande. Vers 2 heures et demie on arriva : tout le peuple fit les salutations d'usage: « Salut à vous qui êtes heusement arrivée ! » On dansa à l'intérieur du Rova et on tua dix bœufs.

Analamazaotra, 7 septembre. — La Reine quitta Analomazaotra vers 6 heures et demie pour gagner Ampasimazava (Amposimpotsy). Elle arriva vers dix heures et demie. Les aides de camp manquèrent l'heure : on avait apporté de Tanimandry un

Atrujombina (*Trompe de coquillage*) *pour rappeler ceux qui res-*
teraient en arrière après le coucher du soleil : on le fit réson-
ner. au lieu des clairons qui était trop sourds.

Ampasimazava, 8 septembre. — La Reine donna un bœuf aux
Betsimisarakas qui l'avaient accompagnée et les renvoya. Elle
partaga le riz destiné à sa suite, selon la coutume, à raison de
une mesure pour 5 hommes pour les soldats : le premier ministre fit lui-même la distribution. Il donna également la parole de
la Reine aux fonctionnaires et aux officiers, au sujet de la bonne
garde et de la bonne escorte formée par les soldats à la Reine. Il
les en remercia. Puis il donna le compte rendu des soldats et des
particuliers morts depuis le départ de Tananarive : les soldats
n'étaient pas compris dans cette liste. Le total était de 8 fonctionnaires ou officiers, et 28 autres. On tua 8 bœufs. Le premier
ministre dit aux fonctionnaires : Nous ferons demain l'accusation
du tanguin, mais pas aujourd'hui.

Ampasimpotsy, jeudi 9 septembre. — La Reine quitta Ampasimpotsy vers 7 heures du matin, se dirigeant sur Moramanza,
escortée de tout le peuple qui chantait et poussait des vivats de
joie pour son heureux retour. On tira 3 coups de canon à l'est
en haut du camp, et vers midi on arriva à Moramanza. Vers
4 heures eut lieu le partage du riz et des provisions de viande :
il dura jusqu'à la nuit. Les vivres étaient à bon marché. On tua
12 bœufs.

Moramanza, 10 septembre. — La Reine quitta Moramanza vers
7 heures pour gagner le Mangoro où l'on arriva vers 2 heures.
On tua 10 bœufs.

Le Mangoro, 11 septembre. — La Reine réunit ses sujets au
camp, et leur fit le kabary ainsi : « Je vous ai appelés pour
vous prévenir de ne pas manger trop de riz : faites bien attention,
il y a beaucoup de maladies au camp. » On tua 11 bœufs.

Le Mangoro, 12 septembre. — La Reine quitta le Mangoro à
8 heures se dirigeant vers Fisakana où elle arriva vers 11 heures. C'est ce jour-là, à 2 heures, que mourut le Prince Ramonja,
15° honneur, off. D. P. A 3 heures, le premier ministre et les
fonctionnaires et officiers du grade de 15 honneurs et au-dessus
décidèrent ce qu'il y aurait à faire pour ses funérailles. La somme
à dépenser fut fixée à mille piastres, six cents seraient consacrées
à l'achat des lambas rouges pour linceuls. Les officiers désignés

à cet effet furent Rainimamoya, 16e honneur, Rainikitaka, 15e honneur of. D P., Rainivolajate, 15e honneur, Rainimoma, 15e honneur Rasoamiaramanana, 14e honneur Rainimboay, 13e honneur, aides de camp du premier ministre. Ils partirent à 6 heures et demie. On porta le corps dans un filanzana comme s'il eût été encore vivant, et on ne prit pas de vêtements de deuil. 22 bœufs furent tués.

Fijakana, 13 septembre. — La Reine quitta Fijakana à 7 heures pour gagner Ankeramadinika, où elle arriva vers 1 heures. On tua 16 bœufs. Ramilambo, 15e honneur, portait le cordeau d'alignement.

Ankeramadinika, 14 septembre. — On tua 23 bœufs.

Ankeramadinika, 15 septembre. — La Reine fit battre des coqs et des grillons à l'intérieur du Rova. Ramamonja, 16e honneur, et ses compagnons furent chargés par le premier ministre d'avertir la Reine que le jour d'entrée dans la capitale était fixé au samedi. On tua 14 bœufs.

Ankeramadinika, 16 septembre. — La Reine quitta Ankeramadinika à sept heures et demie. En arrivant à Anosiarivo, un cheval appartenant à Ramahitabe s'échappa et causa un certain effroi dans les rangs de l'escorte de la Reine. Quand on atteignit Antandrokomby, la Reine aperçut Tananarivo. On tira un coup de canon ; le peuple poussa des cris de joie. Le premier ministre fit présenter les armes et offrit le hasina. Quand on eut atteint l'ouest de Tandrokomby on campa. La Reine fit défendre à ses *sujets d'aller chercher du bois sur le sommet sacré de l'Angavo.* On tua 14 bœufs. Ramikoto, 15e honneur, portait le cordeau d'alignement. Pour les funérailles du prince Ramonja on avait acheté trente et un grands lambas et vingt et un lambas rouges du modèle de ceux des ancêtres : le tout coûtait cinq cent quatre-vingt piastres, sept sikajy et six erinambaty (2.904 fr. 80). Dans la maison étaient cinq lambas à bordure de soie, trois grands lambas, un lamba ancien.

Antandrokomby, 17 septembre. — On tua 12 bœufs.

Antandrokomby, 18 septembre. — On tua 13 bœufs.

Antandrokomby, 19 septembre. — La Reine partagea les provisions entre ses sujets : le premier ministre en fut chargé. Elle

donna un bœuf à *Andranomianatsimovody* (?) qui la remercia.
On tua 19 bœufs (1).

Antandrokomby, 20 septembre. — La Reine partit vers huit
heures et arriva vers 10 heures et demie à Tananarive. On avait
emmené 1.542 bœufs. Il en revint 272.

Traduit du Malgache par M. Antony JULLY, *adjoint au Directeur
des travaux publics.*

NOUVELLES DE MADAGASCAR

La pénétration dans l'ouest de Madagascar. — Les tribus sakalaves de l'Ouest, turbulentes, paresseuses et surtout pillardes, se
sont toujours montrées hostiles à l'étranger, au Hova comme au
Français : seuls les musulmans, nègres arabisés de Zanzibar ou
des Comores, et les Indiens ont depuis longtemps su se faire
tolérer en devenant les intermédiaires des naturels avec la côte
d'Afrique et en leur fournissant des armes et des munitions en
échange de la poudre d'or ou d'autres produits de la région. Ces
immigrants, sous des apparences pacifiques, ont sans doute été
nos ennemis les plus actifs depuis notre implantation dans l'île.
Les Hovas, qui au temps de leur expansion avaient poussé
leurs postes jusqu'aux extrémités du pays, étaient restés impuis-
sants contre les Sakalaves du Menabé, de Mahilaka, du
Milanja, etc., protégés par la nature de leur pays autant que par
leurs qualités guerrières et maintenaient l'esclavage. C'est dans
la partie septentrionale du Bongo-Lava, du 'Bemaraha, dans le
Foudjia que se réfugiaient ces bandes de fahavalos qui venaient
autrefois pendant la saison sèche piller et ravager le bas Bouéni
le Vonizongo, le Valalafotsy, poussant leurs incursions jusqu'à
Fenoarivo, à Soavimanjaka à moins de 100 kilomètres de Tananarive. En 1892, ils vinrent jusqu'au lac Itasy. Ils avaient presque

(1) Ce long séjour à Antandrokomby était rempli par la consultation
du sikidy et la recherche du jour favorable pour l'entrée à Tananarive.
C'est par la même superstition que les voyageurs arrivant dans l'Imerina étaient obligés d'attendre à Andraisoro que le jour de leur entrée
fût déterminé.

dépeuplé les régions de la rive gauche de l'Ikopa, car ils enlevaient hommes et femmes.

Après la soumission du plateau central, de l'Est et du Nord de l'île, la plus grande partie de nos forces devait donc être dirigée vers l'Ouest. Le programme de pacification et de pénétration du Gouverneur Général du 22 mai dernier posait dans leurs grandes lignes les principes dont devaient s'inspirer nos efforts pendant l'année 1898.

Les résultats les plus satisfaisants ont été obtenus ; la pacification de l'ouest de l'île est aujourd'hui assez avancée et nos divisions administratives établies d'une manière rationnelle ont partout remplacé les limites des minuscules royaumes qui se partageaient naguère ces contrées. Les progrès réalisés ne seront d'ailleurs définitifs que si nous maintenons dans le pays des effectifs suffisants.

Nous devrons essayer de fixer les Sakalaves au sol, en les intéressant à l'agriculture, en developpant chez eux le bien-être et le sentiment de la propriété, en les amenant peu à peu à s'établir dans des maisons propres et confortables.

Les Hovas avaient réussi jadis à installer quelques tribus sur le versant occidental du plateau central.

Au point de vue politique, l'unification de Madagascar a fait une nouvelle étape. Jusqu'à ce jour, l'ouest de l'île séparé de l'Imerina par une zone déserte, formait un ensemble de principautés étrangères à la vie de Madagascar. Par l'établissement d'une grande artère suivant la direction du sentier actuel de Fenoarivo-Maintirano, par l'ouverture de routes s'embranchant sur cette grande voie de communication ainsi que sur celle de Tananarive-Majunga, l'action de la capitale s'étendra jusqu'à la côte Ouest.

Voici maintenant quelques renseignements sur les ressources que les colons de l'avenir trouveront dans cette contrée.

La zone côtière paraît propice aux cultures tropicales et son sol possède en abondance le calcaire qui manque en Imerina. Elle a des rades d'accès facile (Baly, Marambitsy, Vilamatsa, Beravina), maintenant fermées à la contrebande de guerre.

A la zone moyenne déserte succède une zone intérieure riche en pâturages et favorable à l'élevage. Sauf dans le Milanja, qui possède encore de nombreux troupeaux de bœufs, la race bovine a été fortement décimée pendant la période de troubles qui vient de finir. Grâce à la paix, cette importante source de richesses pourra rapidement se reconstituer. Enfin, la haute région est surtout forestière et les indigènes y exploitent quelques essences précieuses, telles que l'ébène qu'ils écoulent sur la côte. La liane à caoutchouc, que les naturels appellent vohély, y est aussi très répandue mais ne donne actuellement lieu qu'à une faible exploitation. Les indigènes vendent, en outre, une certaine quantité de cire et de rafia aux maisons françaises établies depuis longtemps à Majunga (maisons Garnier, Mante et Borelli). Le commerce de l'ébène, du caoutchouc et des bœufs est entre les mains des Comoriens, des Anjouanais et des Indiens.

Tout ce pays est admirablement arrosé par les nombreux cours d'eau qui s'échappent du Bongolava, du Foudjia et du plateau d'Ankara, tels que la Mahavavy, l'Andranomava, le Benara, le Manombo, le Sambao, le Ranobé et le Manambaho.

Le réseau routier que nous devrons y établir le plus tôt possible, afin de ne pas imposer le métier de bourjane aux populations qui l'habitent et qui répugnent à cette profession, ne nécessitera pas autant d'efforts qu'ailleurs, car le pays est plat et les travaux de route ne consisteront guère qu'en ponceaux, en ponts et en digues. Les communications avec la mer seront facilitées par quelques petits fleuves côtiers tels que le Ranobé, praticable aux pirogues jusqu'à Berevo à 45 kilomètres de la côte, le Manangozia navigable aux boutres jusqu'à 60 kilomètres à l'intérieur des terres, le Sambao que les pirogues remontent sur 30 ou 40 kilomètres de son cours, et, au nord du cap Saint-André, l'Andranomavo accessible aux canots à vapeur pendant trente kilomètres.

Les colons qui viendront se fixer dans ces nouvelles régions devront peu compter sur la main-d'œuvre locale, qui est rare et peu laborieuse. L'émigration dans l'Ouest de travailleurs Hovas serait plus avantageuse à la colonisation. L'essai en a d'ailleurs été fait par l'ancien gouvernement malgache dont l'habileté en matière de pénétration, de pacification et d'exploitation des régions insoumises peut servir d'exemple. Les anciennes colonies Hovas d'Anorontsangana, d'Andranomalaza, d'Andranonsamonta, entre les baies de Passandava et de Port Radama, dans le Nord-Ouest, prouvent l'aptitude des habitants du plateau central à coloniser les chaudes régions de la côte Ouest.

Une exploitation aurifère. — L'or se trouve à peu près partout à Madagascar, mais la teneur en métal précieux des terrains aurifères est en général assez faible.

L'ancien gouvernement malgache employait chaque année la corvée pour extraire une certaine quantité d'or afin de venir en aide à ses finances toujours aux abois. Les procédés d'extraction étaient des plus primitifs, mais ils n'exposaient l'Etat à aucun risque puisque les ouvriers ne recevaient aucune rétribution.

Aujourd'hui, le renchérissement de la main-d'œuvre est un sérieux obstacle à la recherche de l'or. Il impose l'emploi de procédés à la fois simples et perfectionnés et l'obligation de traiter les groupes de travailleurs d'une manière libérale et humanitaire. La civilisation n'aura qu'à gagner à cette évolution survenue dans les lois du travail et l'expérience démontre qu'elle n'est pas incompatible avec la prospérité des entreprises bien dirigées.

D'une manière générale, le Malgache n'émigre pas isolé et sans famille comme le coolie chinois. Pour le fixer d'une façon permanente sur un chantier, il est nécessaire d'y établir d'abord les siens, il faut, autrement dit, lui créer un milieu où, après le travail, il puisse retrouver ses habitudes et satisfaire son besoin de bavardage et de sociabilité. L'astreindre à un labeur continu et uniforme serait trop méconnaître ses habitudes séculaires de travail varié coupé de repos. Il faut qu'il puisse vaquer à des occupations récréatives, cultiver, voyager et aussi se reposer.

D'autre part, si l'homme du peuple croit à l'impartialité et aux sentiments d'équité du « Vazaha », s'il est heureux d'avoir près de lui la garantie et la sauvegarde de ses droits, il préfère en revanche être directement commandé par un homme de sa race qui ne connaît pas nos impatiences subites et qui, grâce à la communauté du langage, sait mieux que l'Européen l'initier à un travail nouveau.

C'est en s'inspirant de cet ensemble de considérations que la Compagnie Lyonnaise a réussi à grouper cinq cents familles à Tetezambato dans la province d'Ambositra.

Ce résultat mérite de fixer l'attention, car il prouve que la main-d'œuvre indigène est susceptible de perfectionnement et que par de bons traitements on arrive à développer, chez les Malgaches, des habitudes de fidélité et de travail qui contrastent avec la paresse et l'inconstance qu'on leur reproche souvent.

Peste bubonique. — D'après une dépêche reçue de Madagascar par le ministre des colonies dans la période du 6 au 15 janvier le nombre des décès dus à la peste est tombé à 28. Dans celle du 16 au 24 janvier il y a eu seulement 7 cas nouveaux. En raison de la décroissance manifeste de l'épidémie, le général Gallieni vient de demander au ministre de suspendre l'envoi des infirmiers supplémentaires qu'il avait précédemment requis. Depuis le début de l'épidémie, le nombre de cas constatés a été de 285, celui des décès de 194. Cinq Européens seulement ont été atteints, dout un seul est décédé.

Le Comité de l'*Alliance française* de Tananarive a tenu son Assemblée générale le 25 décembre. M. Jully a, dans une allocution très littéraire, exposé la situation du Comité.

Chiffre des adhérents 168, produits des cotisations 3.487 fr. produits de deux fêtes 7.009 francs.

Le conseil d'administration de l'*Alliance* a envoyé 5,000 fr. les Comités régionaux de Reims, Clermont, Amiens, Périgueux, La Réunion, 2.320 francs.

Le Comité de Tananarive a distribué aux écoles officielles et à celles des diverses missions pour subventions et bourses 4.500 francs.

Il a souscrit à la réimpression du dictionnaire malgache-français pour 1.500 francs.

M. Jully a insisté sur la nécessité de créer des écoles dans le nord-ouest et l'ouest de l'île. Seules elles seront capables de combattre efficacement l'influence des Arabes aussi funeste à la France, que déprimante au point de vue intellectuel.

La première distribution des prix de l'*Ecole professionnelle de Tananarive,* a eu lieu le 10 décembre 1898, sous la présidence du Gouverneur général. M. Nogue, sous-directeur de l'Ecole, a exposé le but de l'école : donner à la colonie une main-d'œuvre habile, ainsi que l'œuvre qui y a déjà été accomplie : les élèves de l'atelier de menuiserie ont alterné les gros travaux de charpente et les travaux plus délicats d'ébénisterie; dans l'atelier de tissage on a ouvré du coton, ainsi que des soies indigènes; des travaux de poterie et de métallurgie ont été commencés. L'élève Rabarivola a exprimé au Gouverneur général la reconnaissance de ses camarades pour la sollicitude dont l'école est l'objet.

ACTES OFFICIELS

Journal officiel de Madagascar et dépendances

1er décembre 1898. — Arrêté du 22 novembre 1898 réunissant la province d'Andevorante et la province de Tamatave jusqu'à Ivondro pour constituer un territoire qui prendra le nom de « Territoire des Betsimisarakas du Sud » et dont le chef-lieu sera à Beforona.

6 décembre. — Instructions du 3 décembre 1898. à MM. les commandants de cercle et administrateurs, chefs des provinces du plateau central au sujet des mesures à prendre contre l'invasion de la peste bubonique.

Instructions du 4 décembre 1898 à MM. les administrateurs, chefs de province, commandants de cercle et chefs de poste de la ligne d'étapes, à l'occasion de l'épidémie pestilentielle de Tamatave.

10 décembre. — Arrêté du 7 décembre 1898 créant un service bi-hebdomadaire de courriers entre Tananarive et Majunga par Maevatanana.

Arrêté du 19 novembre 1898 détachant le secteur de l'Ankaratra du cercle de Betafo et le rattachant au cercle-annexe d'Arivonimamo, qui devient cercle d'Arivonimamo.

13 décembre. — Circulaire du 4 décembre 1898 relative aux obligations militaires des Français résidant à Madagascar.

Instruction relative aux obligations militaires des jeunes gens résidant à Madagascar.

Instruction relative à l'administration des différentes catégories de réserve à Madagascar.

15 décembre. — Arrêté du 3 décembre 1898 plaçant le cercle d'Ankazobé sous le commandement direct du lieutenant-colonel commandant le 4e territoire.

17 décembre. — Arrêté du 15 décembre 1898 rendant autonomes la province de Diego-Suarez, l'île de Nossi-Bé et les îles voisines, constituant le cercle d'Analalava et rattachant le cercle d'Ambatondrazaka au premier territoire militaire.

20 décembre. — Arrêté du 16 décembre 1898 rattachant le district de l'Ambongo au cercle-annexe de la Mahavavy.

INFORMATIONS

Conférence de M. Grosclaude. — M. Grosclaude a fait le 18 janvier sous le patronage de l'Union coloniale, et devant un très nombreux auditoire, une conférence sur Madagascar. Nous regrettons de ne pouvoir, faute de place, la publier intégralement ; en voici du moins d'importants extraits :

Au lendemain de la prise de Tananarive, dans un dessin mémorable, Forain, le véhément pamphlétaire du crayon français, nous montrait un de nos braves pioupious achetant à Madagascar une paire de chaussettes. Le marchand était anglais, la marchandise également et la légende disait :

— « Combien ces chaussettes ? — Deux schellings six pence. »

Ce croquis suggestif synthétisait à merveille l'impression que l'on se fait généralement d'une politique coloniale à laquelle on reproche de nous imposer des sacrifices dont le profit est réservé aux nations concurrentes.

Ce reproche est-il fondé en ce qui concerne Madagascar ?

On l'a cru jusqu'au moment où les protestations, maintes fois répétées, de tous ceux qui — je suis du nombre — sont allés voir sur place s'il s'y faisait vraiment d'aussi mauvaise besogne, ont opinément trouvé une confirmation aussi imprévue que retentissante dans la publication du « Livre Bleu » Anglais.

La parole d'un homme d'état étranger, fût-il notre ennemi le plus irréconciliable, ayant nécessairement chez nous plus de crédit que celle de tous les bons serviteurs de la patrie, nous devons en quelque sorte envisager comme un heureux événement la publication de ce réquisitoire que le Gouvernement anglais vient de nous lancer à la tête dans un mouvement d'irritation échappé aux traditions de prudence d'une politique dont la force la plus constante est un sang-froid imperturbable au milieu des audaces les plus démesurées.

Quelle formidable révélation contenait donc ce « livre bleu » ?

Une constatation inouïe en vérité, qui défiait toute prévision et que M. Chamberlain, à l'instar de Mme de Sévigné aurait pu vous donner à deviner en dix, vous le donner en cent, vous le donner en mille, sans qu'aucun des implacables détracteurs de notre politique coloniale trouvât le mot de l'énigme. C'est qu'il y avait quelque part une colonie française que l'on ne gouvernait pas uniquement au bénéfice des Anglais.

Le scandale fut retentissant et l'Europe en est encore ébranlée.

La proclamation de cette vérité par lord Salisbury fut d'autant plus surprenante qu'elle démentait avec éclat l'un des arguments fondamentaux invoqués contre nous par M. Chamberlain dans son discours de Wolverhampton où il disait en propres termes : « Les Français à Madagascar nous ont dépouillés de nos droits sans aucun profit pour les intérêts de leur propre commerce. »

De quel côté se trouvait donc la vérité ? C'est dans les chiffres, Messieurs, que nous allons la rechercher. Il nous suffira de mettre en présence les deux résultats que voici : En 1897, l'importance globale à Madagascar a augmenté de 4.370.000 et savez-vous dans quelle proportion le commerce français a participé à cet accroissement ? Il s'en faut seulement d'une quinzaine de mille francs qu'elle en ait été l'unique bénéficiaire attendu que sur ces 4.370.000, 4.356.000 représentent l'augmentation de notre commerce, pendant cette seule année, les chiffres connus pour 1898 font espérer une nouvelle progression à notre actif.

Les droits protecteurs sont-ils profitables ou nuisibles à l'ensemble de nos intérêts nationaux, — tout compte fait entre le monopole et ses succursales lointaines, telle est je le répète la question sur laquelle la discussion est ouverte et pour longtemps, je le crains.

Mais il y a quelque chose d'indiscutable, c'est le droit qui n'appartient qu'à nous de régler cette question selon nos intérêts propres et de tenir notre « porte fermée » si tel est notre bon plaisir, en vertu de ce principe que chacun est maître chez soi.

Or nous sommes chez nous à Madagascar par suite d'une annexion proclamée depuis trois ans et acceptée de plus ou moins bonne grâce par les autres nations.

Le 25 novembre 1895, à la tribune de la Chambre des députés, M. Berthelot, ministre des affaires étrangères, s'exprimait en ces termes d'une lumineuse précision :

« Messieurs l'expédition de Madagascar est glorieusement achevée... l'île de Madagascar est aujourd'hui une possession française. L'expédition a amené des sacrifices douloureux supérieurs à toutes prévisions et qui nous ont donné le droit d'exiger des compensations étendues et des garanties définitives : le gouvernement doit faire connaître aux Chambres et au pays les décisions que cette situation a paru lui rendre nécessaires.. Nous respecterons les engagements que nous avons contractés vis-à-vis de certaines puissances étrangères. Quant aux obligations que les Hovas eux-mêmes ont pu contracter au dehors, sans avoir à les garantir pour notre propre compte, nous saurons observer avec une entière loyauté les règles que le droit international détermine au cas où la souveraineté d'un territoire est, par le fait des armes, remise en des mains nouvelles. Mais nous sommes résolus à exercer notamment *au point de vue économique*, tous les droits qui résultent pour nous de l'occupation définitive de Madagascar. »

Dans la séance du 20 juin 1898 où fut votée l'annexion, M. Hanotaux indiqua nettement que c'étaient des considérations d'ordre économique qui nous imposaient cette grave transformation, et pourquoi ?

Précisément parce que l'Angleterre. et les Etats-Unis qui avaient des traités avec le gouvernement Hova répondaient par des restrictions en matière de tarifs douaniers à la circulaire du 15 février 1896, annonçant la prise de possession de l'île par la France.

A ces restrictions M. Bourgeois répliquait en affirmant par une lettre en date du 11 mars, que dans la pensée de notre gouvernement le maintien des traités passés était incompatible avec la nouvelle situation que créait la conquête et qu'il nous était indispensable de revendiquer la liberté de nos tarifs douaniers.

M. Grosclaude fait ensuite un exposé des ressources de Madagascar et développe cette idée, que pour les exploiter, il faudra créer de grandes compagnies coloniales. Il termine en ces termes :

Si notre gestion économique à Madagascar doit s'inspirer des avis d'une chambre de commerce, c'est à Paris, à Lyon, à Marseille, à Lille, à Rouen, qu'elle doit les demander et non à Manchester, s'il est indispenaable de donner tort à quelqu'un dans ce conflit, j'aime mieux que ce soit à **M.** Chamberlain qu'à Gallieni dont la féconde, libérale et prudente administration mérite tout autre chose qu'un désaveu de notre part. Néanmoins il ne faut rien négliger pour demeurer en bons termes avec ses voisins, mais la seule façon de maintenir cette entente indispensable, c'est de leur faire nettement comprendre, une fois pour toutes, que nous ne prétendons pas nous occuper de ce qui se passe chez eux, et que nous n'entendons pas leur permettre de faire la loi chez nous.

Conférence de M. Cl. Delhorbe, secrétaire général du Comité de Madagascar. Sur la demande de la Ligue de l'enseignement, M. Delhorbe est allé, le 15 janvier, faire une conférence à Nancy. Il a insisté sur cette idée que la colonisation seule peut achever l'œuvre de la conquête armée. Il a prôné la formation de grandes sociétés de colonisation. Enfin il a exhorté les mères françaises à montrer moins de timidité, quand il s'agit d'envoyer leurs fils au loin.

Ont été nommés dans l'*ordre de la Légion d'honneur*.

Commandeur : M. A. Milne Edwards, membre de l'Institut, directeur du Museum. La distinction honorifique dont M. Milne Edwards vient d'être l'objet sera aussi approuvée dans le monde colonial que dans le monde scientifique. Non content de diriger avec une application qui ne s'est jamais démentie, l'un des plus grands établissements scientifiques du monde, M. Milne Edwards a suivi avec attention le mouvement d'expansion de la France et y a pris sa part. On se rappelle qu'en 1895, avant la campagne, il avait organisé dans la galerie de zoologie une exposition d'objets relatifs à Madagascar, et pris l'initiative de conférences sur l'histoire naturelle de l'île qui furent suivies par un nombreux public.

Officier : M. le colonel Roques, directeur des travaux publics à Madagascar. Convaincu comme son chef, le général Gallieni, de l'impérieuse nécessité d'ouvrir des voies de communication, M. le colonel Roques s'est dévoué à cette tâche. C'est à lui qu'on doit l'état d'avancement de la route Tananarive-Tamatave. Il est l'auteur d'un projet de voie ferrée de Tananarive à la côte est, dont, l'an dernier, nous avons à plusieurs reprises entretenu les lecteurs du Bulletin.

Chevalier : M. A. Conty, secrétaire d'ambassade à Rio de Janeiro. M. Conty a été autrefois attaché à la résidence générale à Tananarive. Bien qu'appelé à servir la France bien loin de Madagascar, il n'a cessé de suivre avec attention ce qu'on y fait. Il a étudié la culture du café au Brésil, et est revenu convaincu que les planteurs de Madagascar pourraient trouver plus d'un bon exemple dans les procédés usités dans l'Amérique du Sud.

Erratum. — Nous avons commis dans notre dernier numéro (p. 44) une erreur que nos lecteurs ont certainement réparée d'eux-mêmes. Nous avons dit que M. Louis Delhorbe avait été nommé *chevalier* de la Légion d'honneur, c'est *officier* qu'il faut lire.

Retrait de la monnaie coupée. — Nous avons à plusieurs reprises (Bulletin des 5 novembre, 5 décembre 1898) entretenu nos lecteurs de la question de la monnaie coupée, si importante pour le commerce de Madagascar.

Voici un document complémentaire à ce sujet.

C'est une lettre de M. Peytral, ministre des finances, adressée, le 30 septembre dernier, à M. le général Gallieni, qui avait insisté sur la nécessité non seulement de doter le Trésor de la colonie d'une encaisse importante de pièces divisionnaires, mais encore d'effectuer le plus tôt possible le retrait de la monnaie coupée, en tenant compte des intérêts des négociants qui ont dû s'en munir pour commercer avec les indigènes.

Après avoir rappelé les précédents, M. Peytral s'exprime ainsi : « C'est au moyen d'envois périodiques, calculés d'après les demandes du trésorier-payeur, que mon Département a entrepris d'alimenter la Grande-Ile en monnaies divisionnaires. Ces transmissions qui représentent déjà quatre millions de monnaies d'appoint et 314.000 francs de billon, ont été considérablement augmentées à partir de 1898 et atteignent actuellement 200.000 fr. par mois. »

Il ajoute qu'il fait « continuer les envois d'or et de billets de banque, dans la limite où ils sont nécessaires pour les besoins des fonctionnaires rentrant en France. » Et il termine ainsi sa lettre : « *Quant à la suppression de la monnaie coupée, c'est une ques-*

tion que mon Département ne se refuse pas de mettre à l'étude ; mais je dois vous prévenir, dès à présent, que, de toute manière, *la reprise de ces monnaies coupées* ne pourrait s'opérer que sur le pied de la valeur des lingots, calculée d'après le cours du métal au moment de l'opération. »

Ces paroles n'étaient guère encourageantes. Néanmoins sur les instances très vives du général Gallieni, l'examen de la question a été repris. Elle est maintenant à l'étude. Nous ne manquerons pas d'informer nos lecteurs des solutions qui interviendront.

Ecole d'agriculture coloniale à Tunis. — On sait que depuis le mois de novembre, *une école d'agriculture coloniale a été ouverte à Tunis,* grâce à l'initiative de M. J. Dybowski, directeur de l'Agriculture et du Commerce. Elle est dirigée par M. Paturel, directeur de station agronomique.

Cette école, qui rendra certainement des services à toutes les colonies *françaises,* ne coûte rien à la France. Elle a été construite aux frais du protectorat de la Tunisie, et ses dépenses annuelles figurent également au budget du protectorat.

Elle nous paraît se distinguer principalement par deux caractères originaux. Ses fondateurs estiment qu'il faut bien se garder d'attirer vers la carrière agricole des jeunes gens dépourvus de tout avoir personnel. L'expérience a prouvé, et prouve malheureusement tous les jours, qu'en oubliant ce sage principe on ne produit que des déclassés ou des fonctionnaires. Pour faire de l'agriculture, il faut de toute nécessité posséder un certain capital. Contrairement aux idées dominantes en France les créateurs de l'Ecole d'agriculture de Tunis n'ont accordé *aucune* boursе.

Cette mesure qui paraîtra probablement étonnante, n'a pas empêché que dès la première année le nombre des demandes d'admission fût très supérieur à celui des places disponibles.

L'autre originalité de l'Ecole d'agriculture est la suivante. M. Dybowski a fait appel pour constituer son corps enseignant à toutes les capacités existant en Tunisie. M. Bastien, directeur des Forêts, enseigne la sylviculture, M. Chervin, chef du service de l'agriculture, la zootechnie, M. Fallot, chef du service du Commerce, l'économie coloniale, M. Hugon, chef du service des domaines, l'administration domaniale, etc., etc. Le corps enseignant est très nombreux : il compte vingt-six personnes. Mais chaque professeur enseigne la science dans laquelle il a une compétence spéciale et rien que cette science.

Ces procédés sont encore très contraires à ceux de France. Dans les hautes classes de nos lycées, le même agrégé enseigne la physique, la chimie, et parfois l'histoire naturelle. Il ne peut faire autrement, tant les connaissances humaines se sont étendues, que d'être faible sur tel ou tel point, faible en chimie si par goût il est physicien, faible en physique si c'est la chimie qui a pour lui plus d'attrait. A l'école de Tunis, au contraire, chaque professeur vient, en dix ou quinze leçons, faire bénéficier l'auditoire de l'essence de ses connaissances et de ses réflexions.

Est-il besoin d'ajouter que si ces usages révolutionnaires, si contraires aux règlements administratifs, ont pu s'établir en Tunisie, c'est parce que ce pays privilégié échappe aux entraves administratives de la métropole.

Armée. — Le lieutenant d'artillerie de marine Charlier, à Madagascar, est inscrit d'office au tableau de concours pour chevalier de la Légion d'honneur au titre de faits de guerre. Dans un engagement près d'Antsoa, le 30 septembre 1898, quoique blessé d'un coup de feu à la main, il a réussi à conduire à destination un convoi important dont l'escorte avait été fortement maltraitée par les Sakalaves.

Informations diverses. — Les réunions mensuelles des naturalistes du Museum d'histoire naturelle, réunions dans lesquelles il est fréquemment question de l'histoire naturelle de Madagascar, auront lieu en 1899, le 23 février, 21 mars, 25 avril, 30 mai, 27 juin, 28 novembre, 26 décembre. Les séances se tiennent à quatre heures dans la salle des cours de la Galerie de Zoologie.

— Les membres du *Comité de Madagascar* seront autorisés à consulter les livres de la Bibliothèque de l'Union Coloniale Française, à la condition de se présenter munis d'une carte d'identité qui leur sera délivrée au Secrétariat et qui sera signée par le Secrétaire général de l'Union Coloniale et par le Président du Comité. Il sera perçu 0.50 pour chaque carte d'identité.

— Des vues photographiques de Madagascar, rapportées par M. Jogan sont exposées depuis le 3 février, à la Société de Géographie, 184, boulevard Saint-Gemain.

Jardin colonial de Vincennes. — Le ministre des Colonies vient de faire signer au Président de la République un décret organisant le jardin central colonial de Vincennes. Ce jardin est destiné à envoyer dans les jardins d'essai et les stations culturales des colonies, les graines et les boutures de plantes, dont il sera utile de développer la culture. M. Dybowski, directeur de l'agriculture en Tunisie, a été nommé Directeur. Il est assisté d'un conseil d'administration présidé par M. Tisserand, ancien directeur de l'Agriculture et d'un conseil de perfectionnement présidé par M. A. Milne-Edwards.

BIBLIOGRAPHIE

Notes, reconnaissances et explorations, 21ᵉ livraison, 30 septembre : — *Rapport ethnographique sur les races de Madagascar*, par M. Berthier. *Une tournée dans la région du 1ᵉʳ territoire militaire*, par M. le lieutenant-colonel Gouttenègre. *Géologie du Mahilaka, de l'Ambongo du Mahara-Milanja et du Bouéni*, par M. Gautier. *De Fianarantsoa à Farafangana et à Fort-Dauphin*, mai à décembre 1897, par M. J. Cardeneau. *Les tourbières d'Antsirabé et les animaux disparus de Madagascar*, par M. A. Jully. *Etudes sur les ressources de la forêt d'Analamazaotra*, par M. le lieutenant Vallier.

Le Gérant : A. SMITH.

Paris. — Imprimerie G. Picquoin, 53, Rue de Lille.

M. Félix Faure et la conquête de Madagascar

M. Félix Faure, Président de la République Française, enlevé subitement le 16 février à la France et à l'affection des siens, s'était pendant tout le cours de sa laborieuse carrière vivement préoccupé des questions coloniales.

A peine entrait-il à la Chambre des députés, en 1881, que Gambetta, président du Conseil, appliquant avec à-propos sa célèbre formule : « On gouverne avec un parti, on administre avec des capacités », lui confiait le sous-secrétariat d'État des colonies. Il y revint à deux reprises, de 1883 à 1885, dans le ministère Jules Ferry, puis en 1888. Enfin en 1894, il fut ministre de la Marine.

Or, pendant qu'il était au pouvoir, M. Félix Faure eut deux fois à s'occuper des affaires de Madagascar. C'est pendant son second passage au sous-secrétariat d'Etat des colonies qu'eut lieu la première campagne de Madagascar (1883-1885). Elle ne fut pas marquée par des faits d'armes extraordinaires. Elle consista surtout dans le blocus des côtes, occupation de Majunga, bombardement de Tamatave et de Vohémar, blocus de Mahanoro. Le parlement qui déjà s'était montré si récalcitrant pendant la campagne du Tonkin, n'aurait certainement pas voté alors les subsides nécessaires à une marche victorieuse sur Tananarive. Néanmoins, cette campagne se termina par le traité du 17 décembre 1885, qui constituait un *modus vivendi* fort honorable pour le gouvernement français comme pour le gouvernement malgache.

Mais on sait que Ranavalo et ses ministres, cédant à

des conseils aussi imprudents que pernicieux, éludèrent pendant dix ans l'exécution loyale du traité.

Quand, en 1894, la question de Madagascar se posa de nouveau devant la France, M. Félix Faure était encore au pouvoir, comme ministre de la Marine. Mettant à profit la connaissance des campagnes d'outre-mer que possède l'administration de la rue Royale et les traditions qui s'y conservent, M. Faure prépara l'expédition avec le soin et la conscience qu'il apportait dans tous ses travaux. Le plan était déjà arrêté dans tout son ensemble quand M. le ministre de la Guerre réclama pour son département l'honneur de diriger la campagne. Après avoir opposé à cette prétention une très vive résistance, M. Félix Faure se résigna. Tout au moins eut-il la satisfaction de voir les services que la division navale, armée pendant qu'il était ministre, rendait au corps expéditionnaire.

Nous avions le devoir de ne pas laisser M. Félix Faure entrer dans l'histoire, sans rappeler la part aussi honorable qu'active qu'il a prise aux deux phases d'événements qui ont réussi à faire de Madagascar une terre française.

STABILITÉ GOUVERNEMENTALE

De même qu'au printemps de l'année dernière, la presse quotidienne a récemment répandu la nouvelle que le général Gallieni allait être rappelé de Madagascar. On est même allé plus loin que jadis, puisqu'on a désigné le futur gouverneur de Madagascar, qui serait M. le général Bailloud, ancien chef de la maison militaire de M. le Président Félix Faure.

Le ministre des Colonies a immédiatement démenti de la manière la plus formelle cette information. « Le général Gallieni a toute la confiance du gouvernement qui n'a pas songé un seul instant à se priver de ses services. » Ainsi s'exprime une note officieuse du 1ᵉʳ mars.

Le gouvernement ne pourrait commettre une plus lourde faute que de rappeler M. le général Gallieni.

Il a accompli depuis deux ans et demi une œuvre considérable. Quand il a pris le pouvoir en septembre 1896, l'île était en pleine anarchie, les fahavalos se livraient impunément à leurs actes de rapines, les Européens étaient assassinés, le premier résident général qu'on avait eu la faiblesse d'envoyer à Tananarive avait laissé glisser l'autorité de ses mains, le palais de la reine était un foyer d'intrigues antifrançaises.

Aucun travail public n'avait été commencé, on s'abstenait de toute entreprise de colonisation.

Les personnes qui ont vu Madagascar en 1896, et qui en reviennent actuellement ne tarissent pas d'éloges sur la transformation accomplie. L'île n'est pas entièrement pacifiée, il y a des foyers insurrectionnels dans le Sud-Ouest, comme dans le Nord-Ouest. Mais qui pouvait espérer qu'en deux ans, on transformerait en agriculteurs laborieux ou en pâtres paisibles, ces Sakalaves qui depuis des siècles ne vivent que de rapines et n'aiment que la guerre.

Considérez dans son ensemble l'œuvre du général Gallieni : Judicieuse application de la maxime : *divide, ut imperes*, c'est-à-dire ici de la politique des races, qui rend impossible une union de tous les Malgaches contre leur conquérant, création d'un réseau de routes, de services postaux et télégraphiques, études de projets de voies ferrées, substitution d'une justice intègre à une justice vénale, établissements d'impôts peut-être un peu lourds, mais fixes et non arbitraires, multiplication des écoles, préparation de la colonisation future par la détermination de lots, et par l'étude des ressources économiques que renferme chaque province, recherche d'un bon régime de l'emploi de la main-d'œuvre indigène par les colons. Voilà ce qui a été fait en trente mois.

Ajoutez que le général Gallieni est actuellement l'un des Français qui matériellement connaît le mieux Madagascar. A deux reprises, il en a fait la circumnavigation. Il s'est rendu de Tananarive à Majunga et à Fianarantsoa, l'Emyrne lui est familière.

Et pour de simples raisons de convenance personnelle; on voudrait lui substituer un officier dont nous ne mettons en doute, certes, ni l'intelligence ni le zèle, mais qui est tout à fait ignorant des choses de Madagascar. Ce serait de la part du gouvernement une injustice et une faute. Nous sommes heureux de tenir de M. le Ministre des Colonies l'assurance formelle qu'il ne commettra ni l'une ni l'autre.

Que le général Gallieni vienne se reposer quelques mois, comme il en a l'intention (1), qu'il échange des vues avec M. le Ministre des Colonies et les coloniaux de France, rien de mieux. Il a bien gagné son congé. Mais qu'ensuite il retourne à Madagascar continuer l'Œuvre si bien commencée, tel est le vœu du *Comité de Madagascar*.

(1) Le congé de M. le général Gallieni commencera vraisemblablement à la fin d'avril ou au début de mai.

LE SERVICE GÉOGRAPHIQUE DE L'ETAT-MAJOR
DU CORPS D'OCCUPATION

Historique. — Au moment où se constituait le corps expéditionnaire de Madagascar, on possédait déjà certaines données sur la Grande Ile, à la suite des importants travaux de M. Grandidier, de l'Institut, et des RR. PP. Roblet et Colin de la mission catholique. C'est à M. Grandidier que revient l'honneur d'avoir fait connaître sous son véritable aspect cette terre si peu explorée où depuis Richelieu la France avait des intérêts. Ce savant publia en effet, après ses remarquables voyages de 1865 à 1870, une carte de l'île (*Bulletin de la Société de Géographie*, août 1871). Ce document géographique d'une haute valeur a été la première carte sérieuse de notre colonie actuelle. Il suffit de la comparer à celles qui l'ont précédée pour s'en rendre compte : elle est d'ailleurs restée exacte dans ses grandes lignes et les explorations ultérieures n'y ont apporté que des modifications de détail. M. Grandidier a ensuite publié à ses frais une esquisse de la province de l'Imérina, au 1 : 200.000 parue en 1881 et dont les détails lui ont été fournis par le R. P. Roblet, dont on connaît les longs et consciencieux travaux topographiques.

La carte générale de Madagascar au 1:1.000.000 dressée par ce dernier paraît également quelques années plus tard, en 1885. En 1888, le lieutenant-colonel de Badens fait lever par les officiers d'infanterie de marine sous ses ordres le territoire de Diégo-Suarez au 1 : 20.000 (carte en 16 feuilles chez Broise et Courtier.)

Puis s'échelonnent jusqu'à l'ouverture des hostilités

diverses études parmi lesquelles il faut citer : la province de Betsiléo au 1:300.000 levée par le R. P. Roblet et publiée par M. Grandidier en 1889 ; les cartes marines de la côte N. O. à la suite des importants travaux hydrographiques de MM. Favé et Cauvet 1887-1888 ; Mion et Fichot 1888-1890 ; Rollet de l'Isle, Driencourt et Laporte 1891-1895, ingénieurs hydrographes de la marine ; la carte topographique de l'Imerina au 1:200.000 par M. Grandidier et les PP. Roblet et Colin, carte très complète et de tirage très soigné (1895).

Le service géographique de l'armée condensa ces documents et en ajouta d'autres, alors à l'étude. Pendant la période 1894-1895, il fit paraître : une carte générale de l'île au 1:2.000.000 ; un itinéraire au 1:200.000 de Majunga à Tananarive d'après le lieut.-colonel de Beylié, M. d'Anthouard et le lieutenant Aubé ; un itinéraire à la même échelle de Tamatave à la capitale Hova d'après les PP. Roblet et Colin ; une réédition au 1:300.000 de l'itinéraire de Tananarive à Fianarantsoa d'après Grandidier.

Le corps expéditionnaire de 1895 possédait donc des renseignements assez précis au moins sur les routes qu'il allait suivre, et ces renseignements allaient être complétés par la carte de Hansen au 1:750.000 parue en 1896.

Deux officiers du service géographique, MM. les capitaines Bourgeois et Peyronnel, détachés à l'Etat-Major du général Duchesne, devaient, en accompagnant la colonne, jeter les bases d'une triangulation reliant les points des ingénieurs hydrographes à l'Emyrne. On sait que les événements militaires empêchèrent la réalisation de ce projet et que la triangulation commencée dut s'arrêter à Andriba.

Après la prise de la capitale Hova et dès le début de la

période d'organisation, une dépêche du ministère en date du 11 avril 1896 constitue le service géographique du corps d'occupation : une brigade topographique sous les ordres du commandant Verrier est envoyée à Madagascar ; mais l'insurrection qui éclate dans le plateau central empêche cette mission d'exécuter ses travaux.

Quand le général Gallieni est nommé au Gouvernement général en septembre 1896, un seul essai de levé a pu être fait pour le tracé du chemin de fer entre Tamatave et Andévorante. La brigade, chargée de ce levé, placée sous les ordres du capitaine Delcroix, est attaquée à Antalatakely, au départ de Tananarive : un tirailleur algérien est tué et le chef de la brigade blessé.

Constitution et fonctionnement du service. — Le 1ᵉʳ novembre 1896, le service géographique du corps d'occupation est constitué sur de nouvelles bases et forme un des bureaux de l'Etat-Major sous le titre de « bureau topographique ».

Au fur et à mesure de la pacification, ce bureau qui commence à fonctionner en 1897 est amené à étendre de plus en plus son service et augmente d'importance.

La grande quantité de documents nouveaux fournis par les officiers et explorateurs demandaient à être coordonnés et publiés à bref délai. Afin d'éviter la confusion et d'arriver rapidement à ce résultat, le premier plan adopté est aussi simple que possible : il consiste à profiter des sérieux travaux déjà accomplis énumérés en tête de cet article et qui s'appuient d'ailleurs sur une triangulation augmentant leur valeur ; puis à en faire un tout auquel viendront s'ajouter les levés et itinéraires successivement faits. Les territoires importants et peuplés tels que l'Imérina et les environs des villes principales comme Diego-Suarez et Tamatave seront dressés et publiés au

1:100.000 ; une échelle plus petite mais suffisamment claire permettant de classer tous les détails le 1:500.000 est réservée pour l'assemblage des autres documents concernant le reste de Madagascar et d'une manière générale l'agencement de la carte totale de l'Ile.

Il est aisé de se rendre compte de l'effort considérable qu'exige ce travail : les chiffres ci-dessous le prouveront.

Etant données les dimensions de la grande Ile, la carte de Madagascar au 1:100.000 exigerait un cadre de 20 mètres de haut : celle du 1:500.000 aura donc une hauteur de 4 mètres.

En vue d'obtenir de sûrs et rapides résultats, trois ateliers sont créés : un atelier de dessin chargé de la coordination et de la refonte complète des documents ; un atelier de photographie chargé des reproductions et agrandissements ; un atelier de gravure chargé des tirages et des publications.

L'éloignement de la métropole, l'absence de voies de communications et de moyens de transport, sans parler du manque de personnel technique exigé, constituent de grosses difficultés à vaincre pour mener à bien de pareils travaux.

De plus, dès que ces obstacles ont pu être surmontés, les ateliers commençant à fonctionner ont dû faire face aux besoins de tous puisqu'ils étaient les seuls dans la colonie à posséder l'installation voulue et l'outillage spécial nécessaire.

En dehors du travail d'assemblage de la carte, des croquis à fournir au ministère et à l'état-major, des tirages provisoires à répartir dans les divers commandements territoriaux, l'atelier de photographie et surtout celui de gravure devinrent tributaires des services extérieurs tels que l'imprimerie officielle dont les publications journalières et mensuelles tirées à un grand nombre d'exemplaires nécessitaient l'annexion de cartes, croquis et gravures, afin de vulgariser de façon plus intéressante les documents nouvellement élaborés.

Il faut reconnaître que si les travaux de la carte proprement dite ont été retardés par ces multiples fonctions, les services rendus d'autre part à la colonie ont dans une large mesure contribué à l'essor rapide qui a été imprimé à la grande Ile.

L'exposition de 1900 qui s'approche, exige également une longue préparation à laquelle ne peut rester étranger le bureau topographique de Madagascar.

En raison de ce qui précède, ce bureau dut se développer en même temps que s'étendaient ses attributions et l'atelier de gravure se subdiviser en plusieurs sections : une section de lithographie pour les tirages soignés et les cartes régulières de l'île ; une section de zincographie pour les croquis de la revue mensuelle ; une section d'autographie pour les tirages des ordres, circulaires, instructions, etc., cette dernière ne tardera pas à se transformer en section de typographie et imprimerie ; une section d'héliogravure est à l'étude. Les tirages provisoires sont faits directement à l'atelier de dessin par moyens héliographiques ordinaires.

Le personnel spécial indispensable à ces ateliers, formé au début d'un noyau très faible d'Européens, emprunté à la légion étrangère et à l'infanterie de marine, a pu se compléter avec des apprentis indigènes qui rendent aujourd'hui de réels services, grâce aux facultés d'assimilation que possède la race Hova. Ces ateliers ont donc l'avantage d'être en outre de véritables écoles professionnelles qui préparent pour plus tard des ouvriers spécialistes dont la présence dans la colonie sera des plus utiles.

Travaux de triangulation. — En même temps que se poursuivait le fonctionnement des ateliers, des missions étaient organisées et dirigées sur les points importants de notre nouvelle conquête en vue d'augmenter les connaissances géographiques. Mais quand il fallut assembler ces divers travaux au moyen des itinéraires fournis par les officiers des Cercles, surgit une difficulté insurmontable. Les formations géologiques qui constituent le sol de Madagascar sont cause de perturbations magnétiques très fortes : la déclinaison en un même lieu oscille journellement et a des variations qui atteignent jusqu'à 4 grades. Il était donc impossible d'unifier et de faire l'assemblage de documents levés à la boussole et de provenances diverses. La nécessité s'imposait de posséder un cadre fixe et d'avoir des séries de chaînes de triangles dont les sommets seraient autant de points de repère.

Dans cet ordre d'idées le bureau topographique s'augmente d'une section de Géodésie qui s'organise le 27 novembre 1897 : l'ensemble forme le 3e bureau de l'Etat-Major chargé du service géographique du corps d'occupation.

Le plan de triangulation suivi, exposé dans la revue mensuelle *(Notes et explorations* du 30 avril 1897), consiste à diviser l'ellipse que forment les contours de l'île suivant le grand axe et le petit axe. Les branches de cette croix, destinées par ailleurs à devenir les axes de la projection Flamsteed modifiée qui a été adoptée pour les cartes de l'Ile, seront ainsi rigoureusement déterminées par les calculs géodésiques.

Il fallait en outre profiter des travaux de triangulation et des observations déjà faites qui comprennent; les coordonnées de Madagascar (*Histoire de la Géographie de Madagascar*, par M. Grandidier) ; la triangulation de l'Imérina par le R. P. Roblet appuyée sur la base d'Iala-malaza mesurée à nouveau et vérifiée par le R. P. Colin; les documents de l'observatoire d'Ambohidempona dont le R. P. Colin est directeur : les coordonnées de cet observatoire ont été calculées astronomiquement en s'appuyant sur des séries d'observations portant sur 551 étoiles pour la longitude et 156 étoiles pour la latitude ; la triangulation de Tananarive à Andévorante par le R. P. Colin ; cette chaîne est à reviser dans la zone fores-tière voisine d'Andévorante, le mauvais vouloir des Hovas plus encore que les difficultés inhérentes à la forêt ayant empêché le R. P. Colin de stationner en des points culminants indispensables à ses observations ; la triangu-lation de la côte N. O. par les ingénieurs hydrographes ; la triangulation de Majunga à Andriba par les capitaines Bourgeois et Peyronnel.

Il importait d'unifier ces travaux et de les compléter dans leurs grandes lignes. Les 2 brigades topographiques de 1897 reçurent l'ordre de lever les terrains où devaient s'ouvrir les voies de communication de la côte Est, de Tamatave à Andévorante d'une part, de Tamatave à Ambatondrazaka de l'autre. Trois officiers géodésiens, les capitaines Prévost, Gros et Durand auxquels fut adjoint plus tard le capitaine Maire, mesurèrent une base à Ankarefo, relièrent par triangulation Tamatave à Andé-vorante et à Ambatondrazaka et ce dernier point à la triangulation de l'Imérina.

La branche orientale du petit axe se trouva de ce fait appuyée et déterminée par le quadrilatère Tananarive-Ambatondrazaka-Tamatave-Andévorante.

Du 3 août au 16 septembre 1897, le R. P. Colin, géodé-sien auxiliaire du service géographique du corps d'occu-pation, fut envoyé en mission avec le lieutenant Maritz comme officier topographe et effectua la liaison entre l'Imérina et Andriba. Lé R. P. Colin qui pouvait utiliser la ligne *télégraphique* nouvellement achevée entre Tananarive et Majunga, ce qui donnait à ses calculs de *longitude* une plus grande précision, trouva une sensible différence pour les nouvelles coordonnées.

D'autre part les opérations militaires qui venaient de s'effectuer dans l'Ouest sous les ordres du commandant Gérard, chef d'Etat-Major, avaient permis de rapporter sur ces contrées encore inexplorées des données nouvelles. Leur assemblage, appuyé sur un graphique de triangulation rapide partant de l'Imérina et allant jusqu'au Bémahara, n'avait pu s'établir au delà de cette chaîne de montagne, entre cette dernière et la mer : la côte ouest semblait par suite mal déterminée.

Pour ces raisons, une autre mission incomba au R. Père Colin du 1er février au 19 mai 1898 ; elle avait un double but : rechercher l'erreur de longitude entre les deux triangulations du Nord et vérifier sur la côte ouest les coordonnées géographiques de plusieurs points où aboutissaient les itinéraires des officiers de la colonne du Betsiriry. Cette deuxième partie devait s'effectuer avec le concours des officiers de la division navale. Les nouveaux calculs obtenus par échange de signaux télégraphiques et par les hauteurs solaires, de même que ceux donnés par les distances zénithales de la lune, concordèrent avec le graphique de la triangulation et vérifièrent les prévisions.

Les observations astronomiques faites sur la côte ouest avec une lunette méridienne et un théodolite Bruvner fournirent également une preuve que les itinéraires étaient dans le vrai. Les missions du R. P. Colin ont en outre permis d'étudier les éléments magnétiques des terrains parcourus.

Dans le courant de la même année 1898, deux brigades géodésiques composées des capitaines Dumézil, Lallemand, Gros et Durand, officiers géodésiens et des lieutenants Bodez et Jung, officiers topographes viennent de relier par triangulation l'Emyrne à Fianarantsoa et Fianarantsoa à Fort-Dauphin et à Tuléar en exécutant le levé de ces régions. Ce travail qui s'étend sur un parcours de plus de 1.300 kilomètres a pu être mené à bien malgré les difficultés provenant du pays et de l'état de trouble dans lequel vivent les populations du Sud. Il a demandé six mois de fin mai au 1er décembre.

La situation actuelle au point de vue géodésique peut se résumer de la façon suivante : L'Emyrne est relié à Ambatondrazaka, Tamatave et Andévorante d'une part; à Fianarantsoa, Fort-Dauphin et Tuléar de l'autre. La côte Nord-Ouest est placée par les ingénieurs hydrographes, du cap Saint-André au cap d'Ambre. Il reste à assurer d'une façon définitive la liaison entre les triangulations du nord de Tananarive à Majunga et celle de l'est près d'Andévorante. Le plan pour 1899, comporte l'enchaînement suivant la diagonale Tananarive-Diégo (950 kilomètres).

Dès que les progrès militaires accomplis dans l'Ouest permettront l'envoi de brigades de ce côté, il y aura lieu de refondre les travaux concernant la branche occidentale du petit axe et de les pousser jusqu'à la mer. L'envoi de missions hydrographiques sur les côtes est et ouest a également été demandé au ministre de la marine.

Travaux topographiques. — En plus des travaux topographiques que nous avons déjà mentionnés et dont les plus importants sont ceux du R. P. Roblet, les brigades topographiques et les officiers du corps d'occupation ont fourni une grande quantité de documents importants qui ont permis au bureau topographique de l'Etat-Major de constituer de toutes pièces la carte régulière de l'Imérina au 1:100.000 et la carte générale de l'île au 1:500.000.

Pendant l'année 1897, particulièrement, il convient de citer les levés au 1:100.000 des feuilles d'Andévorante, de Tamatave et d'Ambatondrazaka exécutés par les lieutenants Louis Armand, Louis René, de Pierrebourg Laureau et les capitaines Braconnier et Maire ; le levé au 1:100.000 de la région nord et nord-est de l'Imérina par les lieutenants Gaudaire et Maritz ; le cercle d'Anjozorobé au 1:100.000 par le lieutenant Aupetit-Durand ; le cercle de Moramanga au 1:100.000 par le lieutenant Pernod, le cercle d'Ambatondrazaka au 1:100.000 par le lieutenant Quintard, le Valalafotsy au 1:100.000 par le lieutenant Sabaton ; le Mamolahazo au 1:200.000 par le lieutenant Quinet ; le cercle de Bétafo au 1:100.000 par les lieutenants Dejoux, Maritz et le capitaine Mérienne-Lucas ; Midongy au 1:400.000 par le lieutenant Honschoëtte ; le cercle d'Analalava au 1:500.000 par le capitaine Toquenne, les lieutenants Bastard et Level ; de Tamatave à Nossi-Bé au 1:300.000 par le lieutenant Duruy ; de Vohémar à la côte nord-ouest au 1:200.000 par MM. Meurs et Boussand ; de Tananarive à Diégo au 1:300.000 par le lieutenant Boucabeille ; de Tananarive à Ankavandra au 1:100.000 par le lieutenant de Cointet ; de Tananarive au Manambolo au 1:200.000 par MM. Meurs et Boussand ; de Tananarive à Ankavandra au 1:300.000 par le capitaine Gallois ; la carte de l'Ouest au 1:200.000 par le lieutenant Gaudaire la carte de la province de Tulléar au 1:500.000 par le capitaine Toquenne et le lieutenant Boucabeille.

Grâce à ces travaux le capitaine Merienne-Lucas, chef du bureau topographique, a pu dresser :

1° Une carte au 1:100.000 du plateau central en 28 feuilles comprenant, Vohilena, Ankazobe, Anjozorobé, Tananarive le lac Itasy, Betafo et Tsinjoarivo, soit une superficie de 39.900 kilomètres carrés.

2° Les feuilles au 1:100.000 de Diégo. Tamatave, Andévorante, Ambatondrazaka.

3° La carte générale de l'île au 1:500.000 en 32 feuilles.

Publications. — Pendant la période 97-98, le bureau topographique de l'Etat-Major a fourni aux divers services, cercles et provinces des tirages provisoires.

Il a en outre fait paraître : les environs de Tananarive au 1:20.000 en 2 feuilles tirées en couleurs; la carte des étapes au 1:500.000 en 12 feuilles pour la partie de Madagascar comprise entre Majunga et Ambohimandroso au sud de Fianarantsoa; la carte des itinéraires suivis dans la province de Fort-Dauphin au 1:750.000 par le Résident Lemaire ; la carte au 1:500.000 du cercle d'Ankazobe, une série de cartes administratives au 1:1.000.000 et au 1:2.500.000 ; la carte de l'île au 1:2.500.000 publiée en 2 feuilles tirées en couleurs; les feuilles de Soavinandriana, Morondava et Ankavandra de la carte générale au 1:500.000 tirées en couleurs.

Dans les *Notes et explorations* ont paru en même temps une grande quantité de chromos, croquis, dessins et cartes tirés à l'Etat-Major et dont les plus intéressants sont : l'Emyrne au 1:500.000 avec les progrès de la pacification ; de Maroantsetra à Port Radama par Mandritsara au 1:500.000 (lieutenant Bastard); de Fianarantsoa à Mananjary avec profil (capitaine Lefort); de Fianarantsoa à Midongy par Janjïna au 1:400.000 (lieutenant Honschoëtte); de Ihosy à Tamotamo au 1:40.000 (capitaine Lacarrière et lieutenant Conchon); de Tamatave à Soaniérana au 1:500.000 (M. Berthier); itinéraires

dans la province d'Andévorante au 1:500.000 (lieutenant
Michel); de Soanierana à Antenina au 1:500.000 (M.
Gilbert Pierre) ; district d'Ambohimanga au 1:500,000
(capitaine Lefort et lieutenant Jacquier); de Tamatave à
Ambatondrazaka au 1:200.000 (capitaine Vallet); les
itinéraires dans la province de Tamatave au 1: 250.000
(M. l'administrateur François); la vallée de l'Andrano-
mena et de la Manorika au 1: 200.000 (capitaine Deleuze
et lieutenant Lafont); le secteur B du cercle d'Anjozorobé
au 1:100.000; carte géologique de l'Ouest au 1:1.000.000
(M. Gautier); itinéraire de Tsaratanana à Nossi-Bé au
1: 1.000.000 (lieutenant Duruy); le cercle d'Anosibé au
1: 200.000 (lieutenant Braconnier); de l'Ikopa au lac
Alaotra au 1: 500.000; la carte de la pacification de
Madagascar de 1896 à 1897 au 14.000.000 ; le Mangoka au
1: 1.000.000 (capitaine de Thuy); les voies de communication entre Tamatave et Tananarive (pangalanes et
ligne d'étapes) 2 cartes; l'itinéraire de Majunga à la
Mahajamba au 1: 500.000 (Milkowski et Boyer; la région
entre Fianarantsoa, Farafangana et Fort-Dauphin au
1: 100.000 (capitaine Lefort) avec une annexe ethnolo-
gique au 1: 500.000; le tracé de la route de l'Ouest par
Arivonimamo au 1: 200.000; la carte hydrographique de
Madagascar au 1: 4.000.000 ; l'itinéraire Kelinafana-Ma-
honoro, Vatomandry, Tsiazompaniry au 1: 400.000 (capitaine Thévenin); le projet de chemin de fer de Tamatave
à Tananarive au 1: 500.000 (colonel Roques); le port Choiseul au temps de Lassalle et Benyorwsky au 1: 100.000
(M. Jully); la carte de Madagascar par Robert en 1727;
la province de Betsiléo au 1: 500.000; plan de Mantasoa
au temps de Jean Laborde (1837); carte géologique de la
Mahavavy (M. Gauthier); la presqu'île de Masaola au
1: 375.000 (M. Chapotte); la carte des immigrations
arabes (M. Jully); la carte du pays Mahafaly au 1: 1.000.000

le cercle d'Ambatondrazaka au 1: 500.000 ; la carte ethnographique de Madagascar au 1: 300.000 ; (M. Berthier) ;
la carte géologique de l'Ambongo (M. Gautier). Cette
liste doit être complétée par une longue série de cartes
de lots de colonisation et par les plans des principales
villes pour l'immatriculation.

Le bureau géographique de l'Etat-Major prépare la
carte générale de Madagascar au 1: 500.000, dont le
tirage sera effectué à Tananarive même.

Enfin il prépare les mappes de la grande carte au
1: 100.000, qui figurera à l'Exposition universelle de
1900 et qui aura vingt mètres de hauteur. Au fur et à
mesure de leur établissement, ces mappes sont envoyées
au Service Géographique de l'armée, à Paris, pour le
tirage. Cette carte au 1: 100.000, dressée avec la plus
grande exactitude par le capitaine Mérienne-Lucas, sous
la haute direction du lieutenant-colonel Gérard, chef
d'Etat-Major, constituera un véritable monument, qui est
appelé à rendre les plus grands services aux explorateurs, aux commerçants et aux colons, et qui mérite de
retenir l'attention du monde savant.

Ainsi qu'on peut s'en rendre compte par l'énumération
qui précède, on voit que l'Etat-Major du corps d'occupation de Madagascar, loin de se spécialiser dans un rôle
purement militaire, a tenu, selon l'impulsion énergique
donnée par le général Gallieni, à entrer dans une voie
nouvelle et est arrivé à aider puissamment tous ceux qui
s'intéressent à la colonisation, en vulgarisant les renseignements de toute nature sur la Grande-Ile, soit par les
brochures qu'il publie, soit par les cartes et illustrations
qu'il est parvenu à éditer presque sans moyens. — On ne
saurait trop en féliciter son chef, M. le lieutenant-colonel
Gérard, et encourager nos officiers coloniaux à imiter
cet exemple.

LES PRODUITS COLONIAUX ET LA MÉTROPOLE

Dans un de ses récents discours à la Chambre, M. le ministre de la Guerre a prononcé une phrase qui a causé une certaine émotion parmi les colons de Madagascar. Il a dit que les conserves de viandes provenant de Madagascar ne seraient pas admises à concourir avec les viandes indigènes à la fourniture de l'armée.

Le Comité de Madagascar a saisi de la question le général Gallieni, et va également se faire auprès du ministre de la Guerre l'interprète des doléances des colons. Nous ne voulons pas grossir démesurément l'importance d'un simple fait, néanmoins si la thèse de M. de Freycinet prévalait, on en serait à se demander pourquoi la France a depuis quinze ans fait son énorme effort d'expansion. Nous avons des colonies pour servir de débouchés aux produits de l'industrie métropolitaine, mais aussi pour fournir à la métropole les denrées qu'elle ne produit pas en quantité suffisante. Or il est clair que si la France produisait assez de bœufs, il n'y aurait pas des millions de Français qui sont obligés de ne se nourrir habituellement que de produits végétaux, ne mangent du lard que les jours de fête et du bœuf jamais.

Conquérir des colonies à coups de millions, les administrer et les pourvoir d'un outillage économique encore à coups de millions, puis une fois qu'elles commencent à donner des produits, empêcher ces produits d'entrer en France soit par des droits de douane, soit par toute autre mesure restrictive, nous paraît — tranchons le mot — une absurdité.

Cette question des débouchés métropolitains préoccupe vivement les planteurs, comme le témoigne la lettre suivante relative au café qui nous a été récemment adressée de Madagascar :

« Le café est l'une des cultures tropicales qui réussissent bien sur les côtes et dans la région moyenne de l'île. La Métropole, qui consomme plus de 120 millions de kilogrammes de cette denrée, devrait être un large débouché pour le café de Madagascar et en général de nos nouvelles colonies, telles que l'Annam. le Tonkin, etc.

Malheureusement, les produits du Brésil, d'Haïti, de Java, des Indes Anglaises encombrent depuis longtemps notre marché. Pour enlever peu à peu à ces contrées la situation privilégiée qu'elles ont acquises depuis longtemps, nos jeunes colonies et Madagascar en particulier ont de grands efforts à s'imposer.

Cette concurrence à soutenir se complique encore d'un abaissement général du prix du café qui tombe presque partout à moins de 200 francs les 100 kilogs.

Le département de la Guerre, dont les besoins excèdent vraisemblablement 20 millions de kilog. rendra un réel service à nos colons en acceptant le café Libéria dans sa fourniture.

Les planteurs auront là une clientèle assurée jusqu'à ce que les cafés de Madagascar aient acquis la réputation commerciale *qui les fera figurer avec avantage à côté des produits similaires du Brésil, des Antilles ou de Java.* »

UNE ANOMALIE

Le régime douanier à Madagascar nous réserve des surprises bizarres. Il semblait devoir être établi en vue de favoriser l'entrée des choses qui font le plus défaut dans la colonie. Il n'en est cependant pas ainsi.

Dans nos pays, où manquent les moyens de transport, où on est réduit au bourjane, il serait au moins logique de favoriser l'importation des animaux de bât et de trait et de donner aux importateurs, quels qu'ils soient, des facilités. Au lieu de cela, la douane perçoit des droits tels que ceux mêmes qui ont le plus grand besoin d'animaux de trait ou de bât hésitent à en introduire. Un cheval au-dessus de 5 ans, paie un droit d'entrée de 250 francs, au-dessous de 5 ans, 200 francs, un mulet, 150 fr., un âne, 3 francs.

On ne peut cependant pas avoir la prétention de favoriser l'importation française puisque pour venir de France ou de toute autre colonie française les chevaux coûtent entre 1.000 et 1.200 francs de transport. Le cheval doit donc venir des pays étrangers plus rapprochés.

Coûtant moins à transporter, son introduction dans la colonie serait possible, mais on le grève d'un droit d'entrée de 250 francs l'opération n'est plus possible.

TRAVAUX PUBLICS ET TRANSPORTS

Les travaux publics à Tamatave. — La transformation complète de Tamatave a été poussée en novembre et décembre avec une remarquable activité, malgré les entraves provenant de l'épidémie qui sévit actuellement sur la ville. Il s'agissait de faire un bon port de la rade médiocre et de bâtir selon les règles de l'hygiène une ville nouvelle à la place de cette agglomération de cases malpropres manquant d'air et de lumière.

Les travaux relatifs à la protection du port, à la construction d'un nouvel appontement, à l'établissement d'un quai sont en pleine exécution. La ville elle-même se transforme chaque jour, selon un plan d'ensemble approuvé par le Gouverneur Général. Le terrassement du boulevard maritime qui exige un effort considérable, est achevé sur une longueur de 1.600 mètres. Parallèlement à l'aménagement du port, les grands travaux de viabilité qui permettront à Tamatave d'exercer son action commerciale à l'intérieur de l'île sont continués, en dépit de la pénurie de la main-d'œuvre, en dehors du cordon sanitaire. La plate-forme du chemin de fer de Tamatave à l'Ivondrona, d'un développement de plus de 12 kilomètres et la pose des rails sont achevés. Le percement du pangalane de Tanifotsy commencera dès que la drague qu'on a transportée à Ivondrona sera entièrement montée.

Ainsi, la ligne de communication à vapeur, en partie terrestre et en partie maritime qui doit unir Tamatave à Mahatsara sur l'Iaroka, longue de 110 kilomètres, distance égale à environ le tiers du parcours de Tamatave à la capitale, pourra être bientôt partiellement utilisée. Avant la fin de la belle saison, cette voie sera entièrement ouverte à la circulation.

Il est intéressant d'examiner les conséquences, au point de vue des relations commerciales, qui résulteront de ce grand travail d'utilité publique, réel bienfait pour les régions traversées, dorénavant ouvertes aux entreprises agricoles de nos compatriotes.

A l'heure actuelle, le transport d'une tonne de marchandises de Tamatave à Tananarive coûte environ 800 francs, soit 266 fr.66 pour le tiers du parcours.

Or, le tarif maximum de la Compagnie coloniale (convention du 12 mars 1898, art. 80) est le suivant, par myriamètre de parcours :

Voyageurs : 1ᵉ classe, 4 francs ; pont, 2 francs.

Marchandises (la tonne): Bagages 10 francs; petite vitesse, 3 fr.; grande vitesse, 5 francs, soit de Tamatave à Mahatsara :

110 francs la tonne de bagages ;

33 francs la tonne en petite vitesse ;

55 francs la tonne en grande vitesse.

Les négociants bénéficieront donc d'une diminution de plus de 200 francs par tonne de marchandises.

Les routes dans la province de Tamatave. — Le Gouverneur général a fait élaborer un programme routier destiné à desservir dans de bonnes conditions les principales localités de la province de Tamatave. Parmi ces nouvelles routes le prolongement vers le Nord, sur Foulpointe, Mahambo, Fénérive, du tronçon déjà carrossable Andévorante-Tamatave mérite une mention spéciale. Cette route carrossable sera prolongée ultérieurement jusqu'à Maroantsetra, parallèlement à la grande artère Tananarive-Mandritsara. Elle coupe dans leur partie inférieure une foule de vallées alluviales d'une grande fertilité, et sur elle s'embrancheront plus tard de nombreux chemins, suivant la direction de ces vallées, qui faciliteront l'exploitation des ressources forestières et agricoles de toute cette partie du versant oriental de Madagascar. En particulier, on construit en ce moment une route d'Ambatondrazaka à Mahambo, si bien que Tamatave pourra communiquer avec le pays Sihanaka.

Malheureusement, la faible densité des populations de ces régions est un obstacle à la rapidité d'exécution de ces grands travaux d'utilité publique dont dépend l'essor de la colonisation.

La route d'Ambatondrazaka à Mandritsara. — Les derniers événements qui ont agité pendant quelque temps le nord de l'île ont de nouveau démontré la nécessité d'avoir le plus tôt possible une bonne route stratégique entre Tananarive et Diego-Suarez.

L'importance acquise par ce port, devenu point d'appui de

nos forces navales, milite encore en faveur de la rapide exécution de ce grand travail d'utilité publique.

D'ailleurs, un grand pays ne peut jouir d'une tranquillité absolue qu'autant qu'il est jalonné par des voies stratégiques qui, en permettant de transporter en peu de temps d'importantes forces d'un point à un autre, décuplent les moyens d'action de l'autorité, et permettent par conséquent de compenser l'insuffisance des effectifs par leur mobilité.

Pendant l'année 1898, la plus grande partie des travaux de terrassement du tronçon Ambatondrazaka-Anosibohangy ont été achevés. A la belle saison prochaine, on va exécuter le prolongement Anosibohangy-Ampatakamaroreny et *rendre définitivement carrossable* ces deux tronçons.

En résumé, le principal travail routier du cercle d'Ambatondrazaka pendant la belle saison prochaine consistera à pousser jusqu'à l'ancienne limite nord du cercle la route carrossable Tananarive-Ambatondrazaka, ce qui représente un avancement d'environ 165 kilomètres.

Si de leur côté les cercles d'Analalava, de la Grande Terre et les provinces de Maroantsetra et de Vohémar arrivent à construire la partie de la route traversant leur territoire, la grande artère stratégique du Nord sera praticable dans un délai relativement court. La province de Diego-Suarez a ouvert depuis longtemps une bonne route carrossable allant jusqu'à sa limite méridionale. On se heurtera dans toutes ces régions au manque de main-d'œuvre et à la misère des populations qu'on ne peut pas trop éloigner pour les travaux de route de leurs maigres ressources alimentaires.

La route de Majunga

On nous écrit de Madagascar en date du 25 janvier :

Les événements de Tamatave, l'épidémie qui y sévit en ce moment ont détourné le courant commercial vers la Côte Ouest et rejeté sur la route de Majunga les convois qui passaient primitivement par Beforona. Il est regrettable que l'ancienne route de la colonne volante n'ait pas été établie d'une façon définitive, la nécessité de deux voies de pénétration étant désormais officiellement démontrée. Certes de grands efforts ont été faits principalement de Tananarive à Andriba. Malheureusement la préoccu-

pation de « carrossabilité » de la route qui a fait détourner le
tracé du sentier primitif pour aller chercher loin, très-loin, des
plateaux déserts a fait commettre les mêmes erreurs que celles
déjà signalées sur d'autres points. Avant de songer à faire une
route carrossable il est bon de penser à assurer les communications et les premiers travaux qui s'imposent en pareille occasion. sont les ponts.

Partout en ce moment à Madagascar tant sur les chantiers du
Génie et des Travaux publics que sur ceux dus à l'initiative
des commandants de cercle, le voyageur après avoir suivi une
route large, soigneusement ornée de caniveaux. éprouve cette
douloureuse surprise de tomber sur une rivière infranchissable.
Certes, dans la saison sèche des ponts avaient été jetés sur les
cours d'eau ; mais ceux-ci n'étaient alors que ruisseaux et les
premières pluies ont emporté les ponceaux et leurs piles : la
route tient bon, mais les différents tronçons en restent démem-
brés. Ce côté de la question n'a jamais été étudié d'une façon
sérieuse et nous n'avons vu nulle part de disposition rationnelle
conforme au régime des eaux de la grande île.

Le cercle de Tsiafahy seul semble s'être préoccupé d'une
solution, et le pont lancé sur le Sisaona a été soigneusement
établi. Sans doute le cercle de Tsiafahy possédait plus de
ressources que ses voisins, car c'est généralement là la cause
première. Un commandant de cercle a toujours en effet à sa
disposition des prestataires pour pratiquer la piste et l'aménager :
les ouvriers d'art et les matériaux de constructions sont plus
rares : pour en venir à bout, il faut du temps et de l'argent,
indépendamment de l'esprit de suite.

Les secteurs qui jalonnent la route de Majunga à Maevatanana
ont sans doute manqué de ces trois ressources car sur celle-là
plus que partout ailleurs le résultat est palpable : les communications à l'heure actuelle ne sont plus assurées. et tel voyageur
est resté dernièrement trois jours en face d'une rivière grossie
sans même trouver une pirogue pour la traverser. Est-ce que
sur toutes les journées de prestataires employés au terrassement quelques-unes n'auraient pas pu être économisées et
rachetées? Le prix aurait payé des matériaux.

Est-ce qu'au lieu d'une route de 6 mètres, une simple voie
de 3 mètres n'aurait pas suffi ? c'était la moitié des frais
économisés.

En résumé, les travaux exécutés jusqu'à ce jour manquent de méthode : les efforts sont nombreux, les initiatives particulières ont déployé une somme d'activité considérable, mais tout cela manque de coordination et le résultat le prouve. Au lieu de 600 kilomètres de route de 6 mètres, il valait mieux d'abord en faire 1.200 de 3 mètres, et surtout il eût été sage de ne pas mettre la charrue avant les bœufs, et d'assurer la viabilité avant la carrossabilité. Les travaux publics à Madagascar auraient dû jusqu'à nouvel ordre ne s'occuper que des ponts et des bacs : les fleuves et les torrents sont assez nombreux dans le pays pour que la besogne eût suffi à deux années.

La vérité est encore plus éclatante dans les cercles excentriques de Tananarive où, pendant la saison des pluies, le voyageur risque d'hiverner sur l'arrachement d'une route magnifique : nulle part, en ce moment, on ne peut être sûr de passer une rivière, surtout quand on vient de Majunga : ceci ne laisse pas de compliquer le problème des transports que l'automobile n'est pas près de résoudre.

Le chemin de fer de Fianarantsoa à l'embouchure du Faraony. — Nous avons déjà dans le *Bulletin* de 1898 parlé du chemin de fer entre Fianarantsoa et la côte orientale dont la concession est demandée par la *Société auxiliaire de colonisation à Madagascar* présidée par M. Plassard, ancien directeur des grands magasins du Bon Marché. Il est regrettable que cette concession n'ait pas encore été accordée. Cette ligne traverserait ces vallées de la côte orientale, qui sont les plus propres à des cultures riches, café, vanille, cacao. Elle aboutirait au Betsileo, qui sera certainement l'un des centres de l'élevage à Madagascar. Sur tous les trajets proposés, celui-ci serait le moins long, pour faire communiquer la mer avec les plateaux. il suffirait de construire 225 kilomètres de voie.

Cette voie ferrée pourrait être ultérieurement continuée sur Tananarive. Si la *Société auxiliaire de colonisation à Madagascar* devenait concessionnaire de la ligne, elle creuserait un port à l'embouchure du Faraony. Or, un bon port sur la côte orientale est l'un des plus impérieux desiderata de la navigation et du commerce. On n'y trouve en aucun point un abri sûr, partout des rades foraines, exposées aux courants du large et à la houle, nulle part d'éclairage ni de balisage ; joignez que tout le long de la côte règne une barre qui rend les communications avec la côte souvent impossibles et toujours dangereuses.

L'existence d'un abri sûr éviterait les désastres tels que celui qu'a éprouvé la *Société française de commerce et de navigation à Madagascar*. Son navire de 1.700 tonneaux, la *Ville-de-Riposto*, qui faisait le service entre Diego-Suarez et Fort-Dauphin, s'est perdu devant Farafangana le 29 janvier. Les passagers et l'équipage ont pu être sauvés.

La *Société française de commerce et de navigation* ne se laisse pas décourager par la perte de la *Ville-de-Riposto*, elle s'apprête à envoyer à Madagascar un nouveau navire encore mieux aménagé que le premier. Mais le Gouvernement devrait seconder cette persévérance, en octroyant la concession demandée. On ne demande pas à l'Etat de travailler, par lui-même, mais seulement l'autorisation de faire des travaux.

Transports par automobiles. — La Société française des transports coloniaux a obtenu la concession du transport du matériel et du personnel de l'Etat et de la colonie entre Mahatsara et Tananarive et *vice versâ* par automobile. Elle est autorisée par son contrat à réparer, terminer et entretenir la route aux frais de la colonie dans le cas où celle-ci ne serait pas en mesure d'assurer la viabilité de la chaussée aux automobiles. Les rampes et les courbes de la route ne constitueront pas d'obstacle.

NOUVELLES DE MADAGASCAR

Madagascar à l'Exposition de 1900. — Le Gouverneur général et M. Jully, directeur du service de l'Exposition, se proposent de faire connaître Madagascar à Paris en 1900 au point de vue historique, scientifique et industriel.

Les pièces sont centralisées pour la côte Est à Tamatave, où M. l'Administrateur Berthier est chargé des renseignements commerciaux et du service de l'Exposition de 1900. Pour la côte Ouest, la même mission est confiée à l'Administrateur-adjoint Bénévent, à Majunga. A Tananarive, M. Jully réunit les collections des régions du centre de l'Ile.

Le Gouverneur général a prescrit aux commandants de territoire de rechercher tous les objets anciens employés par l'indigène et fabriqués par lui. Ces objets ethnographiques seront non seulement curieux. mais leur comparaison pourra éclairer des questions de races dont l'administration politique de l'île bénéficiera.

Des documents relatifs à la faune de Madagascar, à sa flore et à sa minéralogie sont également recueillis. C'est ainsi que M. Jully et M. G. Grandidier ont successivement fait à Antsirabé des fouilles, qui ont apporté des précieux documents à la paléontologie de l'île.

L'Ecole norvégienne, du Cercle de Betafo, a envoyé des objets indigènes en bois ; un ancien commis de résidence, ex-préparateur du Muséum, vient de rentrer d'une tournée dans l'Ivoloïna, rapportant des spécimens nombreux destinés aux collections scientifiques et des photographies.

Nos compatriotes verront à l'Exposition de 1900 des ouvriers malgaches qui pourront donner une idée de l'habileté et des ressources de la main-d'œuvre indigène. sur laquelle repose en grande partie la mise en valeur du pays. On pourra se rendre compte de leurs méthodes de travail, des procédés de leurs industries, dont quelques-unes ont atteint un degré de perfection qui ne laisse pas de surprendre chez des races primitives. Ainsi, le tissage de la soie notamment, bien qu'exécuté avec un outillage rudimentaire, permet depuis longtemps d'obtenir des lambas qui ne manquent ni de beauté ni d'élégance. L'industrie des rabanes ou du tissage des fibres de rafia donne aussi de superbes échantillons d'étoffes bariolées.

On sera justement étonné de la patience des Malgaches, qualité précieuse pour donner aux travaux délicats le fini nécessaire.

Les Malgaches, souvent peu laborieux dans les travaux ordinaires, sont au contraire assidus et actifs dans les métiers spéciaux tels que ceux de forgerons, ferblantiers, menuisiers, etc. Il y a là un contraste frappant qui montre combien la main-d'œuvre indigène est susceptible de perfectionnement lorsqu'elle est bien dirigée.

Les ouvriers indigènes qui se rendront à Paris seront recrutés au concours. Il y en aura quarante-huit. Ils seront entretenus, pendant six mois, aux frais de la Colonie, et vendront à leur profit les objets qu'ils fabriqueront sur place.

La préparation de l'Exposition aura eu un résultat indirect celui de faire mieux connaître aux Français établis à Madagascar, et particulièrement au personnel administratif, le détail des industries et des cultures indigènes. Le programme de participation de chaque province à l'Exposition a en effet donné aux recherches de toute nature une extension inconnue jusque-là.

A Tananarive, sont exposées, en ce moment même, les maquettes de M. Louis Tinayre, avec lesquelles sera édifié le panorama de la capitale de l'île de Madagascar. Dans le cadre splendide que compose Tananarive, se déroulera l'action militaire qui a précédé sa reddition. Le public sera placé dans une case malgache, supposée à l'emplacement actuel du Fort Duchesne, et, de là, dominera les positions occupées jadis par le corps expéditionnaire français, assistant ainsi, *de visu*, aux engagements et à l'arrivée des parlementaires.

Ce magnifique panorama, qui mesurera 120 mètres de longueur sur 12 mètres de hauteur, sera entouré de douze dioramas représentant des épisodes historiques : vue générale de Tamatave et Majunga, arrivée du général Gallieni à Tananarive, la traversée d'une caravane en forêt et une exploitation aurifère. Des scènes animées sont recueillies pour les cinématographes, ainsi que des vues stéréoscopiques. Tout ce groupe d'exposition sera placé au milieu de la section de Madagascar et occupera l'emplacement du bassin du Trocadéro.

Le frère Norbert, directeur des « Ecoles chrétiennes » de Tananarive, a préparé un plan en relief de la capitale et de ses alentours. D'anciens élèves ont sculpté dans des cubes de bois les maisons et les monuments microscopiques. Actuellement, des groupes de travailleurs sont sur le terrain pour la revision et le placement des habitations nouvellement construites. Les croquis rapportés par les opérateurs sont des plus curieux. Pour les teintes, on s'est arrêté à celle que fournit l'éclairement de Tananarive au mois de mars, c'est-à-dire à l'époque où les rizières sont le plus verdoyantes et donnent, contrastant avec le rouge général des maisons et des routes, un caractère si original à la ville tout entière.

Abrogation des anciennes dispositions au sujet du travail indigène. — Dès son arrivée dans la colonie, le Gouverneur Général s'est appliqué à faciliter à nos nationaux le recrutement des travailleurs indigènes qui leur étaient nécessaires pour mener à bien leurs exploitations diverses dans la grande île.

Les mesures protectrices successivement prises conféraient de nombreux avantages et d'importantes exemptions aux individus qui se mettaient volontairement au service des Français établis à Madagascar.

Ainsi, l'arrêté du 31 août 1897 dispensait-il des prestations tout individu s'engageant pendant une année au service d'un colon et l'arrêté du 29 octobre 1898 exonérait en outre du service militaire et du paiement de la taxe de rachat les indigènes justifiant d'un engagement avec un colon, d'une durée de cinq ans en Imerina et de trois ans sur la côte. La consciencieuse observation de ces mesures aurait suscité une véritable émulation parmi les indigènes et aurait peu à peu mis au service de la colonisation une main-d'œuvre de choix, sans diminuer sensiblement les ressources du trésor.

Malheureusement, un certain nombre de colons ont voulu tirer un profit coupable de la sollicitude dont faisait preuve à leur endroit l'administration de la colonie. Quelques-uns ont engagé un nombre considérable d'individus à qui ils ne demandaient aucun travail mais desquels ils exigeaient une rémunération en argent en retour des exemptions, dispenses et exonérations attachées à l'acte d'engagement ; d'autres se procuraient par un procédé analogue une main-d'œuvre gratuite en faisant travailler les indigènes engagés pendant un certain nombre de jours et en les libérant ensuite de toute obligation ultérieure.

Ces abus ont fait abroger le régime de faveur relatif à la législation sur le travail indigène, dont la mauvaise application aurait été à l'encontre du but poursuivi.

Cette mesure a provoqué une certaine inquiétude chez les colons, mais nous pouvons affirmer qu'une assistance plus directe sera dorénavant prêtée par les autorités locales aux colons pour que ceux-ci ne manquent pas des travailleurs qui leur sont nécessaires, en attendant que de nouvelles dispositions légales soient venues régler cette importante question du travail indigène.

A ce sujet, il n'est pas indifférent de connaître la ligne de conduite à tenir ici par le colon soucieux de l'avenir et qui veut grouper et surtout conserver les travailleurs qui lui sont indispensables. Il doit s'inspirer de nos principes de civilisation et d'humanité, traiter l'indigène avec bonté, sans jamais se départir d'une grande fermeté. Il se l'attachera ainsi par de bons procédés qui établiront bien vite entre employeur et employés une bonne harmonie évitant les froissements, les conflits et dispensant d'avoir recours à l'arbitrage des autorités locales.

Quelques colons ont obtenu d'excellents résultats en installant les familles des individus à leur service dans des habitations saines, réunies par village, de manière que l'indigène ne soit pas trop dépaysé dans sa nouvelle situation et qu'il puisse retrouver ses vieilles habitudes. Ils ont même parfois abandonné à leurs travailleurs des pâturages, des rizières, des terrains propices au jardinage où les femmes et les enfants trouvent des occupations en rapport avec leurs goûts, leurs aptitudes et leurs forces. Il est bon de ne pas oublier non plus que le Malgache se fatigue assez vite des travaux continus et que des intervalles de liberté sont la garantie de sa fidélité. Le colon agira sagement en lui accordant d'une manière régulière un ou deux jours de repos par semaine, afin de lui permettre de se livrer chez lui à des occupations à son choix. Il lui paiera très régulièrement le salaire convenu.

Il serait également très avantageux, pour stimuler le zèle des travailleurs, de les intéresser dans une certaine mesure aux travaux auxquels ils se livrent en leur accordant, par exemple, à partir d'un rendement convenu, une certaine proportion de la récolte ou des bénéfices. Enfin, l'ingéniosité privée a une foule de ressources à sa disposition pour retenir l'indigène à son travail, pour le perfectionner comme ouvrier agricole ou industriel et pour exercer sur lui une influence moralisatrice continue, dont le souvenir restera bien plus vivace dans son esprit que toutes les autres tentatives de relèvement moral.

Fin du mouvement insurrectionnel du Nord-Ouest. — On écrit le 14 janvier 1899 au *Journal des Débats* :

Le mouvement insurrectionnel du Nord-Ouest est à l'heure actuelle absolument enrayé. Le commandant Lamolle vient d'arriver à Analalava, après avoir traversé tout le pays soulevé en passant par Mandritsara, Befandriana et Bealanana, et a, par l'installation de petits postes, promptement calmé l'effervescence.

D'après un télégramme qu'il adresse au général Gallieni, le 23 décembre, dans toute cette partie du pays l'ordre était rétabli et les habitants se présentaient en foule pour faire leur soumission. Cet officier ajoutait qu'il n'y avait plus à craindre dans toute cette région que des actes de banditisme, crainte qui subsistera tant que nous n'aurons pas entre nos mains *les chefs du mouvement et les armes et munitions que les insurgés se sont procurées*, soit par la contrebande, soit par l'enlèvement de quelques petits postes de milice.

Plus au Nord, dans la région si fertile de l'Ankaizinana, les soumissions affluent, les villages se repeuplent et le chef rebelle Ikariza semble réduit à merci. D'autre part, le capitaine Laverdure était sur le point d'arriver devant Anorotsangana, localité près de laquelle les rebelles ont commis de nombreuses déprédations.

Enfin les provinces de Diégo-Suarez et de Vohémar sont absolument tranquilles.

En résumé, on peut dès maintenant considérer comme étouffé le mouvement insurrectionnel qui avait éclaté à la fin d'octobre dans les provinces de Nossi-Bé et d'Analalava ; mais *il est de toute nécessité d'occuper militairement ce pays pendant un certain temps pour achever d'y ramener le calme, pour y consolider notre établissement.*

Cette prompte répression est due à la rapidité avec laquelle les renforts ont été dirigés sur le théâtre du soulèvement. On cite notamment un détachement de tirailleurs malgaches parti, le 24 novembre d'un poste de l'Emyrne (Ankéramadinika), qui a parcouru en vingt-cinq jours près de 600 kilomètres, cela en pleine saison des pluies et, je n'ai pas besoin de l'ajouter, en pays passablement accidenté.

La Pacification dans le cercle de Tuléar en 1898. — Les résultats obtenus par les commandants des 2e et 4e territoires militaires dans la pénétration, la pacification et l'organisation des vastes contrées de l'Ouest de Madagascar, jusqu'ici insoumises, viennent d'être complétés par l'extension de notre autorité dans la région comprise entre le Mangoka et l'Onilahy qui échappait presque entièrement à l'influence française.

Au mois de juillet dernier, nos postes ne jalonnaient qu'à de grandes distances la voie de pénétration vers le Sud-Ouest de l'île, par Ihosy, Ranohira, Manéra, Tuléar, dérivée à Ihosy de la grande artère Tananarive-Fort-Dauphin.

Cette voie de pénétration qui n'offrait qu'une sécurité des plus précaires, traversait une zone semi-pacifiée, de largeur variable, laissant au nord d'importants groupements de populations hostiles tels que ceux du Vohingezo-Volambita, à cheval sur le moyen Nangoka, et de la contrée comprise entre la partie inférieure de ce fleuve et la Fiherenana. Dans ces centres de résistance s'étaient réfugiés, non seulement tous les petits souverains du pays et leurs bandes, mais encore tous les mécontents des provinces voisines : Bara-bé, Bara-Vinda, Sakalaves, Betsiléo, Hovas même, préférant cette misérable existence nomade à la vie calme et régulière imposée par notre administration.

Au Sud, sur les deux rives de l'Onihaly, les Mahajaly continuaient leurs déprédations en poussant des incursions vers le Nord.

Toutes ces tribus nous étaient hostiles. Sur la côte Ouest, l'influence arabe diminue du Nord au Sud et les populations du Sud et du Sud-Ouest, presque entièrement sauvages, sont animées d'un esprit d'indépendance difficile à dompter.

Malgré les difficultés propres à la nature du pays, et en dépit de la faiblesse relative de nos moyens d'action qui devait nous imposer la plus grande circonspection, notre autorité a partout été reconnue en 1898 et un commencement d'administration a même succédé à l'anarchie et au désordre. Ces premiers résultats marquent une heureuse étape dans l'œuvre de pacification et de civilisation que la France a entreprise à Madagascar.

Les renseignements recueillis pendant l'occupation et l'organisation de la province de Tuléar, renseignements qui se complètent et se précisent chaque jour, font prévoir que cette contrée est favorable à la colonisation.

L'élevage, qui est presque partout à Madagascar la plus importante source de richesse et la plus facilement exploitable, est susceptible de donner là d'importants bénéfices à nos éleveurs. Ce genre d'exploitation a l'avantage de n'exiger qu'une petite avance de capitaux et un personnel très restreint.

Sauf pour l'élevage, le colon a fort peu à attendre des Sakalaves, Andraivolos, Vegos, Antanosys, Tanalas, Baras, populations paresseuses, apathiques et inconstantes. Il pourra peut-être avoir recours à l'émigration hova qui a donné quelques résultats dans le Menabé, le Mahilaka et l'Ambôngo ou à l'importation de travailleurs annamites qui excellent dans les occupations agricoles.

Le sol paraît être fertile dans le Sud-Ouest ; il convient bien aux cultures maraîchères, à en juger par les essais qui ont déjà été faits et qui ont pleinement réussi, et en général à toutes les entreprises agricoles. Grâce à ses ressources naturelles et à sa situation en face des établissements de plus en plus prospères de l'Afrique australe et orientale, la région de Tuléar semble appelée à un rapide développement économique. Ses relations maritimes seront facilitées par de nombreux mouillages, tel que ceux du Delta du Mangoka, de la baie de Tsingilofilo, de Nosy-Hao, de Nosy-Andrahombava, de la baie de Fanemotra, de la baie de Ranobé, à l'embouchure du Manomby, et enfin de Tuléar. Ce dernier mouillage est le meilleur de ceux qu'on trouve sur la côte Ouest. Situé à l'embouchure de la Fihérenana, bien protégé par le récif du large, spacieux et accessible à toute heure de marée aux navires du plus fort tonnage qui y trouvent un abri sûr, il permet de faire de Tuléar un port de premier ordre, si l'on veut utiliser les ressources dont la nature l'a favorisé.

Près la côte d'Afrique, dans une admirable position géographique, cette ville, qui jouit en outre d'un climat sain, est appelée à devenir le centre commercial, l'entrepôt et le grand marché de la côte Ouest de Madagascar avec l'Afrique du Sud. Au point de vue stratégique, c'est un excellent port de ravitaillement et de relâche pour la guerre de croisière.

Ainsi s'achève, par efforts successifs, l'occupation lente et l'organisation méthodique de notre possession de l'Océan Indien. Seul le pays Mahafaly est encore vierge de toute pénétration : ce sera vraisemblablement l'œuvre de l'année qui vient de commencer.

Voyage de M. Guillaume Grandidier. — Nous trouvons, dans le *Journal officiel de Madagascar* du 3 janvier, la note suivante insérée par le Gouvernement général :

« M. Guillaume Grandidier vient de rentrer à Tananarive, après avoir accompli, autant que les circonstances le lui ont permis, la mission scientifique qui lui avait été confiée par le Ministère de l'Instruction publique.

« Le Gouverneur général a vivement félicité M. G. Grandidier de l'appoint considérable qu'il a apporté à l'œuvre de divulgation du passé et du présent de Madagascar par les intéressantes découvertes paléontologiques qu'il a faites sur la côte Ouest et par son exploration du versant occidental du massif de l'Isalo qu'aucun Européen n'avait encore jamais visité.

« A la demande de M. Grandidier, le Gouverneur général a adressé un témoignage de satisfaction à Eug. Tombarel et au sergent comorien Lamale pour services rendus dans le Sud-Ouest, notamment dans deux rencontres avec des troupes de voleurs de bœufs. »

Des lettres de notre collègue, venues par la même malle, nous mettent au courant de ses récentes explorations. Dans les bulletins des 5 octobre et 5 novembre de l'an dernier, nous l'avons laissé à Fianarantsoa, chez les Betsileos, prêt à partir pour le pays des Tanalas. Il a exécuté son projet et a visité la célèbre montagne d'Ikongo, les mines d'or d'Itsalana et d'Anasaha et les caféries d'Ampikiho; dans la grande forêt de l'Est, il a réuni une importante collection de petits mammifères (insectivores et rongeurs), d'insectes et de plantes.

Revenu à Fianarantsoa, il a pris la route de Tananarive, passant par Ambatofangehana, où il a recueilli une série de minéraux intéressants, par Antsirabé, où se trouve un gisement d'ossements fossiles d'Æpyornis et autres animaux disparus, et par le grand massif d'Ankaratra et le lac Tasy.

De Tananarive, M. Grandidier s'est dirigé sur Subérbieville avec l'intention d'explorer le Nord de Madagascar et de revenir par l'Antsihadaka où il voulait [faire des recherches d'histoire naturelle. Les troubles, qui ont éclaté subitement au mois de décembre dernier dans cette partie de l'île, ne lui ont pas permis de mettre son plan à exécution et, au lieu d'aller à Analalava par terre, il lui a fallu s'y rendre à bord d'un boutre qu'il a pris à Majunga. Il a visité ensuite Nosy Bé et Diego Suarez, et empêché par la rébellion de quelques-unes des tribus du Nord ainsi que par les pluies, il a dû gagner Vatomandry, d'où il est remonté à

Tananarive par de fort mauvais chemins, mais intéressants pour un explorateur.

Après quelques jours passés dans la capitale, il se proposait de redescendre à la Côte Est par une autre route et de gagner Vohémar, où il va, chargé par le général Gallieni d'une mission spéciale, étudier l'emplacement d'une ancienne ville arabe, dont on vient de signaler quelques vestiges sur les bords de la Mahanara, et y opérer des fouilles. Il compte y rester environ deux mois, puis revenir en France en avril ou mai.

Le colonel Houry, gouverneur militaire de Tananarive, chargé par le général Gallieni de l'inspection des postes avancés de l'extrême sud et du pays des Bares, est rentré le 9 février à Tananarive après une absence de quatre mois.

Après avoir visité Fianarantsoa, le colonel gagna Ikongo, Vohimasina, Ankitsy, Ihosy, Soarano et s'approcha d'Ivolambita, repaire de fahavalos, puis se rendit à Betroka, Tamotamo et Mahela, sur le fleuve Mandraré.

Le retour a eu lieu par Ambohimandroso, le grand centre commercial du sud, Ambositra et Tsiafahy. La population indigène, accourue en nombre considérable sur la limite du gouvernement, a salué le colonel Houry à son retour.

Les vastes régions parcourues par cet officier offrent d'immenses pâturages et des plateaux déserts et incultes, mais fertilisables, de nombreuses vallées marécageuses qui pourraient être facilement assainies.

Quelques tribus encore réfractaires, éparses dans ces territoires, sont entourées par nos postes avancés.

Il est à peu près certain que le général Gallieni prendra son congé à la fin d'avril ou au commencement de mai. Pendant son absence, le colonel Houry exercera le gouvernement général.

Un violent cyclone s'est abattu sur Madagascar dans la nuit du 4 au 5 février.

La région de Majunga a été particulièrement éprouvée. Les nouveaux bâtiments de la résidence se sont effondrés et les communications de la côte occidentale avec Tananarive ont été interrompues.

Les dégâts matériels sont assez importants, mais il n'a pas été signalé d'accident de personne.

Peste bubonique. — Depuis le 24 novembre 1898, il y a eu 306 cas dont 205 décès.

Actuellement on ne constate plus qu'un ou deux cas de peste par jour. L'épidémie est donc bien en décroissance.

Le *Journal officiel de Madagascar* du 24 janvier publie des « Instructions du Gouverneur général relatives aux principes de colonisation à appliquer à Madagascar ». Nous en donnerons une analyse développée dans le prochain Bulletin.

Ranavalo en Algérie. — L'ex-reine de Madagascar, Ranavalo, a été embarquée le 1er février, à la Réunion, avec dix personnes : sa tante Ramasindrazana, sa sœur Rasendranoro, la petite-fille de celle-ci, un secrétaire et six domestiques.

Le gouvernement lui a assigné Alger comme résidence. Elle logera dans une belle villa des environs de la ville et disposera annuellement de 24.000 francs.

Cette mesure était projetée depuis longtemps. La proximité de la Réunion maintenait dans la population de certaines contrées des agitations et des espérances de restauration auxquelles on a jugé indispensable de couper court.

Un correspondant du *Temps* décrit ainsi l'arrivée de la reine à Marseille, le 28 février.

« Quand le *Yang-Tsé* est passé à la Réunion, la reine ignorait la veille encore, la mesure de transfert dont elle était l'objet. Elle en a été très affligée, d'autant plus qu'elle ne savait pas exactement où on devait la conduire. Ce n'est qu'à bord qu'elle l'a appris.

Pendant la traversée, la reine, qui n'a cessé de se montrer très réservée et très digne, s'est attaché les sympathies de tous. Elle prenait ses repas à la table commune et était assise à la droite du commandant. Elle mangeait, mais avec mesure, ne buvant jamais de vin pur.

Ranavalo, qui a 30 ans, ne manque pas, du reste d'une certaine élégance, et quand elle est descendue à terre, au bras du capitaine Bonnefoy de l'infanterie de marine, elle a surpris tout le public stationné sur les quais et qui s'attendait à voir une négresse mal fagottée et sans tournure.

De taille moyenne, plutôt élancée, Ranavalo était vêtue d'une robe en soie verte à parements brochés richement. Elle portait un fort joli chapeau à plumes noires, garni d'un piquet de roses et c'est avec une extrême aisance qu'elle répondait, en s'inclinant légèrement, aux salutations qui lui ont été adressées.

Le préfet avait envoyé son chef de cabinet pour la saluer, lui demander des nouvelles de son voyage et l'assurer qu'elle trouverait en France tous les égards qui lui sont dus. La reine a été touchée de cette démarche et a répondu qu'elle savait les Français bons et chevaleresques. Elle s'en remet à eux de sa vie.

On assure que la reine emporte dans ses bagages pour plus de 10 millions de bijoux. »

Elle est descendue à l'hôtel des Colonies. Pendant deux jours, elle a visité Marseille. Le général Metzinger, commandant en chef du 15ᵉ corps, ancien chef de la brigade d'occupation de Tananarive, lui a rendu visite. Elle a été embarquée le 4 mars pour l'Algérie.

ACTES OFFICIELS

Journal officiel de Madagascar et dépendances

31 décembre 1898. — Arrêté du 9 décembre 1898 ouvrant un crédit de 25.000 francs pour l'exécution de la route de Tananarive à Majunga.

Arrêté du 21 décembre 1898 rapportant l'arrêt du 14 septembre 1898, réglementant les conditions de la navigation au cabotage et au bornage.

Circulaire du 10 décembre 1898 à MM. les commandants de cercle et administrateurs, chefs de province, au sujet du commerce de l'opium.

3 janvier 1899. — Circulaire du 31 décembre 1898 à MM. les administrateurs et commandants de cercle, chefs de province, au sujet de la main-d'œuvre.

Arrêté du 31 décembre 1898 suspendant l'exemption des prestations et les dispenses de service [militaire accordées aux indigènes titulaires de contrats d'engagement.

5 janvier. — Arrêté du 26 décembre 1898 promulguant dans

la colonie de Madagascar et Dépendances, le décret du 25 octobre portant réorganisation du service de la justice à Madagascar.

7 janvier. — Arrêté du 30 décembre 1898 fixant les impôts indigènes à percevoir en Imerina.

10 janvier. — Arrêté du 24 décembre 1898 autorisant l'installation d'un parc à huîtres à Mahambo.

12 janvier. — Arrêté du 30 décembre 1898 portant création d'un impôt sur les maisons à Tananarive.

14 janvier. — Arrêté du 21 décembre 1898 rendant provisoirement exécutoire le règlement portant création d'un octroi de mer dans la colonie.

Règlement portant création d'un octroi de mer dans la colonie de Madagascar et Dépendances et fixant son tarif, son assiette, ses règles de perception et de répartition.

17 janvier. — Arrêté du 24 décembre 1898 organisant les sous-gouvernements du cercle de Tananarive.

Circulaire du 30 décembre 1898 ministérielle relative à l'Exposition de 1900.

21 janvier. — Arrêté du 2 janvier 1899 concernant le service du trésor à Madagascar et Dépendances.

Circulaire ministérielle du 2 décembre 1898 concernant la combinaison des moyens postaux et télégraphiques pour les communications entre la métropole et les colonies.

24 janvier. — Instructions du 22 janvier 1899 à MM. les administrateurs, commandants de territoires et de cercles au sujet des principes de colonisation à appliquer à Madagascar.

26 janvier. — Arrêté du 5 janvier 1899 réglementant d'une façon générale l'examen préalable aux fins de conciliation, des plaintes et réclamations présentées par les indigènes.

INFORMATIONS

Les Asiatiques à Madagascar. — Nous avons publié dans le *Bulletin* de février, p. 68 une analyse étendue du *Livre Bleu* sur Madagascar. Voici à titre de complément une lettre que M. Le Myre de Vilers, député de la Cochinchine, a adressée au ministre des colonies le 6 février 1899.

« Monsieur le ministre des colonies,

« Le *blue book* du mois dernier, sur Madagascar, contient de nombreuses dépêches de la résidence de Bombay, tendant à démontrer que les Indiens, sujets britanniques, gens paisibles et scrupuleux, ne se sont jamais livrés au commerce des armes, sur la côte sakalave. Comme le motif de cette correspondance n'est pas indiqué et qu'aucune conclusion n'a été donnée aux déclarations du superintendant des douanes, je suppose que le Foreign Office prépare un dossier pour le cas probable où M. le général Gallieni prendrait des dispositions restrictives à l'égard de ces émigrants dont la contrebande de guerre constitue une des principales industries.

« Aussi il vous paraîtra certainement utile de connaître la législation qui régit les Asiatiques dans les colonies de la couronne d'Angleterre et dans ses possessions de *self-government*. »

M. Le Myre de Vilers cite deux articles de la *Press Weekly*. concernant des natifs indiens poursuivis pour être restés à Durban en violation des lois restrictives sur l'immigration et condamnés à un mois de prison et à l'expulsion après l'accomplissement de leur peine.

Aux termes de cette loi, qui a pour objet de remédier au *mal asiatique*, aucun Indien ne peut séjourner dans la colonie s'il ne sait pas écrire cinquante mots d'anglais ; ceux qui en sont incapables sont déclarés *non désirables* et péremptoirement expulsés. Aussi la population indienne y est-elle peu nombreuse.

Les autorités locales appliquent d'ailleurs les mêmes dispositions pénales à tous les étrangers.

« Dans la Rhodesia, dit ensuite M. le Myre de Vilers, on ne fait pas tant de façons et les non-désirables disparaissent d'une manière ou d'une autre.

« Au Transvaal, les lois de la république sud-africaine édictent que les gens de couleur devront habiter des quartiers spéciaux (locations) et ne pourront exercer ailleurs un commerce quelconque. De riches Indiens ayant protesté contre cette mesure furent déboutés par la cour de Middelbourgh et se réclamèrent du gouvernement britannique, en leur qualité de sujets de la reine. D'autre part, les english bars, qui redoutent la concurrence des Indiens, sollicitèrent près de leur consul le maintien de l'interdiction.

« Grand embarras du Foreign office qui, ne sachant comment sortir de cette difficulté, eut recours, d'accord avec le président Krüger, à un arbitrage devant le premier juge de la république d'Orange. Ce magistrat, M. Melius de Villiers, décida, par un avis motivé du 5 avril 1895, que la question ne pouvait être réglée que par la haute cour de la République sud-africaine.

« Pour y parvenir, un riche Asiatique, Tayeb Hadji-Kahn-Mohamed, introduisit une instance devant le tribunal suprême de Pretoria, avec l'espoir de voir supprimer l'ostracisme dont ses compatriotes étaient victimes. La cour, après de longs débats, décida, le 8 août dernier, que les gens de couleur ne pouvaient habiter et commercer en dehors de la location, que le colportage même leur était interdit.

« Ces différents faits prouvent surabondamment que du moment où les intérêts des Anglais métropolitains sont en cause, le gouvernement de la reine ne se préoccupe guère des libertés qu'il réclame près des autres puissances, en faveur de ses sujets.

« Quelle que soit la sévérité des mesures qu'adoptera le général Gallieni pour entraver l'envahissement de Madagascar par les Indiens et réprimer la mauvaise conduite de ces Asiatiques, elles seront moins rigoureuses que celles appliquées par la Grande-Bretagne dans ses propres colonies.

« Veuillez, etc.

« LE MYRE DE VILERS. »

Administration. — Un décret du 3 février, rendu sur la proposition du ministre des colonies, institue à Madagascar un corps d'adjoints, de commis et d'écrivains des affaires civiles destinés à assurer les besoins du service et un corps de comptables.

Le personnel des adjoints et commis est destiné à remplacer les fonctionnaires subalternes des anciennes résidences; il contribuera, dans une notable proportion, au recrutement des administrateurs coloniaux.

Les comptables concourront aux opérations de comptabilité du budget local auprès des autorités administratives des chefs-lieux et des provinces de la colonie, ainsi qu'à la direction du contrôle financier.

— Un décret du 6 février, rendu sur la proposition du ministre des colonies, autorise le gouverneur général à ériger en communes, par arrêtés pris en conseil d'administration et approuvé par le ministre, les principaux centres de population de Madagascar. Le même arrêté déterminera, s'il y a lieu, la composition et les attributions des commissions municipales consultatives de ces communes.

Les administrateurs des chefs-lieux des communes exerceront les fonctions de maire ; ils seront ordonnateurs de toutes les dépenses civiles.

Le gouverneur général fixera la nomenclature des impôts perçus dans les centres érigés en commune ; l'ensemble des revenus et les dépenses imputées à la commune constitueront le budget communal.

Le décret est applicable aux établissements de Diégo-Suarez, Nossi-Bé, Sainte-Marie-de-Madagascar, ainsi qu'aux villes de Tamatave et Majunga, érigées en communes par arrêtés des 13 février et 25 octobre 1897.

Prix de la Société de Géographie. — Nous sommes heureux d'annoncer que le général Gallieni a reçu de la Société de Géographie une grande médaille d'or à titre exceptionnel pour l'œuvre accomplie à Madagascar. Si l'on parcourt la liste des titulaires des médailles d'or inscrite dans le grand vestibule de la Société de Géographie, on remarque que c'est toujours à des explorateurs qu'elle décerne sa plus grande distinction. Des exceptions ont, il est vrai, été faites en faveur de géographes éminents, tels que M. Elisée Reclus et Maunoir. Mais c'est la première fois que la médaille d'or est décernée pour une œuvre non purement scientifique, mais coloniale. Il était impossible à la Société de déroger plus à propos à ses habitudes. D'ailleurs y déroge-t-elle autant qu'il semble ? Le général Gallieni a droit à la reconnaissance des géographes. Par ses explorations personnelles, il a jadis contribué à accroître les connaissances sur le Soudan, et depuis son arrivée à Madagascar, il s'est efforcé tant par ses paroles que par ses actes de mieux faire connaître le pays qu'il gouverne.

Parmi les autres prix décernés par la Société en 1899, nous remarquons : une médaille d'argent au R. P. Piolet, pour ses travaux sur Madagascar, le prix Jomard à M. Malotet pour son ouvrage sur E. de Flacourt.

———

Armée et marine. — Un décret confère le droit à l'obtention de la médaille coloniale aux marins et militaires (Européens et autres) de tous grades qui ont séjourné à Madagascar pendant la période s'étendant du 1er janvier au 31 décembre 1898.

Toutefois, les titulaires de la médaille commémorative de l'expédition ne peuvent recevoir la médaille coloniale pour le séjour dans la grande île qui leur a valu la première de ces distinctions.

En ce qui concerne le personnel marin, cette distinction sera accordée aux états-majors et équipages du *Fabert*, du *Pourvoyeur* du *D'Estaing*, du *Météore*, du *Scorpion* et du *La Pérouse*.

— Le chef d'escadron d'artillerie de marine Doctaire, sous-directeur d'artillerie à Diego-Suarez, est appelé à commander les batteries de Tananarive, et sera remplacé, comme sous-directeur à Diego-Suarez, par le chef d'escadron Leloutre.

— Le lieutenant-colonel Schneider du 2e malgaches est placé au 4e d'infanterie de marine.

———

Magistrature. — M. Lachenal, juge suppléant au tribunal de première instance de Majunga (emploi supprimé), a été nommé juge de paix à compétence étendue à Fianarantsoa (emploi créé).

———

Nous annonçons avec une vive satisfaction la formation d'un *Comité du Congo français*. Notre colonie du Congo n'a pas jusqu'à présent assez intéressé le public. Peut-être a-t-elle eu le tort d'être conquise pacifiquement et de ne pas s'imposer à l'attention par une coûteuse expédition initiale.

Le pays est très mal connu. On a poussé l'exploration toujours en avant : de Brazza s'est avancé sur la Sangha ; Crampel, Dybowski, Maistre, Gentil, vers le Tchad ; Léotard et Marchand vers le Nil. Mais au-delà des rives des cours d'eau on ne sait rien ni du sol, ni de la végétation, ni des populations. Aucun travail public n'a été même entamé. N'est-il pas étonnant qu'entre Loango et Brazzaville il n'y ait aucune route, et que chaque voyageur soit obligé de découvrir le chemin pour son compte et de le rouvrir au milieu de populations hostiles ?

Cependant il est certain que le Congo contient d'admirables ressources, des forêts de bois précieux, du caoutchouc, un sol propre à la culture du cacaoyer.

L'empire d'Allemagne tirera bientôt de la colonie voisine du Cameroun tout ce qu'il consomme de cacao, tant les plantations commencées il y a dix ans sont nombreuses aujourd'hui.

Pourquoi la France est-elle obligée de demander à l'étranger ce qu'elle pourrait recueillir chez elle?

Il y a donc au Congo français une œuvre considérable à entreprendre. Nous sommes heureux qu'un groupe de coloniaux porte spécialement son attention sur cette contrée *et nous souhaitons le succès du Comité du Congo français.*

— *Le banquet inaugural du Comité du Congo français a eu lieu le 8 février à l'Hôtel-Continental. M. Guillain, ministre des Colonies, présidait. Le président de la République s'était fait représenter par le commandant Meaux de Saint-Marc. M. Guillain avait à ses côtés : MM. Etienne, député ; Hanotaux, Lebon, Devès, Chautemps, de Heredia, anciens ministres ; de Lamothe, commissaire général du Congo ; Liotard, gouverneur de l'Oubangui, Le Myre de Vilers, comte d'Agoult, Cl. Delhorbe, etc.*

Des discours ont été prononcés par MM. Etienne, A. Lebon, Guynet et Guillain.

Les télégrammes-lettres. — Après entente avec le ministre des Colonies, M. Mougeot, sous-secrétaire d'Etat aux postes et télégraphes, vient de prescrire l'application d'une innovation qui sera bien accueillie du public et particulièrement des militaires des troupes coloniales et de leurs familles.

Il vient en effet de créer une catégorie de correspondances mixtes, les télégrammes-lettres, pour l'acheminement desquels il combine l'emploi de la poste et du télégraphe.

Dès maintenant, le public pourra profiter de cette combinaison dans les relations entre la France et ses colonies de la côte occidentale de l'Afrique, de l'Indo-Chine, de la Nouvelle-Calédonie, de la Réunion, de Madagascar et de la Guyane, sans préjudice des facilités qu'il avait déjà pour sa correspondance tant par la poste que par le télégraphe.

Les « télégrammes-lettres » qui doivent être distribués au port de débarquement sont taxés 5 centimes par mot avec minimum de 50 centimes, plus 15 centimes pour le transport postal ;

Si, au contraire, le destinataire habite une région de l'intérieur, la taxe télégraphique sera de 10 centimes par mot, avec minimum de 1 franc, plus 15 centimes.

L'avantage de cette innovation est que le « télégramme-lettre » gagnera, sur une simple lettre, le temps que celle-ci mettrait à faire le trajet de Paris à Marseille (port d'embarquement) et de Majunga (port de débarquement) à Tananarive, par exemple, soit onze à douze jours au minimum. De plus, il sera bien moins coûteux qu'un télégramme ordinaire qui, à tarif plein, est de 7 fr. 10 par mot pour Madagascar.

Des taxes également très réduites, sinon absolument équivalentes, seront perçues aux colonies pour les « télégrammes-lettres » à destination de la métropole.

CHRONIQUE DU COMITÉ

Séance du Conseil

Le Conseil s'est réuni le 4 février, à 5 heures, sous la présidence de M. Charles Roux, président.

Étaient présents : MM. Milne Edwards, Duprat, Delacre, Duportal, Depincé, Piolet, Pagnoud, Grosclaude.

S'étaient excusés : MM. Grandidier, Chailley-Bert.

M. le président adresse au nom du *Comité* ses vives félicitations à M. Milne Edwards, à l'occasion de sa nomination au grade de commandeur de la Légion d'honneur, nomination qui a causé autant de satisfaction dans le monde colonial que dans le monde scientifique.

Depuis la dernière réunion du Conseil, M. Charles Roux a été nommé délégué des colonies et pays de protectorat à l'Exposition de 1900. M. Delhorbe lui adresse les félicitations du *Comité*. Ce choix a causé une satisfaction toute particulière à Madagascar où les préparatifs de l'Exposition sont activement poussés.

M. Delhorbe rend compte de sa mission à Madagascar.

La liste des membres du Conseil qui se présenteront aux élections de 1899 est arrêtée. Le scrutin sera clos le 28 février. MM. Depincé et Duportal sont désignés comme scrutateurs.

Liste des Membres nouveaux

Membres fondateurs :

MM. Cambefort, administrateur du Comptoir national d'Escompte.

Marinier, capitaine d'infanterie breveté, Nantes.

Antoine-Charles Martel, lieutenant d'infanterie de marine.

Membres sociétaires :

Société d'études et d'exploitation forestières et commerciales a Madagascar, 8, rue Paul-Lelong.

MM. Noel Guilhaumès, directeur de la Compagnie française de Madagascar, Tamatave.

Emmanuel Propper, banquier, 12, avenue d'Antin.

Adrien Bourgoin, avocat-défenseur à Tananarive.

A. Lefebvre-Hoffmann, industriel à Roubaix.

Société française des futs cylindriques, 57, rue Saint-Lazare.

Marcel Japy, à Audricourt, Doubs.

Jules Martin, administrateur en chef des Colonies, Majunga.

Maurice Berger, Tananarive.

Paul Martel, Tananarive.

Albert Martel, Tananarive.

A. Girardon, Tananarive.

Henri Gindre, Ecully (Rhône).

Théodore Mercadier, agent général de la Compagnie coloniale de Madagascar, Majunga.

André Boyer, Majunga.

Dufour, ingénieur, Paris.

Chapmann, Tananarive.

Bartholomé, Tananarive.

MM. Charles Bénévent, Majunga.

Lavoisot, chef de bataillon d'infanterie de marine, Tsiafahy.

Charles Daguerre, Tananarive.

Joseph Costa, attaché à l'administration des Domaines, Tananarive.

Joseph Largey, avocat-défenseur, Majunga.

André Poron, industriel à Troyes.

Membres adhérents :

MM. Marc Roussel, Tananarive.

G. Ch. Toussaint, Tananarive.

E. Bouvard, ingénieur, directeur de la rizerie saïgonnaise, Saïgon.

Filhoulaud, capitaine au 114ᵉ régiment d'infanterie.

Paul Vauvillier, maréchal des logis chef, 6ᵉ chasseurs d'Afrique, Mascara.

P. Faucon, conseiller du Commerce extérieur, délégué de Madagascar au Comité consultatif de l'Agriculture, du Commerce et de l'Industrie.

Compagnie commerciale du Transvaal et de Madagascar, 19, rue de Choiseul.

MM. Courtois et Debongnil, à Tourcoing, industriels.

Paul Créténier, 21 bis, rue de Paradis.

André Triana, ingénieur, 59, avenue Kléber.

Camille Valentin, colon à Nossi-bé.

Henri Pichon, faubourg de Nancy, Epinal.

Gaston Patrigeon, médecin-vétérinaire à Madagascar.

Constant Bernard, ingénieur, 55, rue Pierre-Motte, Roubaix.

Pierre Carmier, ingénieur.

J. Rémusat, 20, rue Neuve, à Bordeaux.

Henri Rousson, explorateur, 4, rue de Poissy.

Arthur Malotet, professeur d'histoire au lycée de Valenciennes.

Jules Huré, ingénieur civil des Mines, 155, rue d'Alésia.

Paul Landrin, chimiste, 76, rue d'Amsterdam.

Edmond André, aide-commissaire des Colonies.

Henri Thuillier, négociant à Paris.

MM. Albert Faivre, à Amance, Haute-Saône.

René Chevalier, 39, rue de Douai, Paris.

Gaston Desvaux, capitaine au 104e régiment d'infanterie.

Pierre Hardel, représentant de la Société cotonnière de Rouen.

Louis Gauthier, Tananarive.

Raphael Antonetti, commis de 1re classe des secrétariats généraux.

Lucien Simonnot, Tananarive.

Lavoipière, directeur de l'Ecole normale « Le Myre de Vilers », Tananarive.

A. Duflau, directeur du Comptoir national d'Escompte, Tananarive.

A. Gros, négociant, Tananarive.

Alexis Doerrer, membre de la Chambre consultative, Tanarive.

Merienne-Lucas, capitaine, chef du service géographique de l'Etat-Major, Tananarive.

Carrel, membre de la Chambre consultative, négociant, Tananarive.

BIBLIOGRAPHIE

Notes, reconnaissances et explorations
22e livraison, 31 octobre 1898.

Les études de colonisation (cercle d'Ambatondrazaka province d'Ambositra). — Etude sur les Tanalas d'Ambohimanga du Sud, par A. Durand. — Cercle annexe de la Mahavavy, par le capitaine de Bouvié. — Les cultures et industries indigènes à Madagascar.

Commerce.

Les exportations françaises de cotonnades à Madagascar pendant les années 1897 et 1898. *L'Economiste français*, 18 février.

Les tarifs de Madagascar. *Le Travail national*, 12 février.

Culture.

H. Lecomte et C. Chalot. *Le cacaoyer et sa culture*, in-8° de 123 p. Carré et Naud éditeurs; 5 francs.

V. Boutilly. *Le thé, sa culture et sa manipulation,* in-8° de 107 p. 2 francs.

Généralités.

Prof. Dr C. Keller. *Die ostafrikanischen Inseln.* Berlin 1898, in-8°.

Madagascar tient la plus grande place dans cet ouvrage. Nombreuses photographies.

Travaux publics.

Henri Dehérain. Le télégraphe à Madagascar. *La Nature* 25 février 1899.

Voici l'état actuel des lignes télégraphiques électriques et optiques :

Télégraphe électrique. — 1° Ligne de Tananarive à Tamatave. Cette ligne, créée en 1886-1887, fut détruite par les Hovas pendant la campagne. Restaurée à la fin de 1895, elle fut coupée à plusieurs reprises pendant la grave insurrection de 1896. Depuis la répression des troubles, elle fonctionne régulièrement. Un second fil a été ajouté au premier en mars 1897.

2° Ligne de Tananarive à Majunga, ouverte depuis juillet 1897. Elle se raccorde à Majunga au câble sous-marin qui atterrit à Mozambique.

3° Ligne de Tananarive à Fianarantsoa, amorce de la grande ligne qui traversera le sud de l'île par Ihosy et Betroky.

4° Ligne d'Andevorante à Mananjary, qui s'embranche sur la ligne Tananarive-Tamatave, et qui prolongée plus tard le long de la côte orientale, desservira Farafangana et aboutira à Fort Dauphin.

5° Ligne projetée de Mahabo à Morondava, la région qui sépare ces deux points étant trop boisée et trop plate pour qu'on puisse s'y servir du télégraphe optique.

Les violents orages qui sévissent sur Madagascar contrarient souvent le bon fonctionnement du télégraphe électrique. En février 1888, un cyclone détruisit complètement la ligne d'Andevorante à Tamatave. Plus récemment, entre Ankazobé et Andriba, quarante poteaux furent d'un seul coup de foudre complètement brisés et réduits en petits morceaux.

Malgré ces inconvénients, le transit est considérable. Il est transmis mensuellement 155.000 mots environ. La taxe télégraphique à l'intérieur de Madagascar, qui était de 0 fr. 25 par mot. a été récemment abaissée à 0 fr. 15.

Télégraphie optique. — A partir de novembre 1896, pendant l'insurrection, plusieurs petites lignes furent établies entre Tananarive et différents points de l'Emyrne : Babay, Ambatomanga. Arivonimamo, etc. Elles avaient pour objet de tenir le commandant en chef du corps d'occupation au courant des mouvements des rebelles. Puis le réseau se développa, une ligne mit en communication Tananarive et Tsiafahy, une autre Tananarive et Ambatondrazaka par Anjozorobe. Enfin on a terminé, en mars 1898, la très importante ligne de l'ouest qui aboutit à Mahabo à 360 kilomètres de Tananarive et qui comporte onze postes intermédiaires.

Le bon fonctionnement de la télégraphie optique dépend nécessairement beaucoup de l'état de l'atmosphère. Le brouillard, la pluie en entravent souvent ou même en interdisent parfois complètement l'usage. Le scintillement produit par l'éclat de la lumière solaire est aussi une cause de trouble. Néanmoins, ce moyen de transmission des nouvelles rend de grands services. Pendant l'année 1897, dit le capitaine Balitrand, le poste optique de Tananarive a reçu 1050 télégrammes et en a transmis 1100 ; pendant le premier semestre de 1898, il a reçu 1200 télégrammes et en a expédié 950 ; le mouvement du réseau entier a été de 3418. Certains de ces télégrammes sont fort longs, et quelques-uns, venant de l'ouest, région dans laquelle ont lieu des opérations militaires contre les Sakalaves insoumis, comportent de 500 à 600 mots.

Sociétés commerciales et industrielles

2 mars. — Compagnie forestière minière à Madagascar, 3 rue Bourdaloue.

Le Gérant : A. SMITH.

Paris. — Imprimerie G. Picquoin. 53. Rue de Lille.

L'ÉTAT ET LA COLONISATION

L'Administration des colonies vient d'arrêter le texte d'un projet de décret destiné à servir de type pour la fixation des charges et conditions à imposer aux futurs concessionnaires de terres domaniales dans nos possessions d'outre-mer. Après les retentissants débats auxquels ont donné lieu certaines concessions dans l'Afrique occidentale, il n'était peut-être pas superflu que l'Administration, dont les actes en cette matière nous ont trop souvent offert le spectacle d'une fâcheuse incohérence, se traçât à elle-même quelques principes directeurs. Il est temps, il est grand temps que les particuliers ou les Sociétés qui se proposent de consacrer leur activité et leurs capitaux à la mise en valeur de notre domaine colonial sachent quel traitement ils peuvent attendre de l'État, sur quels droits ils sont autorisés à compter, à quelles obligations ils devront se soumettre. On ne saurait donc reprocher à l'initiative prise par le ministère des colonies d'être inopportune, et encore moins d'être prématurée : l'Administration, c'est certain, a pris le temps de la réflexion.

Son œuvre ne paraît malheureusement pas y avoir gagné en libéralisme. « Ce que vous nous demandez surtout, s'écriait récemment M. Guillain aux applaudissements enthousiastes des nombreux coloniaux groupés autour de lui, c'est de ne pas entraver l'initiative privée. » Il y a dans cette formule tout un programme ; pourquoi faut-il que les rédacteurs du projet de décret ne s'en soient pas mieux inspirés ? Il leur eût suffi de trois ou quatre articles pour réglementer le régime des concessions territoriales accordées par l'État de manière à donner aux intérêts généraux dont celui-ci a la charge les garanties auxquelles ils ont droit. De quoi s'agit-il en effet? Tout simplement de prendre les précautions nécessaires pour prévenir les spéculations, pour maintenir les terrains donnés en concession entre des mains françaises, pour assurer leur mise en valeur et enfin pour sauvegarder les droits des indigènes. A cela doit se borner le rôle de l'État. Tout le reste ne peut être et n'est qu'entrave, immixtion gênante et tracassière dans un domaine qui n'est pas le sien, et, pour tout dire, atteinte à la libre initiative des personnes et des capitaux.

Or cette intervention abusive de l'État, nous la trouvons pour ainsi dire à chaque ligne du projet de décret. C'est, à tout instant, une restriction nouvelle; et si, sur un point, on a l'heureuse surprise de rencontrer une disposition libérale, immédiatement une réserve, un empêchement, un contrôle inquisitorial viennent la mettre à néant. Prenons, par exemple, l'article 2. « Toute terre vivifiée par les soins ou l'industrie du concessionnaire restera sa pleine et entière propriété à l'expiration de sa concession. » Jusque-là c'est à merveille; mais attendez la suite : « Pourvu que les terres ainsi mises en valeur atteignent la *...nième* partie de l'étendue de sa concession. » Ainsi, on donne d'une main, mais on s'empresse de retirer de l'autre.

Nous entendons l'objection : il faut contraindre le concessionnaire à exploiter. Nous répondrons qu'il y a d'autres moyens, ne fût-ce que celui qui consiste, s'il n'a pas mis en valeur une superficie déterminée dans un laps déterminé, à prononcer sa déchéance pour tout le surplus. Mais lui enlever les 20.000 hectares qu'il a faits siens par son travail et par son argent, sous prétexte qu'il s'en manque de 5.000 hectares qu'il ait atteint le minimum prévu, c'est le comble de l'illogisme et de l'injustice tout à la fois, et nous nous demandons si l'administration a pu sérieusement compter qu'il se trouverait des capitaux assez aventureux pour s'exposer à la rigueur de cette sanction. Ce n'est pas, d'ailleurs, la seule menace suspendue sur la tête du concessionnaire. Il y en a une autre, plus grave : l'Etat stipule à son profit la faculté de rachat, *à toute époque*. C'est l'insécurité érigée en principe ; avec un pareil régime, on pourra attirer les risque-tout, dont l'aléa est l'élément en quelque sorte naturel, mais on éloignera infailliblement les gens sérieux qui ont, avant tout, besoin de sentir l'avenir assuré.

Mais il est probable que l'occasion de rachat ne se présentera pas souvent pour l'Etat, et cela pour la simple raison que tout semble combiné pour empêcher les entreprises que cette éventualité n'arrêterait pas, de naître et de se constituer. C'est ainsi, en effet, qu'il ne suffit pas à l'Etat d'imposer au titulaire de la concession l'obligation de se substituer une société anonyme à un capital minimum fixé par le décret de concession. Il entend, en outre, que pendant trois ans le concessionnaire reste solidairement responsable avec elle des engagements que cette Société aura pris. Et dans l'article suivant, par une contradiction qui semble un défi au sens commun, on lui interdit de recevoir la représentation de ses apports sous forme d'actions. De sorte que s'il est dépourvu de ressources, et dans l'impossibilité de souscrire le nombre d'actions nécessaire pour être admis à faire partie du Conseil d'administration, on aura ce spectacle paradoxal de l'homme qui a préparé l'affaire, qui l'a créée en quelque sorte, qui seul sans doute est en situation de la diriger, éliminé de la direction de cette affaire, mais en même temps rendu responsable envers l'Etat des conséquences d'une gestion à laquelle il n'aura en rien participé. Et l'on s'imagine qu'une perspective aussi rassurante sera de nature à encourager les initiatives et qu'il se trouvera des hommes assez fous pour aller étudier les ressources d'une colonie, rechercher les exploitations à y introduire, délimiter les terrains nécessaires pour ces exploitations, lorsque, pour les rémunérer des fatigues qu'ils auront subies, des dangers qu'ils auront courus, de l'argent qu'ils auront dépensé, on leur offre quoi? tous les risques pécuniaires et moraux d'une entreprise qu'on leur interdit de diriger !

Supposons néanmoins l'affaire créée et en train : la Société va du moins être libre de la gérer comme elle l'entend? Pas même. Elle est soumise à une tutelle administrative de tous les instants. Le choix de son personnel, les sous-concessions qu'elle peut faire, les modifications qu'elle désire apporter à son organisation, sont soumis à l'agrément du Gouvernement, qui peut exiger le remplament de ses agents, si ceux-ci ont le malheur de déplaire à l'administrateur sous le contrôle duquel la concession est placée. En un mot, la Société est littéralement tenue en lisière; elle ne peut pas faire un seul pas sans l'autorisation de l'administration. On voit ce qu'un pareil régime laisse de place à l'arbitraire; et on sait assez quelles sont les habitudes de certains fonctionnaires coloniaux, e de quelle bienveillance ils sont animés à l'endroit de tout ce qui ne vit pas sur le budget pour pouvoir prédire que du jour de sa naissance la Société est vouée aux tracasseries et aux vexations des tyranneaux administratifs dont elle aura à subir le contact.

Tutelle, avons-nous dit : mais tutelle non gratuite, il

s'en faut. Car ce contrôle qu'on institue à côté d'elle pour la gêner et entraver sa marche, la Société devra, par une ironie qui en toute autre circonstance ne laisserait pas que d'être amusante, en faire les frais sous forme d'une redevance annuelle payée à l'Administration. Notez qu'on lui impose, en outre, l'obligation de fournir un cautionnement, ce qui est assurément un excellent procédé pour faciliter les débuts d'une entreprise naissante, qui a besoin de la disponibilité de toutes ses ressources. Et ce n'est pas tout : la Société est soumise non seulement à tous les droits ou impôts existants dans la Colonie, mais encore à une redevance superficielle à raison de tant par hectare, et — écoutez bien ceci — à toutes les redevances spéciales qui peuvent lui être imposées par le cahier des charges. N'a-t-on pas raison de qualifier les Sociétés qui seront placées sous ce régime de « Sociétés à privilèges? » Privilèges en effet, sous le poids desquels quatre-vingt-dix pour cent d'entre elles succomberont inévitablement. Tout le monde y perdra et surtout l'Etat qui, de ses propres mains, aura étranglé la poule aux œufs d'or. Mais l'Administration ne peut pas se faire à cette idée si simple que les abus de fiscalité sont aussi préjudiciables au Trésor lui-même qu'aux particuliers qu'ils atteignent directement, et que c'est par l'augmentation qu'elles créent dans la fortune publique, par le mouvement d'affaires qu'elles provoquent, par les bénéfices de toute sorte qui en résultent pour tout le monde, y compris l'Etat, que les entreprises privées enrichissent le Trésor et non par des taxes multiples et excessives dont le premier et plus sûr effet est de paralyser l'essor de ces entreprises.

Mais à quoi bon insister? La démonstration nous semble surabondamment faite et les dispositions que

nous venons d'analyser suffisent à montrer quel esprit a
présidé à l'élaboration du projet de décret sur les
concessions, — contre les concessions, devrions-nous
dire. Il est impossible que ce soit le dernier mot de
l'administrateur avisé et libéral qu'est M. Guillain. Et
c'est à lui-même, en terminant, que nous tenons à en
appeler, certains que, mieux informé, il reconnaîtra la
nécessité de modifier la réglementation projetée et de la
mettre en harmonie avec les exigences bien entendues de
la colonisation qui, comme toutes les entreprises
humaines, n'a besoin que de deux choses : la sécurité et la
liberté, mais qui en a impérieusement besoin.

CH. D.

LE GÉNÉRAL PENNEQUIN

Gouverneur intérimaire de Madagascar

Nous avons annoncé, dans le dernier *Bulletin*, que le
général Gallieni avait demandé et obtenu un congé, et
qu'il se proposait de partir de Madagascar à la fin d'avril
ou au commencement de mai.

Le ministre des colonies a désigné comme gouverneur
intérimaire durant l'absence du général Gallieni, le colonel
Pennequin, de l'infanterie de marine, qui a été promu
général de brigade, le jour même de son départ pour
Madagascar, le 25 mars.

Le général Pennequin est né le 25 décembre 1849.
Entré à Saint-Cyr le 16 octobre 1868, il fut nommé sous-
lieutenant au moment de la déclaration de guerre, le
16 juillet 1870. Il reçoit le 25 avril 1873 son galon de
lieutenant, et devient capitaine le 11 juillet 1879. En
cette qualité, il prend part à la campagne de Madagascar

de 1883-85, pendant laquelle il est nommé chef de bataillon (20 mars 1885). Il était successivement promu lieutenant-colonel le 26 octobre 1889, colonel le 6 mai 1895, et enfin général de brigade, comme nous l'avons dit, le 25 mars 1899. Il est officier de la Légion d'honneur.

Le général Pennequin a servi au Tonkin, où il a participé à l'organisation du haut pays, mais ici c'est sur ses faits d'armes à Madagascar que nous devons surtout insister. On sait que la campagne de 1883-1885 consista dans l'occupation de certains points situés sur la côte ou dans le voisinage de la côte. Le capitaine Pennequin fut chargé de commander le poste d'Ambodimadiro. Cette mission ne fut pas une sinécure. En octobre 1883, les Hovas se rapprochèrent audacieusement; leurs forces grossissaient sans cesse, et, d'après un rapport du contre-amiral Miot, la précision et le caractère de leurs mouvements prouvaient qu'ils avaient un Européen à leur tête. Les Français étaient obligés de se livrer à de fréquentes reconnaissances pour se donner de l'air. L'une de ces sorties mérite d'être brièvement racontée :

Un jour, le capitaine Pennequin ayant appris qu'il y avait à Anjaibory un camp hova de 400 hommes, partit d'Ambodimadiro avec sa troupe à deux heures du matin. A neuf heures, il attaque le camp hova, met tous les officiers et un grand nombre d'hommes hors de combat, et oblige les survivants à s'enfuir jusqu'à Ankaramy.

En février 1885, étant en rapport avec le chef Monga et la reine Binao, il leur proposa de former avec les Sakalaves leurs sujets, un corps auxiliaire.

Une compagnie de cent hommes fut organisée.

La principale affaire à laquelle prit part le capitaine Pennequin, devenu commandant depuis le 20 mars 1885, fut le combat d'Andampy, du 27 août 1885.

Le 26 août, une force de 2.000 Hovas environ, dont 1.000 armés de fusils Sniders, commandée nominalement par Andriantsilavo, mais en fait par le colonel anglais Shervington, se rapprocha d'Ambodimadiro, et mit le feu au village de Fangoa, situé à une vingtaine de kilomètres. Le commandant Pennequin marche à l'ennemi avec 120 hommes, dont 70 Sakalaves. La rencontre eut lieu le 27. Pendant que le commandant faisait exécuter une manœuvre à ses hommes pour attaquer les Hovas de flanc, ceux-ci croyant à une retraite, quittèrent la forte position qu'ils occupaient et se jetèrent sur les Français. Le commandant fit former le carré et arrêta à trente pas la cohue des Hovas, par un feu terrible. La proportion de forces était trop grande pour que le commandant pût prendre l'offensive. Il se retira en bon ordre, mais les Hovas, forts de cette retraite, célébrèrent le combat d'Andampy comme une grande victoire.

Tels sont quelques-uns des principaux épisodes de la carrière « malgache » du nouveau gouverneur intérimaire de Madagascar. Il connaît les Hovas et les Sakalaves. Il sait que les instincts belliqueux de ces derniers entravent l'entière pacification de Madagascar. Il faut espérer que, grâce à l'expérience qu'il a d'eux, il réussira à les réduire à l'impuissance.

L'Emigration des Françaises à Madagascar

Comme on le verra, dans les *Instructions sur les principes de colonisation*, publiées plus loin, le Gouverneur Général, encouragé par quelques essais isolés de militaires libérés se faisant colons, a résolu de donner une plus grande extension à ce mode de colonisation et de jalonner ainsi les futurs centres de peuplement.

Pareille tentative avait été faite au Canada sous l'ancienne monarchie ; les soldats qu'on y avait envoyés pour combattre les Iroquois se fixèrent, à leur libération, sur les confins de la colonie naissante et contribuèrent pour une large part à son peuplement et à sa défense.

Cet élément militaire présente plus de garanties que la moyenne des émigrants, souvent dénués de ressources et peu familiarisés avec les travaux agricoles.

Il peut du reste être augmenté à volonté. Il suffit que les pouvoirs publics permettent aux jeunes gens du contingent annuel, désireux de venir plus tard s'établir à Madagascar, d'être incorporés dans les troupes coloniales de l'île.

Mais la caractéristique de notre émigration dans nos diverses colonies, et particulièrement de l'émigration résultant de l'établissement à Madagascar des soldats libérés, est de ne se composer que de célibataires. Rarement ces derniers émigrent sans idée de retour. Le plus souvent ils se proposent de réaliser une petite fortune pour revenir en jouir en France.

D'ailleurs, resteraient-ils définitivement outre-mer que leur œuvre est d'avance inféconde s'ils ne fondent pas une famille, s'ils n'ont pas des enfants pour continuer et développer leur exploitation.

C'est seulement par la femme et par l'enfant que la colonisation peut devenir définitive. Grâce à la femme, le campement du colon célibataire fait place à la maison agréable et confortable, et, chaque jour, de nouveaux liens attachent l'émigrant à la terre qu'il féconde. Par l'enfant né sur le sol, on s'implante définitivement et une ère nouvelle s'ouvre alors à la colonisation.

A Madagascar, par exemple, quel est le genre d'existence réservé à nos soldats colons et à ceux qui les suivront? Ils ne peuvent pas fonder une famille parce qu'ils ne trouvent pas à se marier. S'ils s'unissent parfois à des femmes indigènes, c'est parce que le besoin de sociabilité les pousse à avoir une compagne près d'eux, mais la différence de langue, de mœurs, de goûts et de race réduisent presque à néant les joies, les charmes et aussi l'appui que le colon, isolé au milieu d'étrangers, trouverait dans le mariage avec une femme française.

Et pourtant en France les éléments d'émigration ne manquent pas. Nous avons de nombreuses jeunes filles de paysans et d'ouvriers pauvres qui. mènent pendant toute leur existence une vie de dénûment et de misère, condamnées au célibat le plus souvent. D'autres, attirées par la perspective d'un maigre emploi salarié par l'Etat, travaillent pendant des années pour affronter l'examen qui est la condition indispensable de l'obtention d'une situation sans en être toutefois la garantie. Il est, en effet, à remarquer que pour certaines positions modestes il s'établit une véritable concurrence entre les deux sexes, s'ajoutant encore aux compétitions sans nombre qui s'établissent par suite de la surproduction de candidates. Celles qui sont définitivement évincées dans cette lutte pour la vie ont de grandes chances d'être à jamais dévoyées.

Les filles-mères dont le nombre est loin de diminuer se trouvent aussi déclassées dans notre société qui ne leur pardonne pas une première faute. Souvent elles quittent leur pays pour mieux dissimuler leur situation, émigrent dans la grande ville, et, à bout de ressources, se livrent à la prostitution.

Ce sont toutes ces femmes pour lesquelles la vie est si pénible qu'il s'agirait de conduire à Madagascar en provoquant leur émigration et en la protégeant.

L'organisation de l'émigration féminine est une question d'une importance capitale pour l'avenir de notre jeune colonie. C'est une œuvre philanthropique, éminemment patriotique et bienfaisante, qui ne peut être conduite à bien que par des personnalités influentes.

Examinons, à titre d'hypothèse les grandes lignes d'une organisation rationnelle d'émigration.

On pourrait créer à Paris un Office central de patronage et d'émigration ayant de nombreuses succursales dans les villes et dans les campagnes ; il rechercherait des émigrantes et aplanirait les difficultés du déplacement.

Il faudrait pourvoir les émigrantes d'un trousseau suffisant pour les besoins de quelques années, et, en outre, leur remettre une petite somme d'argent après les avoir défrayées jusqu'au port d'embarquement. La traversée s'effectuerait aux frais de l'Etat, et le prix de passage serait peu onéreux, car les compagnies de navigation consentiraient sans doute à de fortes réductions. Un séjour minimum de trois ans serait imposé aux émigrantes avant qu'elles puissent obtenir le droit d'être rapatriées gratuitement.

A l'Office central de Paris pourrait correspondre à Tananarive un Office de protection et d'assistance auquel s'ajouteraient des succursales dans les principaux centres de colonisation, au fur et à mesure de notre extension. Grâce à l'entremise de ce réseau protecteur, les nouvelles venues seraient pourvues d'un emploi à leur arrivée dans le pays et subviendraient elles-mêmes à leurs besoins en attendant le moment de leur mariage.

La colonie payerait les frais de voyage du port de débarquement au centre de colonisation.

Les dépenses résultant de la fondation d'une nouvelle famille seraient relativement minimes eu égard à l'importance du résultat obtenu : 300 francs pour le trousseau, 50 francs pour le voyage au port d'embarquement, 100 francs pour l'argent de poche, soit environ 450 francs.

L'établissement de 200 familles par an ne coûterait ainsi que de 80 à 100.000 francs! Cette somme est insignifiante pour un pays comme le nôtre qui donne sans compter quand il s'agit d'œuvres patriotiques et philanthropiques. D'autre part, si l'on considère que grâce à l'émigration de 200 jeunes filles, on peut avoir au bout d'une année 200 ménages formés et peut-être 500 personnes unies par les liens de la famille, on est en droit de fonder les plus belles espérances sur une si féconde initiative (1).

La question des chemins de fer à Madagascar

Discours de M. le Ministre des Colonies à la Chambre des Députés le 7 mars 1899.

La Chambre des députés a discuté le budget des Colonies de l'exercice 1899, dans les séances des 6 et 7 mars. Plusieurs orateurs, MM. Brunet, de Mahy, Etienne, G. Berry, Henrique Duluc, ont parlé soit spécialement soit incidemment du budget de Madagascar. Les lecteurs trouveront leurs discours dans le

(1) Il est remarquable à quel point l'émigration des européennes aux colonies préoccupe les nations colonisatrices. Au moment même où nous recevions d'un de nos correspondants de Madagascar, l'article qu'on vient de lire, la *Deutsche Kolonialzeitung*, organe de la très importante Deutsche Kolonialgesellschaft, publiait dans son numéro du 16 mars une étude sur le même sujet intitulée : *Deutsche Frauen und Mædchen fur Sudwestafrika.*

Journal officiel de la République française des 7 et 8 mars. M. Guillain, ministre des Colonies, est intervenu à plusieurs reprises dans le débat. Il a d'abord condamné résolument le principe de la colonisation officielle : « Nous sommes partis de cette idée que dans l'état encore si insuffisant de l'outillage économique de ces pays (La Nouvelle-Calédonie, Madagascar) il n'était pas opportun d'y attirer des Français sans ressources, qui seraient purement et simplement des charges pour les colonies et qui ne feraient qu'augmenter le nombre des déclassés. »

M. Guillain a encore pris la parole pour dire nettement où en était la *Question des chemins de fer*. Vu l'importance de ce discours, nous le reproduisons *in extenso* d'après le *Journal officiel*.

M. le Ministre des Colonies. — Je suis heureux de l'occasion que m'offre l'honorable M. Henrique d'indiquer à la Chambre la situation actuelle de la question des chemins de fer à Madagascar.

Il vient de signaler les divers projets qui ont été successivement proposés en ce qui concerne les voies de communication. Deux projets ont été mis sur pied par mes prédécesseurs, un projet de chemin de fer entre Andevorante et Tananarive, — Andevorante devant être réuni à Tamatave par un canal à travers la lagune qui longe la côte, — et un projet de route entre Fianarantsoa et la mer.

Pour ce qui est du chemin de fer, il avait été l'objet d'une convention soumise au Parlement au cours de la dernière session, mais elle a été ajournée par la Chambre. Ce projet de convention comportait l'attribution de 300.000 hectares et une garantie de transport de 2.800.000 francs pendant quinze ans. La compagnie coloniale de Madagascar qui demandait la concession avait un délai d'option d'un an pour déclarer si elle entendait, oui ou non, se considérer comme liée définitivement par le contrat. Ce délai expire le mois prochain.

Il avait paru nécessaire que la compagnie pût faire examiner sur place par ses ingénieurs les conditions d'établissement du nouveau chemin de fer. Je rappelle que l'administration, de son côté, avait fait étudier par le service technique de Madagascar, dirigé par le génie militaire, un projet de chemin de fer. Cette étude avait permis d'évaluer la dépense à 60 millions, y compris les intérêts pendant la construction, les frais généraux et les charges financières.

La compagnie coloniale de Madagascar a envoyé une mission technique nombreuse, bien outillée, pour reconnaître le tracé du chemin de fer et vérifier les évaluations de l'administration. Cette mission technique est revenue il y a quelques semaines ; et j'ai reçu vendredi dernier le président de la société qui est venu me déclarer verbalement — ce qu'il a confirmé d'ailleurs hier soir par la remise de notes écrites — que la compagnie ne croyait pas pouvoir donner suite à ses premières propositions, que l'évaluation primitive lui paraissait insuffisante. Finalement, il m'a saisi de propositions nouvelles. Je n'ai pu naturellement les examiner encore. Elles vont être mises immédiatement à l'étude. Il y a lieu seulement d'observer que l'option a été dénoncée et que nous sommes par conséquent en présence d'un projet nouveau, l'ancien ayant été repoussé définitivement par la compagnie.

En ce qui concerne le projet de Fianarantsoa, la question ne se pose pas tout à fait dans les termes qu'indiquait l'honorable M. Henrique-Duluc, en ce sens qu'il n'est pas question officiellement d'un projet de chemin de fer de Tananarive à la mer par Fianarantsoa ; l'administration n'a jamais été saisie de propositions fermes en ce qui concerne ce chemin de fer. Il en a été seulement parlé dans divers entretiens ; mais il ne pouvait pas y avoir de projet ferme dans cette direction, car si la compagnie de colonisation a fait une étude de cette voie ferrée, il n'y a jamais eu qu'une reconnaissance extrêmement sommaire entre Fianarantsoa et Tananarive.

Il n'est, par conséquent, pas possible de savoir actuellement ce que coûterait un chemin de fer passant par le pays betsiléo pour aboutir à l'embouchure du Faraoni. La convention provisoire passée avec la compagnie auxiliaire de Madagascar se bornait à un projet de route à péage entre Fianarantsoa et la mer ; étant entendu que ce projet pourrait être ultérieurement transformé en projet de chemin de fer. La compagnie devait étudier le projet de route, et l'administration devait lui rembourser jusqu'à concurrence de 120.000 fr. les frais de ce projet si elle l'admettait.

Or, la compagnie a étudié non pas le projet de route, mais un projet de chemin de fer qui, étant données les conditions techniques du programme adopté, n'a pas paru être susceptible de recevoir l'approbation de l'administration. Il y avait un délai d'option qui doit expirer au mois d'avril ; il a encore quelques jours à courir. La compagnie n'a pas fait connaître ses résolutions définitives.

Mais il ne s'agit pas d'un chemin de fer dans cette direction, et, d'ailleurs il est bien probable que le chemin de fer par Fianarantsoa, qui représente une distance de plus de 600 kilomètres entre Tananarive et la mer, serait notablement plus coûteux, toutes choses égales d'ailleurs, que la ligne par Andevorante, qui n'a que 400 kilomètres.

Le développement économique de Madagascar n'est pas assez avancé pour que nous songions à doter l'île des deux chemins de fer simultanément ; il faut faire un choix entre les deux directions, en commençant par la ligne qui paraîtra pouvoir être établie dans les conditions les moins onéreuses. (*Très bien ! très bien !*)

Une troisième direction a été indiquée, celle sur Majunga ; elle a été l'objet d'une reconnaissance technique et l'on a constaté que les difficultés de construction et surtout les difficultés d'entretien de la ligne étaient beaucoup plus considérables, en raison de la nature ébouleuse du terrain. Le général Galliéni et le service technique de Madagascar ont conclu dans leurs derniers rapports qu'il fallait s'en tenir pour le moment à la ligne de Tamatave à Tananarive par Andevorante (chemin de fer d'Andevorante à Tananarive et canal entre Tamatave et Andevorante).

Nous allons étudier les nouvelles propositions de la compagnie coloniale de Madagascar. Si ces propositions paraissent acceptables, nous les présenterons au Parlement ; dans le cas contraire, nous serons conduits nécessairement à vous proposer une solution analogue à celle qui a été adoptée pour l'Indo-Chine, c'est-à-dire à donner l'autorisation de faire exécuter le chemin de fer suivant un projet préparé par le service technique et par voie d'adjudication.

En ce qui concerne le mode actuel de transports dont parlait M. Henrique, mode de transports qui doit se continuer jusqu'à ce que nous ayons un chemin de fer, voici ce qui s'est passé : Le gouverneur général a mis en adjudication un service de transports entre Tamatave et Tananarive ; cette adjudication n'a

donné aucun résultat. Il a passé alors un traité de gré à gré avec
une compagnie de transports qui s'est engagée : d'abord à
assurer dans les conditions actuelles jusqu'à ce que la route
soit ouverte, le transport par porteurs suivant un tarif déterminé qui assure une économie par rapport aux prix actuels, et,
en second lieu, à organiser un service de transport par automobiles, suivant un tarif déterminé, sur la route de Tamatave à
Tananarive ou du moins sur les diverses sections de cette route,
au fur et à mesure qu'elles seront ouvertes.

Cette compagnie n'a aucun monopole, à l'égard du public; la
route restera libre pour quiconque voudra s'en servir; mais
afin de déterminer la compagnie à exposer le capital nécessaire
à l'organisation de son service d'automobiles, le gouvernement
général lui a assuré le privilège des transports de la colonie
jusqu'à concurrence d'un maximum de 600.000 fr.

M. Henrique-Duluc. Pendant cinquante ans !

M. le ministre. Jusqu'à ce que le chemin de fer soit ouvert et,
s'il n'est pas ouvert avant l'expiration de cette période, pendant
sept ans au plus.

M. Louis Brunet. Vous avez parlé d'un canal entre Tamatave
et Andevorante, monsieur le ministre ?

M. le ministre. J'y arrive, monsieur Brunet. Il y a aussi un
petit chemin de fer de 10 kilomètres entre Tamatave et Ivandro.
Mais permettez-moi de terminer tout d'abord mes observations
relatives à la route de Tamatave à Tananarive.

Dès maintenant, au moyen de la route qui sera ouverte,
d'après le dernier rapport du budget des colonies, soit à la fin
de cette année, soit pour le premier trimestre de l'année prochaine, — l'ouverture de cette voie a, en effet, été retardée par
la récente épidémie de peste, — les transports seront assurés
entre Tamatave et Tananarive dans des conditions notablement
plus économiques qu'à l'heure actuelle, en attendant que le
chemin de fer soit exécuté.

M. Brunet me rappelait qu'il y avait une autre *opération en
cours,* à savoir le canal qui doit relier Andevorante à Tamatave ;
cette voie de transport a fait l'objet d'un décret de concession,
rendu il y a deux ans avec un délai d'option venu l'an dernier à
expiration, et l'option a été suivie de l'acceptation définitive de la
compagnie. Le travail consiste à draguer les divers bancs cou-

pant la lagune qui s'étend entre Ivandro et Andevorante, de façon à avoir une voie de communication par eau continue.

La compagnie s'est mise à l'œuvre : elle a fait venir deux dragues qui sont rendues sur place et qui auraient déjà commencé à travailler très activement si la peste n'avait retardé la mise en œuvre ; mais maintenant que la peste a cessé définitivement, nous pouvons espérer que le travail va suivre une marche très rapide.

Entre Tamatave et Ivandro il y a une partie qui doit finalement être transformée en canal, mais qui provisoirement est desservie par un petit chemin de fer de 10 kilomètres qui est installé et a été inauguré tout récemment.

Voilà où en est la question. Vous le voyez, nous sommes encore dans l'expectative, mais je suis certain de répondre au sentiment de la Chambre en lui disant que l'administration des colonies est absolument pénétrée de la nécessité d'aboutir le plus vite possible, car il est indispensable de donner à bref délai à Madagascar une voie de communication rapide et peu coûteuse entre Tananarive et la mer. C'est là une question économique capitale. C'est aussi, c'est surtout une question de sécurité pour notre domination dans notre nouvelle colonie. (*Applaudissements.*)

M. Henrique m'a demandé ensuite quelles étaient les vues de mon département en ce qui concerne l'outillage économique, commercial et agricole dont il convient de doter Madagascar.

Déjà nous pouvons constater avec une très grande satisfaction que les capitaux français se portent avec ardeur vers la grande île. Le général Galliéni est saisi non seulement de demandes de petites concessions, de concessions que je pourrais appeler familiales, de la part de ces modestes colons dont nous avons parlé au cours de cette discussion, mais il a, en outre, reçu des demandes de concessions étendues, exigeant des capitaux considérables. Un assez grand nombre de ces demandes ont déjà abouti ; d'autres, en raison de leur importance même, sont soumises au département des colonies qui les étudie actuellement, et les titres définitifs de concessions pourront être délivrés, je l'espère, à bref délai aux demandeurs (*Très bien ! très bien !*) Des capitaux considérables, des capitaux français, vont ainsi être appelés prochainement à mettre en valeur notre nouvelle possession, et nous prenons toutes les précautions possibles pour répondre par avance aux légitimes préoccupations de M. de Mahy.

M. de Mahy. Ce n'est pas seulement des capitaux français qu'il faut ; ce sont des colons français !

M. le ministre... Parfaitement ! Des colons français, grâce à ces capitaux, viendront vivifier les *terres cultivables de la grande terre*.

Etant donnés les résultats déjà acquis et les espérances que nous font concevoir les essais auxquels il a été procédé, nous avons la ferme espérance qu'avant longtemps Madagascar sera une colonie prospère et productive. (*Applaudissements.*)

Enfin M. Guillain a déclaré qu'à son avis, il y avait tout intérêt pour Sainte-Marie et Nossi-Bé à rester attachées à Madagascar, au point de vue budgétaire, et qu'au point de vue politique et douanier le rattachement est absolument indispensable.

INSTRUCTIONS DU GOUVERNEUR GÉNÉRAL

AUX ADMINISTRATEURS COMMANDANTS DE TERRITOIRES ET DE CERCLES, AU SUJET DES PRINCIPES DE COLONISATION A APPLIQUER A MADAGASCAR (1).

I. — Considérations générales.

Par mes circulaires des 24 avril et 20 juillet 1897, je traçais aux chefs de provinces, civils et militaires, le programme des études et des travaux qui devaient être entrepris au fur et à mesure des progrès de la pacification pour faciliter l'établissement des colons en permettant à ceux-ci d'asseoir leurs projets sur des données de plus en plus exactes et pratiques.

(1) Ces *Instructions* ont paru dans le *Journal officiel de Madagascar* du 24 janvier 1899. Ceux des membres du *Comité* qui lisent régulièrement l'*Officiel* les connaissent donc déjà, mais ils sont en nombre très restreint. Or ces *Principes de colonisation* aussi élevés que précis méritent d'être non seulement lus mais encore médités. Nous les publions donc *in extenso*. Nous estimons d'ailleurs que le *Bulletin* doit être un recueil d'articles originaux mais aussi de documents. Sa collection constituera ainsi d'ici quelques années l'instrument de travail indispensable de tous ceux qui voudront suivre le développement de la colonisation française à Madagascar.

L'organisation essentielle d'une vaste portion du territoire étant assurée, il importait d'aborder sans retard la partie de notre tâche répondant directement au but que la France a poursuivi en faisant la conquête de Madagascar.

Je signalais donc la nécessité qui s'impose impérieusement à toute administration coloniale d'être en mesure de procurer aux futurs colons les indications d'après lesquelles ils pourront orienter leur activité suivant leurs aptitudes et leurs ressources.

Comme je l'ai expliqué dans mes instructions du 24 mai 1897 relatives au programme de pacification à adopter dans la Grande Ile, l'action militaire, après avoir réussi à ramener la sécurité et la tranquillité dans chacune des parties de notre nouvelle colonie devait être immédiatement suivie d'une organisation politique, administrative et financière répondant aux conditions locales et permettant surtout de faciliter aux entreprises de colonisation leur établissement dans ces régions au fur et à mesure qu'elles leur étaient ouvertes. J'insistai sur ce point : la pacification du pays ne pouvait être considérée comme définitive qu'après l'arrivée de nos colons venant eux-mêmes prendre possession des terrains de culture et les mettant en exploitation, avec l'aide des indigènes, pris ainsi comme les collaborateurs de notre œuvre de colonisation à Madagascar.

Il va sans dire que, dans ces nouvelles instructions, relatives à la colonisation, mon but est simplement d'indiquer quelles sont les idées qui m'ont guidé depuis mon arrivée à Madagascar. Nous venons à peine de nous installer dans l'île et, par suite, notre expérience est encore trop récente pour que nous puissions formuler des principes définitifs et précis sur ces importantes questions. Puis, à ce point de vue, il ne faut pas oublier que l'initiative de nos colons et celle de nos capitaux forment le facteur principal de toute œuvre de colonisation dans une possession nouvelle. Je me bornerai donc, dans les présentes instructions, à dire ce que l'administration actuelle de la colonie a fait et ce qu'elle compte faire encore, en ce qui concerne surtout les concessions à accorder, heureuse si l'expérience vient démontrer qu'elle a suivi la vraie doctrine par ses mesures et ses actes, et toute prête à modifier sa ligne de conduite si cette expérience prouve qu'elle a fait fausse route.

Des investigations nombreuses, qui ont été faites sur les productions et les milieux divers que présente Madagascar, des résultats obtenus par quelques hommes énergiques et entreprenants venus dans le pays avant la dernière guerre et au début de l'occupation, il paraît possible de dégager une idée d'ensemble sur les conditions dans lesquelles peuvent s'exercer avec fruit, pour le développement économique de la colonie, l'intervention de l'administration et l'initiative privée; et d'apprécier ce qui nous reste à faire en vue de hâter l'essor de la colonisation.

Mesures déjà prises pour faciliter l'installation des colons. — Antérieurement à l'occupation française, la situation de nos compatriotes à Madagascar était des plus précaires, malgré les traités de protectorat dont le Gouvernement malgache était loin de se montrer scrupuleux observateur.

Celui-ci, mis en contact avec les nations civilisées et désireux de s'élever à leur niveau, se voyait dans l'obligation, pour atteindre ce but, de recourir aux Européens ; il redoutait, en même temps, l'extension de leur influence. Sous l'empire de ces deux sentiments, il recherchait le concours des étrangers, mais il leur imposait, comme contre-partie des concessions consenties, des obligations qui les plaçaient dans sa dépendance complète et subordonnaient au bon vouloir d'une autorité souvent fantaisiste la réussite d'entreprises basées sur des avantages séduisants seulement en apparence.

Il importait donc de mettre fin à ce régime arbitraire, bien fait pour énerver les volontés les meilleures, et de donner surtout aux colons les garanties de propriété sans lesquelles toute initiative se trouve paralysée.

L'arrêté du 2 novembre 1896, sur les concessions de terres, et le règlement relatif à l'immatriculation des immeubles fixaient, dès la fin de 1896, les conditions libérales et simples dans lesquelles les colons pouvaient dorénavant occuper le sol et consolider leurs droits de propriété. Ces garanties établies, il convenait d'attirer dans les régions pacifiées de nouveaux éléments de colonisation, en vulgarisant dans le public français la connaissance des ressources de Madagascar et, aussi des difficultés qui s'y rencontrent.

Afin d'éviter aux nouveaux venus des recherches longues et infructueuses, des périmètres de colonisation ont été déjà choisis et délimités avec un soin tout particulier. Ces travaux, dont les dossiers sont déposés au bureau du service topographique de chaque province et qui ont été en outre centralisés à Tananarive, ont eu pour résultat de provoquer dans la Métropole et parmi nos compatriotes fixés à l'étranger un mouvement d'intérêt à l'égard de notre colonie; depuis une année, le nombre des colons s'est même augmenté dans de notables proportions.

Comment et dans quelle mesure encourager ce courant d'émigration qui se manifeste ainsi? Quels sont les éléments qui semblent devoir concourir le plus efficacement au progrès de la colonisation et qu'il convient par conséquent d'attirer de préférence à Madagascar ?

Telles sont les questions dont la solution me paraît s'imposer à l'heure actuelle pour qu'il n'y ait point déperdition d'efforts et que l'activité de chacun soit adaptée au milieu qui lui convient.

Nous connaissons aujourd'hui les caractères très divers qu'offre, dans sa vaste étendue, notre nouvelle colonie. A chacun de ces caractères doivent correspondre des moyens d'action différents qu'il est possible de déterminer d'après certains principes généraux qui serviront de directives à votre intervention.

Il serait superflu de rappeler qu'à l'époque actuelle la colonisation est, pour la France, le complément indispensable de la puissance nationale. Les rivalités d'intérêt qui, jadis, ont armé les nations européennes et amené les guerres continentales se traduisent, maintenant, par une lutte économique dans laquelle le succès appartiendra à celle qui aura su s'assurer les débouchés les meilleurs. A ce point de vue, il n'en est pas de plus sûr qu'une colonie. Le rendement plus grand des capitaux, l'augmentation de l'énergie de la race, l'accroissement de la population et de la richesse nationale, sont les heureux résultats que, d'un accord unanime, l'on peut attendre de l'expansion coloniale.

Il est donc essentiel que nous prenions toutes les dispositions nécessaires pour que Madagascar concoure activement à cette œuvre patriotique.

II. — Aspects que présente Madagascar au point de vue de la colonisation. — Conditions dans lesquelles doivent être utilisés et groupés les divers éléments de colonisation.

Je me suis déjà expliqué, dans mes circulaires des 21 avril et 20 juillet 1897, sur la colonisation officielle. Tentée à diverses reprises dans d'autres colonies et à Madagascar même, elle a donné, dans le sens de la négative, des résultats concluants. La méthode qui consiste à fournir à des colons recrutés dans les classes pauvres, l'installation, le matériel, les subsides nécessaires, non seulement à la mise en œuvre de leur entreprise, mais à leur entretien, tend à supprimer l'initiative individuelle et le sens pratique. On est en général peu économe de l'argent acquis sans efforts, et, lorsque c'est l'État qui paie, on considère aisément que la caisse est inépuisable et qu'il suffit d'y frapper pour qu'elle s'ouvre.

Mais, si l'État ne doit pas, à mon sens, substituer son action à l'initiative individuelle, il a l'obligation de tout faire pour exciter celle-ci, pour lui permettre de s'exercer promptement et avec fruit; il est tenu d'aplanir, le plus possible, les obstacles qu'elle peut rencontrer, de réduire au minimum les formalités administratives, de mettre, enfin, le colon en mesure de tirer le meilleur parti des ressources dont il dispose. Il faut, en un mot, éviter tout emploi inutile ou inconsidéré d'énergie et d'argent qui, réunis, constituent en quelque sorte la *force* vive de la colonisation, dont le développement est subordonné à l'attraction et à l'accumulation de plus en plus grandes de cette force.

III. — Colonisation de peuplement.

Les *régions* centrales ne paraissent pas convenir à de grandes exploitations agricoles susceptibles de rémunérer des capitaux considérables, car, en raison de la nature du sol et des conditions atmosphériques, les cultures riches ne semblent pas devoir y réussir; cette appréciation est d'ailleurs confirmée par les résultats infructueux des essais qui ont été tentés.

Par contre, le climat s'y prête particulièrement à l'établissement de l'Européen, qui peut s'y livrer aux travaux manuels

sans avoir trop à redouter la fièvre et l'anémie, maux ordinaires
des pays tropicaux et des régions côtières de Madagascar. On
peut d'ores et déjà citer l'exemple de colons qui, aux environs
de Tananarive, ont défriché eux-mêmes leurs concessions et
qui, par le jardinage, par la transformation de marais en rizières,
par l'élevage du bétail, en retirent dès maintenant des produits
rémunérateurs relativement aux faibles capitaux engagés.

L'Imerina et le Betsiléo seraient donc très favorables à la
colonisation de peuplement s'il n'y manquait en ce moment
deux éléments essentiels : la fertilité du sol, sur certains points,
et des débouchés pour les productions. Le peuplement actif des
hauts plateaux doit donc être reporté à l'époque où des voies de
communication permettront, d'une part, le transport des éléments fertilisants, chaux, phosphates, qui se trouvent abondamment localisés sur certains points, alors que d'autres points en
sont presque totalement dépourvus ; d'autre part l'écoulement
des produits des exploitations vers les principaux centres et surtout à l'extérieur. La création de voies de communication est
donc le premier facteur de la colonisation de ces régions ; pour
ne point renouveler ici la faute commise dans d'autres de nos
colonies, où des groupements de colons étaient formés sans qu'au
préalable aucune voie d'accès pour les desservir n'ait été amé-
nagée, la construction des routes doit figurer en première ligne
dans le programme de vos travaux, en même temps qu'il est du
devoir de l'administration supérieure de la colonie d'insister impérieusement pour l'ouverture rapide d'une voie ferrée entre la
capitale et la côte.

J'appelle sur la question des routes toute l'attention des chefs
de circonscription, parce qu'elle m'a paru avoir été perdue de
vue par quelques-uns dans leurs études de colonisation. Les lots
de terrains à concéder ne devront être déterminés que là où
leur liaison avec un centre ou une artère importante pourra être
facilement assurée.

Lorsque ces conditions seront réalisées, le problème de la
colonisation dans les régions centrales sera par là même résolu.
Sans doute, le pays ne donnera pas ces riches denrées qui, dans
les zones côtières, font entrevoir aux colons des bénéfices considérables et sollicitent l'afflux de capitaux importants ; mais ses
productions pourront trouver cependant un placement avanta-

geux lorsqu'elles ne seront plus grevées d'énormes frais de transport, soit dans la colonie même, dans la zone côtière, soit dans les pays voisins, tels que le Transvaal, la colonie allemande de l'Afrique orientale, l'Etat portugais de Mozambique, etc., qui, adonnés presque exclusivement aux entreprises industrielles, deviendront nécessairement, pour leur alimentation, les tribu- taires de Madagascar.

Du jour où les transports seront assurés dans des conditions économiques, il y aura lieu de chercher à attirer à Madagascar, sur les hauts plateaux, les nombreux agriculteurs français qui, munis de quelques ressources, quittent annuellement la Métro- pole pour aller se fixer au Canada, dans la République Argen- tine, à la Plata, avec l'espérance de faire fructifier leurs petits capitaux. Ils trouveront ici, dans l'élevage du bétail, la fabrica- tion du beurre, du fromage, le jardinage, la sériciculture, la cul- ture des plantes fourragères et peut-être même celle du blé, sinon la fortune, du moins la vie large et l'aisance que la dépré- ciation de l'argent, les aléas résultant des variations climaté- riques, la concurrence des denrées importées par l'étranger, permettent rarement au métayer ou au fermier français de se procurer dans la Métropole au prix même d'un travail incessant.

S'il serait inopportun de provoquer dès maintenant le peuple- ment des régions centrales, en activant le courant d'immigration qui s'est déjà manifesté, il semble, par contre qu'il y a le plus grand intérêt, pour commencer cette œuvre méthodiquement, prudemment, proportionnellement aux ressources que peut offrir le pays dans l'état actuel, à utiliser un élément qui est sur place et que ne désillusionneront pas les obstacles auquel il pourra se heurter. Je veux parler des militaires libérables du Corps d'occupation.

Pour eux, la Colonie n'est pas un monde inconnu avec lequel ils aient à se familiariser avant de rien entreprendre. Habitués au climat, ils n'en redouteront pas les atteintes, mais sauront observer les règles d'hygiène indispensables. L'agriculteur fran- çais qui a rarement perdu de vue le clocher de son village, l'ou- vrier des villes lui-même, bien que son esprit soit plus éveillé, sont tentés de considérer que les facilités de l'existence, le bien- être doivent être le prix immédiat de leur expatriement et non d'efforts persévérants, secondés par beaucoup d'initiative et d'énergie; en outre, souvent craintifs ou imprudents, sous un climat nouveau, ils peuvent être surpris, découragés bientôt par les difficultés qui surgissent inopinément dans un pays où il faut tout créer. Tel ne saurait être le cas pour les anciens militaires du Corps d'occupation. Placés souvent en face de nécessités imprévues, auxquelles ils doivent parer avec de faibles moyens, les difficultés inhérentes, en ce moment, à la création d'une exploitation agricole ne les surprendront pas ; ils sont accoutumés à faire preuve d'ingéniosité. Beaucoup d'entre eux ont acquis, au contact de la population indigène, la connaissance de la langue, des mœurs et des coutumes locales, autant d'avantages précieux sur le colon nouveau venu. Appelé en de nombreuses circonstances à exercer son initiative, le militaire libérable, déjà préparé dans les postes où il servait à la création de pépinières, d'ateliers professionnels, à des essais de culture, à la construction de routes, se transformera vite en colon. Pris dans l'élite, son installation dans le pays répondra à une double nécessité : elle affirmera, aux yeux de tous, notre prise de possession définitive, absolue ; elle constituera un noyau solide de colons énergiques qui, de soldats qu'ils étaient naguère, seront des défenseurs tout prêts, en vue d'éventualités qu'il est toujours prudent d'entrevoir, et pourront, d'ailleurs, être appelés à assurer le maintien de la sécurité ; enfin, ces colons constitueront des centres de groupement et serviront d'exemple et de guides aux nouveaux venus, lorsque, la colonie étant enfin munie de l'outillage économique destiné à aplanir les obstacles qui s'opposent maintenant à l'installation de nombreux agriculteurs sur les hauts plateaux, le moment sera arrivé de faire appel à ceux de nos compatriotes qui, disposant de quelques ressources, pourront se livrer à la petite colonisation.

Il semble donc que, dans le cas tout spécial et vu les circonstances particulières que je viens d'indiquer, il doive être fait exception au principe qui s'oppose à l'installation des colons aux frais de l'administration. Il n'est pas inutile d'ajouter que l'expérience, guide le plus sûr, vient confirmer pleinement ces considérations théoriques, les tentatives de colonisation militaire faites et renouvelées en Algérie par le maréchal Bugeaud, au Tonkin, en Russie, ayant été couronnées de succès.

A Madagascar même, plusieurs militaires déjà installés, à

titre d'essai, sur des lots de colonisation, dans les 1ᵉʳ, 2ᵉ et 4ᵉ territoires militaires, en exécution de mes instructions du 5 juin 1898, se sont mis résolument à l'œuvre ; les preuves qu'ils ont données de leur bon vouloir, les résultats qu'ils ont obtenus étant des plus encourageants, m'ont engagé à généraliser la mesure et à fixer, dans le détail, les conditions de son application. Les soldats colons qui ont ainsi commencé de petites exploitations agricoles ont, en effet, éprouvé quelques appréhensions sur l'avenir qui leur est réservé en l'absence de toute garantie leur assurant la possession du sol qu'ils s'efforcent de mettre en valeur.

Il est essentiel de remédier à cette lacune et de déterminer, en outre, très nettement les obligations auxquelles seront tenus ces concessionnaires, en retour des avantages et des encouragements qu'il convient de leur donner.

A ce dernier point de vue, il faut tout d'abord éviter les écueils que j'ai eu l'occasion de signaler en parlant de la colonisation officielle : la prévision d'un capital fixe, destiné à être mis à la disposition du militaire libérable pour son installation et pour son entretien, pendant une période déterminée, pourrait servir d'appât à certains qui ne verraient en cela que la somme à toucher sans se préoccuper ensuite d'en tirer utilement profit. Pour ne point s'exposer à des déconvenues, il est prudent d'envisager les faits sous leur aspect le moins favorable et de prendre les garanties que dicte cet examen.

L'installation devra donc être facilitée, tout d'abord, par des avances en nature : semences, bestiaux, instruments aratoires, construction de locaux ; des avances pécuniaires pourront ensuite être faites, suivant les besoins, pendant une période qui ne saurait excéder, à mon avis, deux années après la libération. Des crédits seront inscrits annuellement au budget local pour ces dépenses d'installation et d'entretien et, afin de me permettre d'en effectuer la répartition, comme de faire choix des militaires les plus dignes des faveurs du Gouvernement, et d'apprécier l'importance des exploitations à créer, les chefs de circonscription devront me soumettre deux fois par an, en mars et en octobre, les demandes dont ils seront saisis, avec leurs propositions détaillées, établies par ordre de mérite des candidats. Chaque dossier devra comprendre, notamment : 1° l'indication des ressources personnelles de l'intéressé ; 2° un devis des dépenses à engager pour l'installation de la ferme, la marche de l'exploitation et pour l'entretien du colon.

Je déciderai, au vu de ces documents, si la demande peut être agréée, et, dans l'affirmative, il sera délivré au militaire un titre d'occupation provisoire de concession gratuite dans les conditions prévues par la réglementation en vigueur.

Les militaires de la légion étrangère seront aussi admis, dans les mêmes conditions, à bénéficier des mêmes avantages, mais sous la réserve qu'ils sollicitent leur naturalisation en même temps que la concession.

Pendant l'année qui précédera la libération, il sera facile d'apprécier, en les voyant à l'œuvre, ce qu'on pourra attendre, pour l'avenir, de chacun des soldats colons; suivant l'initiative, les aptitudes, les qualités laborieuses qu'ils auront manifestées, le concours de l'administration leur sera continué et l'acquisition définitive de la concession sera seulement subordonnée à l'accomplissement des obligations qui doivent leur être imposées, autant dans leur propre intérêt qu'en vue de l'utilité générale.

En outre des conditions de mise en valeur qui résultent de la réglementation sur la matière et qui ne sauraient constituer une charge puisqu'elles ne tendent pas à un but différent de celui que doit normalement viser tout colon, les militaires libérables du Corps d'occupation, installés par les soins du Gouvernement dans des conditions de faveur exceptionnelles, contracteront, par là même, vis-à-vis de la colonie une dette dont il sera juste qu'ils s'acquittent.

Je n'entends pas dire ainsi qu'ils seront tenus de rembourser au budget local les dépenses qu'ils lui auront occasionnées. Ce n'est pas au moment où, au prix de beaucoup d'efforts et de travail, ils auraient acquis quelques ressources qu'il faudrait les astreindre à s'en dessaisir ; ils pourront, d'ailleurs, rendre plus efficacement à la colonie, *par des services,* ce qu'ils auront reçu d'elle : leur concours sera des plus précieux s'ils contribuent progressivement à l'occupation pacifique du pays et s'ils veillent à sa sécurité ; dans cet ordre d'idées, il sera permis de leur demander, comme contrepartie des avantages qui leur sont consentis, *en leur qualité de militaires,* de s'engager à concourir pendant trois années à dater de leur libération au maintien de la sécurité du pays ; des armes leur étant remises, ils formeront, avec leurs engagés, des corps de partisans qu'ils instruiront, si besoin est, dans le maniement du fusil ; s'il se produit alors dans la population avec laquelle ils seront en contact un mouvement hostile à notre influence, ils devront, s'ils en sont requis, prêter main-forte à l'autorité et servir, d'ailleurs, d'agents d'information et de surveillance dans un rayon déterminé autour de leur exploitation. La propriété définitive de leur concession ne leur sera accordée que lorsqu'ils seront dégagés de cette obligation.

La mise à exécution de cette conception exigera que les colons-militaires soient groupés de telle sorte qu'ils puissent se prêter mutuelle assistance et qu'il se trouve, autant que possible, parmi eux un ancien gradé susceptible de les diriger en cas de trouble. Comme je l'ai expliqué dans mes précédentes circulaires, il faut considérer en outre que l'isolement est contraire au besoin de sociabilité du Français : l'aide réciproque, les conseils mutuels, qui n'excluent nullement l'initiative, sont autant de garanties de réussite.

Ainsi, nous pourrons restreindre peu à peu l'occupation militaire des régions centrales, afin que les charges de la Métropole soient diminuées, et préparer en même temps le peuplement, c'est-à-dire la prise de possession économique des régions centrales où pourra faire souche et se multiplier, à l'instar de nos compatriotes d'Algérie, des Anglais d'Australie, une race d'agriculteurs français qui s'attacheront au pays, le nationaliseront. Il doit être bien entendu, en effet, que les dispositions dont l'exposé précède ne sauraient s'appliquer qu'aux régions salubres des Hauts Plateaux, la colonisation des zones côtières étant subordonnée à des conditions complexes que j'indiquerai ci-après.

D'autre part, la colonisation agricole n'est pas la seule à envisager pour la mise en valeur de l'Imerina et du Betsiléo. Avec la création des voies de communications, il est à présumer que l'industrie, encore à l'état embryonnaire, ira en se perfectionnant et en se développant ; les études et les recherches déjà entreprises, tant par l'administration que par les colons, mettront vraisemblablement à jour de nouvelles richesses naturelles déjà soupçonnées : certaines cultures existantes, judicieusement pratiquées, d'autres qu'il serait possible d'introduire, seront susceptibles de donner lieu à des industries et à des transactions nouvelles ; d'un rendement insuffisant pour rémunérer l'activité de colons européens, elles peuvent être entreprises ou développées avantageusement par l'indigène pour qui le temps n'a pas de valeur et qui vit de peu.

Il y a donc intérêt à encourager la population malgache à s'y livrer, en nous efforçant de lui démontrer les avantages qu'elle sera appelée à en retirer. J'ai insisté sur ce point à diverses reprises et, en dernier lieu, dans mes instructions du 19 novembre 1898. J'ai recommandé, en particulier, l'extension de la culture du mûrier, en vue du développement de l'industrie séricicole.

En outre, il résulte des essais entrepris en Imerina, dans le Betsiléo, que la culture du blé peut être faite dans ces régions ; la conseiller à des colons européens serait, il est vrai, prématuré et hasardeux ; mais en admettant même que les résultats n'en doivent jamais être que médiocres, ils seraient suffisants pour l'indigène et les avantages d'une production locale seraient tels que les meilleurs encouragements aux Malgaches qui s'adonneraient à cette culture seraient justifiés. J'accueillerais donc avec satisfaction les propositions que les autorités locales croiraient devoir me soumettre dans ce sens et je ne verrais, par exemple, aucun inconvénient à faire, au point de vue de l'impôt, certains avantages aux Malgaches qui entreraient dans cette voie.

IV. — Colonisation d'exploitation.

§ 1. — *Moyenne colonisation*. — Les régions qui, par leur salubrité, permettent à l'Européen une dépense active de forces physiques sont l'exception à Madagascar, relativement à la vaste superficie de l'île. Dans la plus grande partie du territoire, le colon est exposé aux atteintes fréquentes de la fièvre et à l'anémie, après un séjour relativement court. Une observation faite dans la plupart des pays tropicaux est, d'ailleurs, que la fertilité naturelle est souvent en raison directe de l'insalubrité du climat.

Dans ces régions, la colonisation ne peut se faire à peu de

frais, alors que dans l'Imerina et le Betsiléo le climat permettra
au colon de mettre lui-même, si besoin est, la main à la pioche
ou à la charrue, d'où économie de personnel ; il s'oppose, dans
les zones côtières, à ce que l'Européen ait un rôle autre que
celui de directeur ou de surveillant de l'exploitation.

Pour pouvoir exercer cette direction ou cette surveillance avec
la continuité que nécessitent la création et la bonne marche de
toute entreprise, mais surtout de celles qui sont basées sur les
cultures riches exigeant des soins minutieux et constants, le
colon a tout d'abord à se préoccuper de sauvegarder son bien le
plus précieux, sa santé ; il est donc tenu à des précautions
hygiéniques qui seraient superflues sur les hauts plateaux ;
après un certain temps de séjour, il doit, en outre, aller se
retremper dans un climat sain ; comme il ne dispose que d'une
main-d'œuvre imparfaite, il lui faut encore s'entourer d'un
personnel plus nombreux de contre-maîtres et d'ouvriers. Sans
doute, les cultures auxquelles se prêtent, dans des conditions
très favorables, les régions côtières peuvent, par leurs riches
produits, procurer des gains considérables, mais elles comportent quelques aléas et surtout, avant d'entrer en production, une
période d'attente pendant laquelle le colon doit vivre sur ses
ressources propres et non sur les revenus de son exploitation.
Pour toutes ces raisons, il doit disposer d'un capital dont l'importance variera avec celle de l'exploitation, avec les charges de
famille du planteur, etc., mais qui ne saurait être inférieur à un
chiffre relativement élevé.

Le colon qui ne possédera que des ressources moyennes devra
donc, semble-t-il, s'établir dans des conditions telles qu'il puisse
affecter directement son capital au but immédiat de son entreprise, c'est-à-dire à l'exploitation du sol, déduction faite de ce
qui sera nécessaire à son installation et à son entretien. Il sera,
en outre, essentiel qu'il ne dissémine pas ses efforts en voulant
mettre en valeur une superficie trop grande par rapport au
chiffre de ses ressources.

Il y a, évidemment, entre l'étendue de la concession et les
dépenses que comportera son exploitation une relation étroite
que la pratique permet aisément de déterminer au bout de peu
de temps, d'après la nature des cultures à entreprendre et le
coût de la main-d'œuvre.

On peut considérer que pour les cultures riches il faut en moyenne cinq ouvriers par hectare. Il est donc indispensable que les terrains sur lesquels s'établira le colon réunissent à la fois ces deux conditions : fertilité naturelle et minimum de travaux préparatoires, pour être susceptibles de recevoir les cultures. Les opérations de gros défrichement, celles de desséchement, de drainage, etc., si elles contribuaient largement à l'utilité générale, ne feraient qu'absorber inutilement les capitaux restreints du colon, puisque celui-ci peut faire choix des terres les meilleures, les plus avantageusement situées, où, par conséquent, ces gros et dispendieux travaux ne s'imposeront pas. Il faut, en outre, que le pays soit entièrement pacifié, la population indigène douce et maniable.

Lorsque ces conditions sont réunies, c'est la moyenne colonisation qui peut contribuer le plus efficacement à la richesse du pays, car le colon qui n'a à exercer son activité que sur un champ restreint peut donner à son exploitation une direction toute personnelle, en suivre avec le plus grand soin les diverses phases, sans surmenage, sans préoccupations multiples et, par conséquent, sans qu'il en résulte pour lui un affaiblissement des qualités physiques et intellectuelles.

Les basses et moyennes vallées des cours d'eau qui descendent sur le versant oriental, particulièrement dans les circonscriptions de Sambava et d'Antalaha, de Vatomandry et de Mahanoro, de Mananjary, de Farafangana, les environs de Fort-Dauphin paraissent convenir à cette colonisation ; ils doivent lui être, par conséquent, réservés et faire l'objet d'études de plus en plus approfondies, afin qu'elle puisse y progresser rapidement.

Les chefs de ces circonscriptions et les agents du service topographique devront s'attacher à déterminer des lots de colonisation réunissant les conditions ci-dessus indiquées ; l'essentiel n'est point, en effet, de reconnaître et de délimiter de vastes terrains ; il faut procéder à une sélection attentive et choisir les meilleurs par la nature du sol, l'orientation, le régime des eaux, la facilité des communications. On ne saurait trop se pénétrer de l'idée que, pour éviter aux nouveaux venus des échecs préjudiciables au bon renom de la colonie et à son développement, il est indispensable que l'administration soit pour eux un guide éclairé; ce serait encourir une grave responsabilité morale que de provoquer la création d'entreprises de colonisation là où les conditions du milieu opposeraient à leur réussite des obstacles qu'une observation plus réfléchie et une étude plus attentive eussent permis de prévoir ou d'écarter.

§ 2. — *Grande colonisation*. — Enfin, en dehors des territoires où l'établissement de notre influence se heurte à la résistance ouverte des populations et où les entreprises de colonisation seraient, par conséquent, prématurées, la colonie comprend encore des étendues considérables, où l'acceptation de notre autorité par les indigènes étant de fraîche date, le colon qui ne dispose que de ressources moyennes n'aurait, d'abord, aucun intérêt à s'installer et ne pourrait, d'ailleurs, trouver dans le pays les éléments nécessaires pour réussir. Les peuplades qui les habitent sont méfiantes et réfractaires au travail. Pourtant la reconnaissance de ces régions, les études dont elles ont fait l'objet au point de vue économique, lorsque *les préoccupations militaires sont devenues moins intenses, ont révélé des richesses naturelles et une fertilité dont il serait regrettable de ne pas chercher à tirer profit*, parce qu'elles ne sont pas à la portée de la moyenne colonisation.

Au surplus, la mise en œuvre économique de ces régions sera le facteur le plus puissant de notre prise de possession définitive, que la conquête, l'action militaire préparent, mais que seuls réalisent le contact immédiat et permanent avec l'indigène, l'amélioration des conditions de son existence par l'introduction de nos produits, par l'exemple de l'utilisation rationnelle du sol et de l'accroissement des richesses du pays.

C'est en voyant se créer à côté de lui des exploitations que l'indigène acquerra la conception précise de la perpétuité de notre domination. Ce principe n'a pas besoin de longs développements; les faits de l'histoire coloniale en ont déjà affirmé et en affirment encore l'exactitude. Il a été la base de l'organisation des grandes compagnies d'autrefois et, de nos jours, des compagnies privilégiées telles que la « Royal Niger C° », la « Rhodesia », « la Deutsche Ostafricanische Gesselchäft »; la « compagnie portugaise de Mozambique », etc., qui constituent pour certaines puissances coloniales de précieux auxiliaires. Ailleurs, son application a été directement poursuivie par l'Etat qui, en vue de préparer le terrain aux colons, a procédé lui-même aux grands travaux de défrichement, de dessèchement, etc., sans lesquels le sol, couvert d'une végétation exubérante, ne peut se prêter à la culture, s'est livré au commerce ou a commencé l'exploitation de territoires nouvellement occupés.

Comment, à Madagascar, cette œuvre de pénétration économique, ces travaux préliminaires d'appropriation des terres peuvent-ils être effectués ?

Il semble que l'organisation de la colonie soit déjà trop avancée pour qu'il y ait lieu de recourir ici aux compagnies privilégiées qui, se substituant en totalité ou en partie à l'État, ont pour objet d'étendre l'influence nationale dans des régions inoccupées, moyennant l'attribution de monopoles et la cession de droits de souveraineté.

D'autre part, l'intervention de l'État ne peut, à Madagascar, s'appliquer à l'exécution de travaux préparatoires de colonisation, tels que la mise en état de terres de culture, qui exigeraient d'énormes dépenses, étant donnée la vaste étendue de notre nouvelle possession. Les ressources du budget local sont restreintes ; elles doivent être réservées à la satisfaction des besoins les plus immédiats : la Métropole a, en diverses circonstances, affirmé sa ferme volonté de réduire au minimum les charges lui incombant du fait de l'organisation de Madagascar. L'action administrative, réduite aux entreprises essentielles d'utilité publique, ne peut même, dans ces conditions, parer à toutes les nécessités. D'ailleurs, il y a avantage à ce qu'elle laisse le plus possible la place libre à l'initiative privée, lorsqu'il est à présumer que celle-ci se manifestera, et elle doit seulement s'attacher à ce que cette dernière puisse s'exercer sans entraves.

Or, il est incontestable que, depuis quelques années, notre domaine colonial a pris une extension résultant, non pas seulement du désir d'étendre au dehors notre influence concurremment avec d'autres nations, mais du besoin d'épandre notre activité et nos capitaux qui ne trouvent plus en France un champ suffisant pour s'exercer ou s'accroître.

Madagascar, en particulier, par les difficultés mêmes qu'y ont rencontrées, en premier lieu, l'exercice de notre protectorat, enfin l'établissement de notre souveraineté, a tenu tout d'abord une grande place dans les préoccupations patriotiques du public français ; celles-ci ont pris peu à peu un caractère d'intérêt pratique à la révélation des productions multiples et diverses que ce pays est susceptible de fournir.

C'est ainsi que des hommes à l'esprit entreprenant et disposant de capitaux, après avoir apprécié par eux-mêmes les ressources de la colonie et les conditions de leur exploitation, se sont offerts à remplir ce rôle de transition entre l'occupation déjà faite et la colonisation intensive à venir.

Dans un pays nouveau, certaines entreprises qui peuvent concourir puissamment au développement de la richesse générale sont, par les obstacles qu'elles ont à surmonter, réalisables seulement au prix de beaucoup d'études, d'efforts persévérants et de capitaux considérables intelligemment répartis.

La propagation et la multiplication de certaines essences forestières, celles qui produisent le caoutchouc par exemple, aujourd'hui très réduites par les exploitations abusives faites par les habitants, l'amélioration des races de bétail indigènes au moyen d'une sélection judicieuse et d'une alimentation soignée, l'introduction d'espèces étrangères, les essais de cultures nouvelles ne sont pas, en général, susceptibles d'être avantageusement pratiquées par la colonisation individuelle. Celle-ci ne saurait employer ses ressources restreintes à des expériences qui, si elles peuvent faire entrevoir pour l'avenir d'importants bénéfices, comportent une grosse mise de fonds et une longue attente des résultats.

Seuls, de puissants capitalistes qui, en raison de la division des fortunes en France, seront le plus souvent des sociétés, peuvent entrer dans cette voie, à la condition toutefois de disposer de superficies assez grandes pour être à même d'équilibrer par la diversité des travaux, en même temps que par la diminution des frais généraux, les dépenses nécessaires aux études et d'attendre l'entrée en production des exploitations à rendement lointain ; d'ailleurs l'insuccès peut n'être que partiel et n'avoir que des conséquences très atténuées, les pertes étant réparties dans une collectivité.

Mais, au fur et à mesure que des résultats seront acquis, ces sociétés foncières attireront à elles des commerçants, des colons moins fortunés qui n'auront qu'à profiter de l'influence acquise sur les populations indigènes, des expériences faites, des travaux accomplis en vue de l'appropriation du sol aux cultures. Il en a été ainsi en Australie, dans les Etats du Nord de l'Amérique, au Canada.

Parmi les entreprises qui, de prime abord, paraissent le plus séduisantes à Madagascar, se place en première ligne l'élevage du bétail.

On a beaucoup vanté, notamment, les qualités du bœuf indigène, l'importance et la valeur des troupeaux ; antérieurement à notre occupation, il n'était pas rare d'entendre affirmer qu'il y avait là une source de profits inépuisable, l'aliment de transactions et d'industries sûrement prospères.

Il est certain que le bœuf de Madagascar est résistant, que les épidémies qui sévissent ailleurs ne semblent pas avoir prise sur lui, que les troupeaux se constituent en quelque sorte spontanément. Il est également avéré que les industries ayant pour objet le traitement industriel du bétail, surtout du bœuf, sont, en Australie, en Amérique, la source de gros revenus ; que, d'autre part, il se trouve à proximité de Madagascar des débouchés assurés pour le commerce du bétail vivant : Maurice, La Réunion sont déjà, à cet égard, d'anciens clients. Par ailleurs, le Transvaal, l'Etat libre d'Orange qui manquent de bœufs pour les travaux agricoles et les charrois ; les colonies anglaises du Cap et de Natal, l'Etat de Mozambique, ravagés par le Rinderpest, paraissent devoir devenir nos tributaires.

Toutefois, les espérances qui seraient basées sur des affirmations optimistes et sur des faits accidentels risqueraient fort de rester vaines si une initiative intelligente n'intervenait pour accroître et transformer les produits de l'élevage naturel.

Le recensement du bétail effectué l'année dernière a démontré que les indications données à la suite d'un examen superficiel étaient de beaucoup au-dessus de la vérité ; aujourd'hui, les troupeaux suffisent à peine aux besoins de l'agriculture et de la consommation locale ainsi que des marchés de La Réunion et de Maurice.

De plus, le défaut de soins occasionne un déchet considérable : la mortalité atteint en moyenne cinq veaux sur dix.

Enfin, le bœuf de Madagascar ne se prête qu'à des utilisations restreintes ; les essais effectués sur place en vue de son emploi au labour et aux charrois ont abouti à de médiocres résultats après un dressage laborieux ; la pénurie de main-d'œuvre dont souffre la colonie rend cependant indispensable la substitution de l'animal à l'homme pour les transports et le travail du sol.

Les expéditions faites à destination de la côte orientale d'Afrique ont donné, de même, une opinion peu avantageuse du bœuf de Madagascar, soit comme animal de trait, soit comme bête de boucherie.

Nos représentants à Mozambique, à Beïra, à Laurenço-Marquez, à Durban, que j'avais priés de me donner des indications détaillées sur les débouchés offerts, dans ces régions, aux éleveurs de la colonie, ont été unanimes à me signaler, en même temps que l'importance de ces débouchés, l'aspect souvent défavorable sous lequel est arrivé sur les marchés le bœuf de Madagascar et la concurrence qu'il a, dès maintenant, à soutenir contre les animaux importés de la République Argentine et les viandes congelées provenant d'Australie.

Sans doute, la colonie aura toujours, au point de vue du commerce d'exportation à destination de la côte orientale d'Afrique, l'avantage de la proximité ; en outre, les qualités de résistance de la race bovine indigène, l'absence de maladies contagieuses seront, pour le succès des entreprises d'élevage, des garanties d'une haute valeur.

Il n'en est pas moins essentiel de faire disparaître les causes d'infériorité qui ont été signalées à juste titre : l'emploi des procédés rationnels d'élevage, le perfectionnement de la race s'imposent. Ceci suppose, en outre de l'installation de parcs et d'abris, de l'amélioration des pâturages et des conditions de l'alimentation, une sélection dans les achats de bétail indigène pour la constitution de troupeaux avec des animaux de choix, l'introduction renouvelée pendant plusieurs années de reproducteurs, dont les qualités viendront s'ajouter, par le croisement, à celles du bœuf de Madagascar.

Le bœuf et le porc exceptés, la colonie se trouve dépourvue de bétail utilisable ; elle ne possède pas de bêtes de somme, indispensables cependant dans un pays de culture ; le mouton indigène est d'une chair peu savoureuse ; il ne donne pas de laine. L'acclimatement à Madagascar d'une race susceptible de fournir ce produit procurerait de tels avantages que tenter des essais dans ce sens serait vraiment faire œuvre d'utilité générale.

Il y a, d'ailleurs, de nombreuses probabilités pour que ces essais entrepris avec des animaux judicieusement choisis réussissent pleinement ; le mouton d'Australie, en particulier, paraît devoir être importé de préférence à Madagascar, puisqu'il vit dans des conditions sensiblement analogues à celles que présentent d'une part certaines régions du centre de la colonie, d'autre part la côte Ouest. Mais l'entreprise n'en comporte pas moins, avec la perspective de gros bénéfices, un caractère aventureux ; elle exige dans tous les cas de fortes dépenses.

Des considérations identiques s'appliquent à l'élevage du cheval, de l'âne, qu'il serait du plus haut intérêt de voir pratiquer dans la colonie. En outre, l'introduction de cultures nouvelles, et de préférence la propagation de richesses végétales déjà existantes, mais singulièrement compromises par les procédés abusifs d'exploitation usités par les indigènes, seraient autant de travaux des plus profitables à l'intérêt général, puisqu'ils auraient pour effet de provoquer la création ou d'activer le développement de transactions et d'industries ; ils impliquent aussi de fortes dépenses, soit par les expériences qu'ils nécessiteront, soit par la longue période d'attente qu'ils supposent avant l'époque du rendement ; par contre, si l'entreprise a été bien étudiée, ce rendement pourra le plus souvent être considéré comme certain. Ainsi, par exemple, la culture des essences à caoutchouc du pays sera, semble-t-il, faite avec succès par des sociétés foncières qui, disposant de capitaux suffisants et trouvant en outre dans l'élevage et dans des exploitations secondaires un intérêt des sommes engagées, ne seront pas arrêtées par la longueur de la période improductive, ainsi que le prouve, par raison d'analogie, l'extension donnée en Tunisie, depuis une dizaines d'années, à la culture de l'olivier, entreprise dans des conditions semblables, avec toutefois cette différence que le climat ne permet aucune exploitation secondaire.

Or, lorsqu'il s'est trouvé des hommes d'initiative connaissant et aimant notre colonie pour se lancer dans ces entreprises et essayer de grouper les ressources qu'elles exigent, j'ai pensé qu'il y avait pour moi un devoir à encourager la réalisation de leurs projets et à attirer vers Madagascar les capitaux français souvent trop timides lorsqu'il s'agit de placements dans nos possessions d'outre-mer.

Conditions d'attribution des terres. — Pour assurer à la colonie, dans ses débuts, les concours qui lui sont indispensables, il m'a paru qu'il convenait de fixer, dans un sens très libéral, les conditions d'aliénation des terres.

Lorsqu'il s'agit de petites ou de moyennes exploitations, les considérations précédemment exposées démontrent qu'il y a tout avantage, pour le colon, à restreindre son choix aux terres les meilleures et les mieux situées, de telle sorte qu'il n'ait à se préoccuper que de l'exécution de travaux ayant directement et immédiatement pour objet l'aménagement de ses cultures.

Le but à atteindre par la grande colonisation est d'étendre progressivement le champ de ces exploitations intensives. Aux terrains immédiatement susceptibles d'utilisation par la culture, par l'élevage, etc., doivent en être adjoints d'autres auxquels s'appliqueront les opérations préliminaires d'appropriation. Les conditions dans lesquelles ces superficies pourront être concédées varieront nécessairement avec les régions, la fertilité naturelle plus ou moins grande du sol, les difficultés que paraîtra présenter sa mise en valeur, le caractère des populations indigènes, etc. Dans tous les cas, le domaine de la colonie ne saurait être aliéné, même temporairement, qu'en faveur de demandeurs présentant toutes garanties.

Il ne peut, d'ailleurs, être question d'une cession immédiate de la propriété du sol ; cet abandon sans réserves, fait à titre gratuit ou à prix réduit, encouragerait et faciliterait les tentatives de spéculation qui ont été parfois la cause des répugnances éprouvées par les capitalistes français à l'égard des entreprises coloniales : subordonné au paiement d'un prix élevé, il ne solliciterait évidemment aucune initiative, car il s'agit, non de lots limités, choisis parmi les terres les meilleures, mais de vastes superficies dont la valeur résultera, précisément, pour la majeure partie, des travaux dont elles devront faire l'objet.

On a préconisé, dans l'espèce, l'attribution d'un droit d'occupation temporaire, soit au moyen de traités de gré à gré, soit par la voie de l'adjudication.

Ce dernier mode de procéder dégage la responsabilité de l'administration, met son impartialité au-dessus de toute suspicion et peut, s'il est fait une large publicité, provoquer une augmentation du prix des terres ; il présente par contre de graves inconvénients : la base essentielle de toute entreprise, mais surtout de celles qui comportent de gros travaux, des opérations de longue haleine, de fortes dépenses, est la détermination précise des charges qui la grèveront dès le début, l'établissement d'un devis exact de la première mise de fonds. L'adjudication ne permet pas ce calcul ; elle se prête, en outre, à des intrigues ; elle néglige, chez les concurrents, la garantie la plus sûre, en matière d'entreprises coloniales, c'est-à-dire l'expérience du pays, la connaissance de ce qui peut être fait. Ce facteur premier de la réussite ne s'achète pas ; il résulte d'études suivies, d'observations répétées, effectuées sur place, auxquelles la théorie ne peut suppléer. Alors qu'en matière de petite et moyenne colonisation, la vente des terres par adjudication est, le plus souvent, une excellente mesure, parce qu'elle élimine les immigrants qui, dépourvus de ressources, détiennent inutilement un sol fertile, elle doit donc, à mon avis, être écartée lorsqu'il s'agit de l'attribution de grandes concessions territoriales ; au demeurant, le but de la répartition des terres du domaine de la colonie n'est pas de procurer immédiatement au budget local des recettes qui, vu la situation des territoires où s'exercera l'activité des sociétés concessionnaires, ne sauraient atteindre un chiffre réellement élevé, mais bien l'utilisation, l'exploitation rationnelle, la mise en valeur progressive du sol.

Pour de telles entreprises, le succès ou l'échec dépend uniquement de ceux qui les dirigent. Tant valent les hommes qui sont placés à leur tête, tant valent les résultats obtenus. Il y a une corrélation absolue entre ces deux termes. Par suite, le Gouvernement local doit se préoccuper de la question des personnes qui jouent un rôle prépondérant dans les concessions de cette nature.   *(A suivre).*

NOUVELLES DE MADAGASCAR

Route de Tananarive à Mevatanana. — Grâce à l'activité déployée par le personnel chargé d'ouvrir une route carrossable entre Tananarive et Mevatanana, point terminus de la navigation fluviale de la Betsiboka et de l'Ikopa, cette importante voie de pénétration, qui est à améliorer et à parachever, est néanmoins dès maintenant ouverte à la circulation. Le convoi organisé pour transporter à la capitale une presse lithographique, dont certaines pièces pesaient 1.500 kilogs, et qui a pu effectuer son voyage dans de bonnes conditions en pleine saison des pluies, montre que le rendement de cette route pourra devenir considérable, lorsque toutes les améliorations projetées seront réalisées.

Le tronçon Mevatanana-Andriba, d'environ 100 kilomètres, est actuellement le plus défectueux, tant à cause des difficultés plus nombreuses provenant du terrain qu'à cause de la rareté de la main-d'œuvre de la zone traversée qui est presque complètement inhabitée. Là, il faudra rectifier le tracé actuel en quelques points, adoucir de nombreuses pentes, enfin édifier sur les cours d'eau de nombreux ponts en bois en attendant que les matériaux nécessaires à la construction d'ouvrages d'art plus durables puissent être amenés à peu de frais à pied d'œuvre. Il est à remarquer que les ruisseaux, d'ailleurs peu importants, que traversent la route sont peu encaissés et que leur lit est suffisamment résistant pour permettre aux voitures de le franchir à gué en toute saison.

Le tronçon Andriba-Tananarive, par Ankazobé, d'environ 220 kilomètres est presque complètement achevé et l'empierrement y est commencé sur la plus grande partie de son parcours.

La route du Nord-Ouest sera terminée pendant la belle saison prochaine, mais d'ores et déjà cette voie est susceptible de rendre les plus grands services aux transactions commerciales.

Dans le Nord-Ouest. — La pacification et l'organisation progressent d'une manière constante, rendant complète la sécurité dans toute la région naguère troublée. Le chef-lieu du cercle-annexe de la Grande-Terre a été installé à l'extrémité de la presqu'île d'Ambato, au Sud de Nossi-Fali. Ce cercle a été divisé en trois secteurs correspondant aux territoires des trois petits souverains, Tsialana, Tsiaraso et Binao. Chacun de ces derniers a ainsi près de lui un officier pour surveiller ses agissements, prévenir toute agitation nouvelle et maintenir l'ordre dans une population que ses relations avec l'extérieur, Zanzibar, les Comores, Mascate, rendent turbulente et très excitable. Le désarmement de la région de Bealanaña, qui paraît avoir été le foyer des troubles, se continue. Ainsi, bientôt, le Nord-Ouest de l'île aura reçu une solide organisation administrative, doublée, par l'installation rationnelle de nouveaux postes militaires, d'un réseau de surveillance et de protection qui permettra à la colonisation de reprendre ses pacifiques travaux. Le classement de Diégo-Suarez dans les points d'appui de la flotte a entraîné le rattachement à ce port d'une vaste zone de défense et de protection comprenant toute la partie septentrionale de l'île et s'étendant vers le Sud jusqu'à la baie de Rafaralahy, en face de Nossi-Ovy sur la côte occidentale et jusqu'à Sambava, sur la côte orientale (province de Vohémar).

Un corps d'occupation relativement important est spécialement affecté à Diégo-Suarez et renforce ainsi considérablement notre position dans le Nord de l'île, non seulement dans le triangle Diégo-Rafaralahy-Sambava qui comprend la plus grande partie du pays où viennent de se produire quelques troubles, mais encore dans les circonscriptions limitrophes (cercle d'Analalava, provinces de Vohémar et de Maroantsetra).

Le Nord de l'île deviendra bientôt, grâce à l'organisation militaire du territoire rattaché à Diégo-Suarez et au concours des bâtiments de la division navale l'une des régions les plus tranquilles de Madagascar.

Cette situation nouvelle aura pour conséquence d'y favoriser les progrès de la colonisation et la mise en valeur du pays.

ACTES OFFICIELS

Journal officiel de Madagascar et dépendances

31 janvier 1899. — Décision du 7 décembre 1898 créant un courrier postal quotidien entre Mandritsara et Ampatakamaroreny.

2 février. — Arrêté du 20 janvier 1899 investissant l'administrateur en chef de Fianarantsoa des fonctions de juge de paix à titre provisoire.

4 février. — Arrêté du 2 janvier créant un hôpital indigène à Angozovobé.

7 février. — Arrêté du 4 février 1899 portant *organisation* d'un concours agricole à Tananarive.

9 février. — Arrêté du 31 janvier 1899 créant provisoirement un service quotidien de courriers entre Mandritsara et Maroantsetra.

11 février. — Circulaire du 21 janvier 1899 à MM. les chefs de service, les commandants de territoire, les commandants de cercle en Imerina, au sujet des prestations.

Circulaire du 31 janvier à MM. les chefs des provinces côtières, au sujet de l'application de la taxe personnelle, de l'impôt des prestations et de la réglementation sur le travail aux marins indigènes.

14 février. — Arrêté du 25 janvier 1899 modifiant l'article premier de l'arrêté 829, du 26 juillet 1897, relatif au permis de séjour imposé aux étrangers asiatiques et africains.

Circulaire du 18 janvier à MM. les administrateurs, commandants de cercle et chefs de province, au sujet des céréales cultivées à Madagascar.

INFORMATIONS

Secrétariat général. — Le régime militaire auquel Madagascar a été soumis pendant la période insurrectionnelle de 1896-1897 avait laissé vacant le poste de secrétaire général, institué après la prise de possession de l'île.

La pacification étant à peu près complète, le général Gallieni a estimé le moment venu d'appeler des administrateurs civils aux emplois qu'ils doivent occuper et, sur sa proposition, le ministre des colonies a réorganisé le secrétariat général.

M. Lepreux, inspecteur de 1re classe des colonies, est nommé secrétaire général du gouvernement de Madagascar et dépendances. Nous sommes heureux de voir appelé à ce poste important un homme de la carrière, que ses études et ses voyages ont familiarisé avec les difficiles question d'administration qui se posent constamment à Madagascar.

L'Office colonial. — M. Guillain a organisé un office colonial, qui est installé dans la galerie d'Orléans, au Palais-Royal. Après l'expiration des baux en cours, l'administration pourra installer, sous le grand hall vitré, l'exposition permanente des colonies qui a disparu avec le palais de l'Industrie.

M. Auricoste, ancien député, est nommé directeur.

Le conseil de perfectionnement, appelé à surveiller l'Office colonial et à donner son avis sur les améliorations qui pourraient y être apportées et les moyens les plus propres à développer le trafic entre la métropole et les colonies, est composé :

Des membres du comité consultatif de l'agriculture, du commerce et de l'industrie près le ministère des colonies ;

Des présidents des chambres de commerce de : Amiens, Bordeaux, Dunkerque, Epinal, la Rochelle, le Havre, Lille, Lyon, Marseille, Nantes, Paris, Reims, Rouen, Roubaix, Saint-Etienne, Saint-Malo, Saint-Nazaire, Tourcoing ;

Du directeur de l'Office national du commerce extérieur ;

Du directeur de la banque de l'Indo-Chine ;

De l'agent central des banques coloniales.

Le conseil d'administration, chargé de gérer l'Office colonial, de délibérer ses budgets et comptes, et de choisir dans son sein un membre à qui sont déléguées les fonctions d'ordonnateur, est composé de : MM. Masson, président de la chambre de Paris, président ; Béraud, membre du comité consultatif de l'agriculture, du commerce et de l'industrie ; Tharel, membre du comité consultatif de l'agriculture, du commerce et de l'industrie ; Julien-Lagache, président de la chambre de commerce de Roubaix ; et de MM. Roume, conseiller d'Etat en service extraordinaire, directeur au ministère des colonies ; Binger, directeur au ministère des colonies, et Camille Guy, chef du service géographique et des missions au ministère des colonies, représentant tous trois le département des colonies.

Le chef de service de l'Office colonial remplit les fonctions de comptable.

M. Duchesne, qui depuis le départ de M. Dubreuilh remplissait *par interim* les fonctions de *Procureur général* à Tananarive, vient d'être nommé titulaire de ce poste. M. Duchesne, qui a su concilier les intérêts des indigènes avec ceux des colons, tout en faisant preuve de beaucoup de fermeté, est apprécié et aimé à Madagascar. Nous le félicitons vivement de sa nomination qui ne s'est fait que trop attendre.

M. Jully, directeur des bâtiments civils Madagascar, délégué de la Colonie à l'Exposition de 1900, est arrivé le 31 mars à Paris. M. Jully qui habite Madagascar depuis dix ans possède une compétence particulière en ce qui touche au passé comme au présent de l'île. On ne saurait douter que la section malgache de l'Exposition, qu'il vient organiser, ne soit aussi instructive qu'attrayante.

Monnaie coupée. — La question de la monnaie coupée, de l'importance de laquelle nous avons plusieurs fois entretenu nos lecteurs, a été incidemment traitée, le 28 mars, devant le Sénat. Le rapporteur du projet de loi sur les crédits supplémentaires s'est exprimé en ces termes :

Cette monnaie consiste en pièces de 5 francs françaises coupées en petits morceaux. Les indigènes n'ont pas d'autre moyen pour payer nos marchandises. Or, un décret du 6 mai 1897 a décidé que cette monnaie n'aurait plus cours : c'était empêcher le développement de notre commerce et porter un grave préjudice ; le décret n'a été appliqué qu'en mars 1898 et a porté le trouble le plus profond dans l'île. Aussi le général Galliéni est-il d'avis de rapporter le décret.

Il serait facile de recueillir tous les fragments et de les utiliser pour frapper de nouvelles pièces divisionnaires ; l'opération serait même fructueuse, et, au lieu de ruiner le commerce de Madagascar, on lui donnerait un nouvel essor. C'est d'ailleurs une question de bonne foi et de loyauté. (*Applaudissements.*)

Le commissaire du gouvernement répond que la question présente des difficultés sérieuses ; le gouverneur général fait procéder à une enquête. Quand elle sera terminée, on prendra les mesures nécessaires.

Le rapporteur. — Pendant que l'on procède à une enquête le commerce se ruine. (*Très bien !*)

Un wharf à Tamatave va être construit grâce à l'initiative de notre collègue M. Louis Delacre. Il aura une longueur de 500 mètres, et facilitera considérablement le débarquement des marchandises.

Navigation locale à Madagascar. — Nous avons annoncé dans le dernier *Bulletin*, page 121, que le navire la *Ville-de-Riposto*, appartenant à la *Société française de commerce et de navigation* à Madagascar, s'était perdu devant Farafangana le 29 janvier. La *Société de navigation* ne se laisse pas décourager par ce malheureux accident. Pour assurer la navigation sur la côte orientale de Madagascar, pour maintenir des communications régulières entre les différents ports, elle envoie un nouveau vapeur, la *Ville-d'Alger* de 2.000 tonneaux, capitaine James, qui quittera Marseille le 10 avril. Nous souhaitons vivement qu'aucun nouvel incident ne vienne contrecarrer la persévérance dont fait preuve la *Société française de commerce et de navigation.*

Commerce anglais à Madagascar. — La campagne ayant pour objet de faire abaisser les tarifs d'entrée à Madagascar continue en Angleterre.

Le 13 mars, à la Chambre des communes, sir John Lenz a demandé si des représentations ont été faites à notre gouvernement au sujet des taxes appliquées aux importations anglaises à Madagascar, qui seraient beaucoup plus élevées que celles dont les marchandises françaises similaires sont frappées, sur la prétendue défense faite aux indigènes d'acheter des marchandises de provenance étrangère et sur les droits élevés que payent les navires anglais dans les ports malgaches, malgré les promesses faites par le gouvernement français quand le protectorat sur Madagascar fut établi.

M. Brodrick, sous-secrétaire parlementaire du Foreign office, a dit qu'il n'avait encore reçu du gouvernement français aucune réponse aux représentations qui lui ont été adressées à ce sujet.

D'autre part le *Times* du 17 mars (weekly, édition, p. 174) publie une lettre tendancieuse sur le même sujet.

Marine. — Le ministre de la marine a accordé un témoignage de satisfaction à l'enseigne de vaisseau Bouchard pour le courage et l'habileté dont il a fait preuve le 9 décembre dernier dans la défense du poste d'Ambalavelo (province de Nossi-Bé); attaqué par une bande de 150 rebelles qu'il a obligés à battre en retraite et qu'il a poursuivis vigoureusement avec les dix hommes dont il disposait.

Le capitaine Leger, du 13ᵉ régiment d'infanterie de marine à Madagascar, est promu chef de bataillon.

M. le commandant Debon, chef d'escadron d'artillerie de marine a été nommé chef d'état-major du corps d'occupation.

Congrès de géographie. — Le vingtième congrès national des Sociétés françaises de géographie s'est ouvert à Alger le 26 mars, sous la présidence du gouverneur général de l'Algérie.

Le Comité de Madagascar y a été représenté par notre collègue, M. Charles Noufflard, qui a bien voulu se charger de ce soin.

Informations diverses. — Le 13 mars, l'Académie des Sciences a élu correspondant dans la section de géographie et de navigation le R. P. Colin.

Directeur et fondateur de l'observatoire de Tananarive, le R. P. Colin est l'auteur bien connu de nombreux et savants travaux relatifs à l'astronomie, ainsi qu'à la géographie et à la topographie de Madagascar.

— Dans la séance de l'*Académie des Sciences* du 6 mars, M. Marcelin Boule a fait l'énumération et la description d'un assez grand nombre de *fossiles* envoyés récemment de diverses parties de Madagascar au Museum.

— *M. Martineau*, secrétaire général des colonies, a été nommé gouverneur de 4ᵉ classe et chargé du gouvernement de la côte des Somalis, en remplacement de M. Mizon, décédé le 22 mars à Mayotte, avant d'avoir pris possession de son poste.

M. Martineau a été l'un des fondateurs du *Comité de Madagascar* et son premier secrétaire général. C'est avec une vive satisfaction que nous le voyons appelé à un poste où il sera à même d'employer ses éminentes qualités d'administrateur à développer l'influence française dans l'Afrique orientale.

— Un *crédit supplémentaire* de 5 millions à l'exercice 1898 pour dépenses militaires à Madagascar a été voté par les deux Chambres.

CHRONIQUE DU COMITÉ

Le scrutin pour l'élection des membres du Comité a été clos le 28 février, il a donné les résultats suivants. Ont été élus dans l'ordre du nombre de voix obtenues :

MM. le prince d'Arenberg, vicomte Armand, Delaunay-Belleville, C. Delhorbe, Duprat, Fleury-Ravarin, Mercet, Milne-Edwards, Pector, F. Perier, Brindeau, Catoire, Charles-Roux, L. Delhorbe, Duportal, d'Estournelles, Gruet, F. Pagès, Pagnoud, Pauliat, de Torcy, Delacre, Krantz, Lasserre, Maistre, Rigaud, Carnot, Chailley-Bert, Honoré, Depincé, de Lanessan, Descubes, Courmes, Siegfried, Daléas, Grosclaude, Laillet, Mante, R. P. Piolet.

Conférence de M. Cl. Delhorbe. — M. Delhorbe, secrétaire général du Comité, a fait, le 19 mars, une conférence à Nantes. Il a exposé les transformations qu'a subies Madagascar depuis deux ans, transformations qui dépassent de beaucoup l'attente des nouveaux arrivants. Il a aussi insisté sur la nécessité de continuer à développer activement le réseau de voies de communication déjà commencé. Cette conférence a été écoutée avec une attention soutenue et un intérêt très marqué par l'auditoire qui était nombreux.

NÉCROLOGIE

Louis Mizon

Louis Mizon qui est décédé le 22 mars à Mayotte où il remplissait les fonctions d'administrateur en chef et qui allait prendre le gouvernement de la côte des Somalis, avait été résident à Majunga.

Il appartenait à ce groupe d'hommes d'action nouveau en France qu'on appelle les *Africains*. Il était né le 16 juillet 1853, et il avait été nommé enseigne de vaisseau le 27 avril 1875.

Par profession, il appartenait à la marine, en réalité, il fut avant tout un explorateur. On ne louera jamais assez ses deux beaux voyages sur le Niger et la Bénoué de 1890-92 et 1892-93. Il s'y montra explorateur audacieux, diplomate habile, savant scrupuleux. Il faillit ouvrir au commerce français les marchés populeux de l'Adamaoua et du Mouri. La haine de la Royal Niger Company était le plus bel éloge de l'habileté de notre vaillant compatriote. Il se rencontra cependant au quai d'Orsay un ministre des affaires étrangères pour oser le rappeler. Louis Mizon ne se remit jamais de la déception que son échec de 1893 lui causa.

OFFRES ET DEMANDES

Deux Français, établis dans les environs de Mananjary, possédant une propriété d'une superficie d'environ 200 hectares, plantée de 4.000 caféiers qui vont commencer à produire cette année, de vanilles, de caoutchoutiers, de poivriers, et de belles pépinières, désirent trouver un capital de 10.000 francs pour les aider à continuer dans de bonnes conditions l'exploitation commencée.

Ils peuvent fournir les meilleurs références sur leur personne et les meilleurs renseignements sur leur entreprise. Ils estiment que c'est un placement sérieux et avantageux qu'ils offrent à l'épargne.

Un de nos collègues ayant déjà une exploitation en rapport demande un commanditaire, pour étendre ses cultures.

Le Gérant : A. Smith.

Paris. — Imprimerie G. Picquoin, 53, Rue de Lille.

NAVIGATION DE LA TSIRIBIHINA

Le *Journal Officiel de Madagascar*, en date du 14 mars, publie une information dont l'importance n'échappera pas à nos lecteurs, signalant l'arrivée à Miandrivazo d'une canonnière partie de Tsimanandrafozana, c'est-à-dire ayant remonté tout le cours de la Tsiribihina et du Mahajilo jusqu'au pied des chutes de ce dernier cours d'eau. La question de la navigabilité des rivières de l'Ouest dont les conséquences pour la pénétration et le ravitaillement de nos postes dans le pays Sakalave sont capitales, vient par ce résultat de faire un grand pas en avant. En août et septembre 1897, au moment où, pour repousser et purger la frontière Ouest des hauts plateaux, une première colonne fut faite dans le Ménabé, des reconnaissances avaient été dirigées par le colonel Gérard sur les principales rivières qui descendent de ces plateaux et se jettent dans le canal de Mozambique. Il était urgent, en effet, afin de ne pas épuiser par des appels trop fréquents la population de porteurs de Vakinankaratsa et de l'Imerina, de vérifier si le transport des vivres vers l'intérieur ne pouvait se faire par une voie fluviale. Un rapport concluant à la navigabilité partielle de la Tsiribihina fut adressé par le colonel au Gouverneur Général : il était prouvé qu'une embarcation à faible tirant d'eau pouvait très bien gagner les premières chutes, et y transporter un nombre de tonnes suffisant pour assurer le ravitaillement. De ce jour, la Tsiribihina devenait l'émule de la Betsiboka et il était permis de se demander si la voie d'importation située directement à l'Ouest de Tananarive ne pourrait pas ultérieurement devenir une voie d'exportation ouvrant un débouché non seulement sur la riche région du Nord du Betsiléo, mais aussi sur les vastes plateaux du Betsiriry qui semble présenter au point de vue minier un réel intérêt. On ne saurait se dissimuler en effet que la voie passant par Inanatonana a été de tout temps très fréquentée, que c'est en la suivant que les marchands Arabes de l'Ouest ont pénétré dans les hauts plateaux de l'île au xviiie siècle, que Bétafo était à cette époque la capitale du royaume de l'Andrantsay précurseur de celui de Tananarive, et que l'importance de cette région était due uniquement à la voie commerciale qui y aboutissait et permettait l'écoulement vers le canal de Mozambique des productions de la fertile vallée de Betafo et d'Antsirabé. Rétablir ce débouché, suppléer au manque de porteurs provoqué par la multiplicité actuelle des transports à faire, abaisser aussi du même coup le prix de revient, enfin et par-dessus tout ménager à nos troupes des ressources constantes et abondantes venant de la côte, tel devait être le résultat de la navigabilité de la Tsiribihina que signalait le colonel Gérard. Son importance n'échappa point au Gouverneur Général qui demanda en France l'envoi d'une canonnière démontable en deux tranches, à hélice centrale sous tunnel, capable d'assurer en tout temps la surveillance militaire du fleuve et le ravitaillement des postes du Betsiriry.

M. l'administrateur Compagnon, directeur de la flottille, reçut même mission d'aller en France vérifier les essais qui furent satisfaisants : la canonnière parvint à Majunga le 15 janvier dernier. Elle fut remorquée par le paquebot des Messageries maritimes, la *Mpanjaka* jusqu'à Tsimanandrafozana où elle arriva le 11 février, après avoir franchi sans encombre la barre qui existe dans ce port à l'entrée de la rivière comme dans tous ceux de la côte Ouest. Deux canots à vapeur étaient amenés aussi au même point. Désormais, la canonnière portant le nom de l'infortuné capitaine Flayolle mort à l'ennemi dans les environs de Tuléar, était prête à prendre son service. Par télégramme en date du 7 mars, M. le colonel Succillon fit connaître qu'elle avait sans difficulté accompli le trajet fixé, en trente heures, soit une distance de 160 kilomètres environ. Miandrivazo, point extrême atteint, se trouve à deux jours et demi d'Inanatonana : le pays traversé actuellement par le sentier est relativement facile : une route peut y être ouverte. Or à Inanatonana on est déjà presque en Emyrne dans une des plus fertiles régions de l'intérieur. Nous ne doutons pas que des postes ne jalonnent prochainement cette voie et ne permettent à nos commerçants établis dans le Sud de l'Ankaratsa d'en faire l'essai, au mieux de leurs intérêts.

La situation minière de Madagascar

La constitution géologique de Madagascar, les affirmations de certains voyageurs et le succès relatif des exploitations aurifères de M. Suberbie à Mevatanana dans le Boueni, ont un moment fait naître de trop grandes espérances sur les richesses minières de la Grande Ile, richesses que l'on comparait parfois à celles de l'Australie ou du Transvaal. Les nombreuses recherches auxquelles on se livre depuis l'occupation du pays rectifient chaque jour les appréciations exagérées de la première heure, mais ne permettent pas encore de *formuler* des conclusions définitives sur cette question, car tout le sud et l'ouest de l'île restent encore à explorer à ce point de vue. Pendant l'année 1898 qui a beaucoup étendu le champ d'action des explorateurs, aucune véritable mine d'or n'a été découverte, mais les prospecteurs ont en revanche reconnu de nombreux gisements aurifères alluvionnaires dont l'exploitation sera peut-être rémunératrice.

D'ailleurs, le sous-sol de Madagascar ne renferme pas seulement de l'or. Les métaux communs provenant de l'extérieur, sont très chers, à cause des frais de transport; l'exploitation des mines de métaux similaires distribuées sur la surface de l'île serait donc probablement avantageuse. Déjà en 1898, des gisements de fer (cercle de Tsiafahy), de cuivre (province d'Ambositra, cercle de la Mahavavy, au sud du lac Kinkony), de nickel (province d'Ambositra), d'amiante et de charbon (cercle d'Arivonimano et d'Ambatondrazaka, à Tsaratanana) ont été déclarés au service des mines. Les déclarants se réservent ainsi le droit éventuel d'exploitation des gisements qu'ils ont signalés. On connaît en outre des gisements de plomb, de mercure et de bitume.

Il est intéressant de publier les quelques renseignements statistiques suivants qui résument la situation minière de l'île au 1er février 1899.

Recherches.

Or.

241 déclarations de pose de signaux acceptées; 27, à l'étude; 172 permis de recherches disponibles.

Mines autres que l'Or.

10 déclarations de bornage acceptées; 2, à l'étude; 17 permis de recherches disponibles.

Exploitation.

Or.

5 concessions d'une surface de 8.557 hectares, accordées.

2 transformations en concessions pour une surface de 1.379 hectares, en instance.

23 exploitants de lots dirigent 45 exploitations représentant un total de 209 lots de 25 hectares.

Mines autres que l'Or.

3 concessions d'une surface de 249 hectares accordées.

1 demande de concession de 2.291 hectares en instance.

Rendement des droits miniers. — En totalisant les sommes effectivement perçues ou à percevoir au 1er février 1899 pour tous les droits miniers sous la double rubrique recherches et exploitations, on arrive à une somme de plus de 150.000 francs.

Pour avoir une idée rationnelle des conditions d'extraction du métal précieux, autrement dit du rendement de son exploitation, il est indispensable de connaître les trois éléments suivants qui déterminent cette importante question : 1° Poids total de l'or produit; 2° nombre total de journées employées; 3° cube total de terre lavée.

Jusqu'ici, il n'a pas été possible de connaître exactement ces données par suite de l'insuffisance des renseignements fournis par les exploitants. On ne peut même pas prétendre établir des moyennes approchant de la vérité, étant données les intermittences d'exploitation. la variation des effectifs de travailleurs, etc. Quoi qu'il en soit, les exploitations aurifères sont en progression dans la Grande Ile. Au lendemain de la conquête, de nombreux prospecteurs demandèrent des permis de recherche pour réserver l'avenir. C'est ainsi qu'avant le

1ᵉʳ octobre 1896, environ 140 signaux avaient été établis. Diverses causes d'irrégularité en firent ultérieurement annuler un grand nombre; d'autres furent abandonnés par les demandeurs. En fait, aucune exploitation régulière ne fut alors ouverte. Ce n'est qu'après la répression de l'insurrection, dans la deuxième moitié de 1897 et surtout en 1898 que les entreprises minières commencèrent à se développer. Il y a tout lieu de croire que ce mouvement ascensionnel ira en s'accentuant.

Voici dans ses grandes lignes la situation actuelle de l'industrie extractive à Madagascar. Jusqu'à ce jour, les exploitations d'or n'ont à peu près porté que sur des alluvions, la plupart modernes, et quelques-unes, très peu nombreuses, anciennes. Deux exploitations seulement traitent les roches aurifères dans leur masse et décomposées. Il est à remarquer qu'aucune exploitation de filon n'a encore été régulièrement signalée. Est-ce à dire que le métal précieux n'existe pas sous cette forme? Les recherches faites sont encore trop peu nombreuses pour répondre à cette question.

Le procédé d'extraction le plus employé est le procédé primitif du lavage à la batée plate en bois (sahafa des indigènes). Quelques exploitants ont cependant commencé à introduire les sluices sur leurs chantiers, mais au début de l'emploi de ces appareils, le rendement en or a été moins important qu'avec la batée. La faiblesse des premiers résultats est probablement imputable à l'inexpérience des indigènes, insuffisamment familiarisés avec ce procédé de travail, à l'incertitude relative aux meilleures conditions d'établissement des sluices et peut-être aussi à la finesse de l'or. Le travail à la batée ne s'effectue pas partout d'une façon uniforme. Dans la plupart des exploitations, les femmes opèrent le lavage proprement dit, pendant que les hommes, au nombre de deux ou trois, extraient à l'angady (pelle-bêche malgache) la terre nécessaire à la batée. Ils opèrent même quelquefois un premier enchérissement par un lavage dans un sluice primitif constitué par un simple canal creusé en terre. La moyenne de la teneur en or des gisements exploités est de 0 gr. 20 à 0 gr. 40 par mètre cube de terre aurifère lavée. Le rendement journalier moyen d'une batée est très variable ; il oscille entre 0 gr. 14 et 1 gramme. Certains gisements donnent jusqu'à 8 grammes par batée. Les conditions de travail sont également très variables selon les exploitations : au sluice, l'ouvrier est payé de 0 fr. 30 à 0 fr. 80 à la journée ; à la batée, il doit fournir journellement un rendement gratuit fixé d'avance et l'or qu'il produit en plus lui est acheté et constitue son salaire. Selon que l'indigène travaille dans des conditions plus ou moins favorables, le métal précieux lui est payé de 50 à 65 francs les 27 grammes. Le travail libre à la batée est celui que préfèrent les indigènes.

Ainsi les richesses minières de Madagascar, sans être aussi brillantes qu'on les avait présumées, sont néanmoins réelles et n'attendent que l'ouverture des voies de communication pour être activement exploitées.

Les Concessions des terres domaniales

Quelles que soient les richesses du sous-sol, les progrès de la colonisation à Madagascar reposent sur l'agriculture, c'est-à-dire sur l'exploitation et la mise en valeur du sol. De cette condition découle la grande importance qui s'attache au mode d'aliénation des terres du domaine. Concédées sans garanties sérieuses d'exploitation, ces terres pourraient être accaparées par des spéculateurs ou données à des individus n'ayant le plus souvent ni les moyens ni la volonté de les cultiver : ce serait dans les deux cas la ruine de la colonie naissante.

Réduire au minimum les formalités d'attribution des concessions, tout en prenant des mesures pour s'assurer de leur exploitation à bref délai, sous peine de déchéance du concessionnaire, telle est la préoccupation à laquelle a obéi le Gouverneur Général en remplaçant l'arrêté du 2 novembre 1896 par celui du 10 février 1899. Grâce à cette nouvelle législation, le sol est toujours attribué à ceux qui l'exploitent, autrement dit aux plus dignes.

Voici d'après le *Journal officiel de Madagascar* du 23 février, le texte de cet arrêté, ainsi que celui du titre d'occupation provisoire (à titre gratuit et à titre onéreux).

Arrêté

L'arrêté 80, du 2 novembre 1896, est remplacé par les dispositions suivantes :

Art. 1er. — Les terres du domaine peuvent être concédées par voie de vente, de location ou à titre gratuit.

Art. 2. — Les concessions par voie de vente sont accordées au prix minimum de deux francs par hectare dans les régions de l'Ouest et du Nord, et de cinq francs par hectare sur la côte Est et dans le Haut-Pays. Le Haut-Pays comprend les parties de l'île situées à plus de 500 mètres d'altitude et la côte Est, les parties de l'île comprises entre le Haut-Pays et la mer, de la rivière Onibé, près du cap N'Gontsy, à l'embouchure de la rivière Mandraré, au-delà de Fort-Dauphin.

Art. 3. — Les concessions gratuites sont réservées aux citoyens français ; elles ne peuvent dépasser 100 hectares et doivent être d'un seul tenant ; et la même personne ne peut en obtenir qu'une seule.

Art. 4. — Toute personne désirant une concession de terre domaniale, résidant dans la colonie ou dûment représentée, adresse au chef de la province une demande dans laquelle elle spécifie l'étendue de terre qu'elle désire et les limites du lot qu'elle a choisi, et consigne entre ses mains le prix afférent à la contenance demandée. Toutefois, si le demandeur est Français, le prix de la concession sera versé moitié lors de la délivrance du titre provisoire et l'autre moitié lors de la délivrance du titre définitif.

Art. 5. — Le chef de la province fait lever aux frais du demandeur le plan de la concession demandée et il procède à une enquête sommaire. Au cas où cette enquête n'aurait pas fait paraître d'opposition, un titre d'occupation provisoire ou de bail amiable sera délivré par le chef de la province si le demandeur est Français et par le Gouverneur Général, si le demandeur est de nationalité étrangère.

Art. 6. — Le titulaire d'un titre d'occupation provisoire sera tenu, sous peine de déchéance prononcée par le Gouverneur Général, de former sur son lot un commencement d'exploitation ou d'établissement dans le délai de six mois, à dater de la délivrance du titre d'occupation provisoire, et de résider sur l'emplacement de sa concession ou d'y avoir un représentant.

Art. 7. — Le titre d'occupation provisoire sera remplacé par un titre définitif de propriété délivré par le Gouverneur Général, le conseil d'administration consulté, après justification d'une installation sur le lot en rapport avec l'étendue de ce lot, d'une mise en valeur des terrains et accomplissement, dans un délai de trois ans, au maximum, des formalités d'immatriculation que l'intéressé devra provoquer de la part du domaine et dont les frais restent à sa charge.

Art. 8. — A défaut d'installation ou de mise en valeur, ou si l'immatriculation n'a pas été demandée par le concessionnaire dans les conditions et dans les délais prévus ci-dessus, l'annulation totale ou partielle de la concession pourra être prononcée par le Gouverneur Général, le conseil d'administration de la colonie consulté, après la visite d'une commission composée du chef de la province ou de son délégué, d'un délégué du service des domaines et d'un représentant du concessionnaire, laquelle constatera l'état de la concession. Si dans le délai de trois mois, à dater de la notification de la mise en demeure pour la constatation des premiers travaux d'exploitation ou d'établissement, ou dans le délai de six mois pour la constatation de la mise en valeur, le concessionnaire n'a pas consenti à se faire représenter à l'expertise, il sera passé outre. L'Etat pourra reprendre possession des parties non utilisées sans qu'aucune indemnité puisse lui être réclamée ; les frais de bornage de la partie à reprendre par l'Etat seront à la charge du concessionnaire.

Art. 9. — Toutefois des concessions dont la superficie ne

sera, dans aucun cas, inférieure à cinquante hectares d'un seul tenant, pourront être accordées, sans conditions d'installation et de mise en valeur, aussitôt après accomplissement des formalités d'immatriculation, au prix minimum de cent francs l'hectare dans les régions de l'Ouest et du Nord et de cent cinquante francs par hectare sur la côte Est et dans le Haut-Pays. Dans ce cas, le demandeur ne pourra occuper le sol qu'après avoir versé le montant intégral du prix afférent à la contenance demandée et avoir obtenu le titre de vente qui sera délivré par le Gouverneur Général, le conseil d'administration consulté.

Art. 10. — Les terres du domaine peuvent être louées, mais seulement en dehors des périmètres de colonisation, par baux renouvelables de 15 ans au maximum, au prix minimum, payable d'avance, de 0 fr. 25 par hectare et par an dans les régions de l'Ouest et du Nord et de 0 fr. 50 par hectare et par an sur la côte Est et dans le Haut-Pays.

Art. 11. — Pendant la durée de son bail, le locataire d'une terre aura le droit de préemption pour l'acquérir au prix indiqué aux articles 2 et 9. Quand un locataire aura laissé s'écouler six mois sans payer le prix annuel, payable à l'avance, de son bail, ce bail sera annulé de plein droit et le domaine reprendra possession de sa terre.

Art. 12. — Les concessions mesurant une superficie supérieure à 10 hectares et traversées ou bornées par des cours d'eau navigables ou flottables ou des voies de communication, ne pourront avoir sur ces voies ou cours d'eau, un développement excédant le quart de leur périmètre total.

Art. 13. — Lorsque les terrains domaniaux vacants ont une valeur exceptionnelle, parce qu'ils sont situés dans un lieu habité ou pour toute autre raison, le Gouvernement se réserve le droit de ne point leur appliquer les présentes dispositions.

Si plusieurs compétiteurs demandent la concession d'un même lot, le Gouverment aura recours à l'adjudication. Toutefois, si un même lot fait l'objet de deux demandes de concession, l'un par bail, l'autre par vente, ce lot sera réservé au demandeur qui aura offert d'en effectuer l'acquisition.

Art. 14. — L'Etat se réserve, pendant 10 ans, à partir du jour de la délivrance du titre provisoire de concession, le droit d'établir, sur le lot concédé ou loué, sans être tenu à aucune indemnité au profit du locataire ou concessionnaire, et à la seule condition de ne pas toucher aux constructions, les ouvrages, routes, chemins de fer ou canaux dont l'établissement serait décidé par mesure d'utilité publique.

Art. 15. — Les terrains qui seraient reconnus nécessaires au parcours du bétail ne pourront être aliénés au profit d'un particulier. Ces terrains et ceux destinés à la constitution des périmètres urbains et suburbains et qui, à ce titre, ne seront pas susceptibles d'être concédés dans les conditions du présent arrêté, seront déterminés, dans chaque cas, par décision du Gouverneur Général en conseil d'administration.

Art. 16. — Le présent arrêté n'est pas applicable aux concessions d'une superficie supérieure à 10.000 hectares, qui feront l'objet de contrats spéciaux soumis à l'approbation de M. le Ministre des Colonies.

Fait à Tananarive, le 10 février 1899.

GALLIENI.

Titre d'occupation provisoire en vue d'une concession gratuite.

(arrêté du 10 février 1899)

Le.......... représentant le domaine de l'Etat en vertu de l'arrêté du 10 février 1899,

Accorde à Monsieur............ avec promesse de transfert définitif de la propriété dans un délai maximum de 3 années, à compter du jour de la remise des présentes et moyennant l'observation des clauses indiquées ci-après, l'autorisation d'occuper le terrain domanial non cultivé mesurant approximativement
figuré au croquis ci-joint
et qui a pour limites, savoir :

I. — En conséquence, le preneur s'engage, pour obtenir la remise du présent titre : 1° à résider sur l'emplacement de la concession ou, à défaut, à y installer un représentant ;

2° à former sur son lot un commencement d'exploitation ou d'établissement dans le délai de 6 mois ;

3° à mettre en culture, à planter ou à exploiter son lot suivant les usages du pays et d'en provoquer l'immatriculation dans le délai de 3 ans, à dater du jour de la remise du présent titre.

II. — L'entrée en jouissance courra du jour de la remise précitée.

III. — La présente autorisation est accordée aux conditions suivantes :

Le droit d'occupation est purement personnel. Toute cession de ce droit, faite sans l'agrément du domaine, pourra entraîner le retrait de l'autorisation sans indemnité.

IV. — A l'expiration du délai de 3 ans ou avant, si le preneur le demande, une commission composée du chef de province ou de son délégué, d'un délégué du chef du service des domaines et d'un représentant du concessionnaire, constatera l'état de culture ou d'exploitation du terrain.

S'il est justifié d'une installation, d'une mise en valeur ou d'une exploitation sérieuse, le domaine transférera définitivement la propriété au nom du preneur qui aura à sa charge les frais de l'immatriculation.

Dans le cas où cette justification ne serait pas établie à l'expiration du délai de 3 ans, l'Etat pourra reprendre possession des parties non utilisées sans qu'aucune indemnité puisse lui être réclamée.

En cas de reprise partielle, les frais de bornage de la partie à reprendre par l'Etat seront à la charge du preneur.

V. — L'Etat se réserve, pendant 10 ans à partir du jour de la délivrance du titre provisoire, le droit de faire établir sur la parcelle, objet du présent acte, sans aucune indemnité, et à la seule condition de ne pas toucher aux constructions, les ouvrages, routes, chemins de fer ou canaux dont l'établissement serait décidé par mesure d'utilité publique.

VI. — L'autorisation d'occuper le terrain ci-dessus désigné, est purement provisoire et est accordée sous la réserve expresse des droits quelconques pouvant appartenir à des tiers ; dans le cas où, par suite, soit d'une réclamation émanant d'un tiers, soit d'une action en justice, soit d'une décision du tribunal statuant sur la demande d'immatriculation, soit d'une sentence de tout autre tribunal, le preneur se verrait contraint d'abandonner tout ou partie de sa propriété, ce dernier n'aura aucun recours contre le domaine et ne pourra réclamer de dommages-intérêts, mais il lui sera concédé dans la même région un terrain d'une superficie égale à celle dont il aurait été dépossédé (1).

Le domaine ne pourra en aucun cas être rendu responsable de la privation de jouissance du preneur, par suite de guerre, incendie, inondation, grêle ou cas fortuit.

Conditions particulières.

Le soussigné reconnaît avoir reçu le présent titre provisoire, dont il a pris connaissance et aux clauses duquel il s'engage à se conformer.

A...... le...... 189.

Le Preneur,   Le

Titre d'occupation provisoire en vue d'une concession à titre onéreux

(*arrêté du 10 février 1899*)

Le.......... représentant le domaine de l'Etat en vertu de l'arrêté du 10 février 1899,

Accorde à M.......... avec promesse de transfert définitif de la propriété dans un délai maximum de 3 années à compter du jour de la remise des présentes et moyennant l'observation des clauses indiquées ci-après, l'autorisation d'occuper le terrain domanial non cultivé mesurant approximativement
figurant au croquis ci-joint,
et qui a pour limites savoir :

I. — En conséquence, le preneur s'engage, pour obtenir la remise du présent titre :

1° à payer le prix des terrains concédés à raison de..... francs l'hectare, d'après la contenance que fera ressortir le plan annexé au titre définitif de propriété ;

2° à résider sur l'emplacement de sa concession, ou à défaut, à y installer un représentant.

3° à former sur son lot un commencement d'exploitation ou d'établissement dans le délai de 6 mois ;

(1) Supprimer cet article s'il s'agit d'une concession dont l'immatriculation a été effectuée.

4° à mettre en culture, à planter ou à exploiter son lot suivant les usages du pays et à en provoquer l'immatriculation dans le délai de 3 ans à dater du jour de la remise du présent titre.

II. — L'entrée en jouissance courra du jour de la remise précitée.

Bail amiable.

L'an   et le

M.   , agissant au nom du domaine de l'Etat, en vertu de l'arrêté du 10 février 1899,
et M.
élisant domicile à

Ont exposé et convenu ce qui suit :

Le domaine de l'Etat loué à M.
dont le croquis est annexé au présent acte.

La location est faite pour.... qui prendr.... cours le............
pour finir le.......... sans qu'il soit nécessaire de donner congé au....... locataire...... ou de l...... avertir autrement.

Le prix annuel de location est de......, calculé à raison de..... l'hectare, payable d'avance à...... les...... de chaque année.

Si le locataire laisse s'écouler six mois sans verser le prix annuel payable à l'avance de son bail, le bail sera annulé de plein droit et le domaine reprendra possession de sa terre.

Le bail est, en outre, fait aux clauses et conditions suivantes en vigueur pour les locations d'immeubles domaniaux, et expressément acceptées par les parties.

Le locataire d'un immeuble domanial est réputé l'avoir visité et le connaître parfaitement. Il le prend à ses risques et périls sans pouvoir exiger de l'administration, ni délimitation ni réduction de prix pour erreur de superficie, consistance ou limites, ou à raison de son état lors de sa location.

Le locataire d'un immeuble rural n'a pas droit à indemnité pour stérilité, inondation, grêle ou autres cas fortuits.

Pendant la durée du présent bail, le locataire aura un droit de préemption pour acquérir l'immeuble au prix de 2 francs par hectare dans les régions de l'Ouest et du Nord, et de 5 francs par hectare sur la côte Est et dans le Haut-Pays.

L'Etat se réserve le droit de faire établir sur la parcelle, objet du présent acte, sans aucune indemnité, les ouvrages, routes, chemins de fer ou canaux dont l'établissement serait décidé par mesure d'utilité publique.

Conditions spéciales au présent bail.

Fait en   originaux à   à la date ci-dessus.

Le preneur,   *Le*...................................

Examinons les innovations apportées par l'arrêté du 10 février.

L'article 6 réalise la principale réforme en édictant que tout titulaire d'un titre provisoire de concession sera déchu de ses droits si au bout de six mois il n'a pas commencé l'exploitation de son lot, ou s'il n'y a pas fondé un établissement. Le concessionnaire ou son représentant doit, d'après les nouvelles dispositions, résider sur sa concession, ce qui est évidemment une garantie d'exploitation.

L'article 5 simplifie la délivrance des titres provisoires qui sera dorénavant faite par les soins des chefs de province, si le demandeur est de nationalité française.

La nouvelle législation admet d'une manière plus explicite la location des terres comme forme de concession temporaire (art. 4 et 11). Dans les régions où l'industrie pastorale peut largement se développer, dans les cercles de la ceinture de l'Imerina, dans le pays Sihanaka, dans le nord et l'ouest de l'île, nos éleveurs demanderont sans doute de nombreuses concessions de ce genre. La détermination de périmètres urbains et suburbains prévue par l'article 15 créera des terres indivises, véritables communaux pour le pacage du bétail, semblables à ceux qui existent encore dans la plupart des contrées de l'Europe.

L'article 9 introduit dans la loi foncière une disposition nouvelle, en apparence contraire au principe de l'obligation de la mise en valeur de la terre. Il n'en est rien toutefois, car le prix excessivement élevé de l'achat du sol, 100 ou 150 francs l'hectare, est une garantie de l'utilisation de la terre.

En prévision de l'exécution de grands travaux d'utilité générale, l'État fait des réserves importantes par les articles 12 et 14 pour l'expropriation sans frais des parties de terrains concédés qui lui seraient éventuellement nécessaires. Enfin, l'article 16, nouveau, est relatif aux concessions de la grande colonisation qui ne sont pas soumises à la législation que nous venons d'étudier et qui font l'objet de négociations entre le gouvernement de la colonie et les parties intéressées.

INSTRUCTIONS

DU GOUVERNEUR GÉNÉRAL
AUX ADMINISTRATEURS COMMANDANTS DE TERRITOIRES ET DE CERCLES AU SUJET DES PRINCIPES DE COLONISATION A APPLIQUER A MADAGASCAR
(fin) (1)

IV. — Colonisation d'exploitation *(suite)*

Garanties à exiger des concessionnaires et obligations à leur imposer. — L'importance des intérêts en jeu exige que les données réunies par l'administration sur la valeur des personnalités en cause soient confirmées par des assurances positives, des engagements formels.

Il est tout d'abord indispensable que les concessions et avantages à consentir ne puissent servir de prétexte à la spéculation et à l'agiotage.

L'obligation, pour les sociétés de colonisation, de soumettre leurs statuts à l'approbation du Gouvernement, avant de rien obtenir, permettra de pénétrer leurs intentions, de connaître le but du groupement des capitaux, de déterminer par conséquent si ce but est vraiment le développement économique de la colonie, l'occupation du sol ne pouvant avoir lieu qu'après la formation de ces sociétés dans les conditions voulues et la constitution d'un capital proportionné à l'importance de l'entreprise projetée

De plus, mieux qu'un cautionnement, la stipulation d'obligations de mise en valeur et de clauses de déchéance en cas d'inexécution de ces obligations stimulera l'activité des concessionnaires et assurera l'exploitation judicieuse des territoires concédés.

Sauf dans des circonstances particulières, le dépôt d'un cau-

(1) Voir le *Bulletin* du 5 avril, page 162.

tionnement ne me semble constituer, en effet, qu'une charge inutile pour l'entreprise, en immobilisant une partie du capital qui trouverait, dans la mise en œuvre de l'exploitation, un emploi fructueux et directement profitable à la colonisation. Ce dépôt ne saurait d'ailleurs empêcher, à lui seul, la spéculation ou l'incurie du détenteur du sol, puisqu'il sera évidemment fait par prélèvement sur le capital social. Il permettra seulement de les punir. Je crois qu'il est de beaucoup préférable de chercher à les prévenir. Ce résultat pourra être obtenu en introduisant dans le contrat de concession l'interdiction de vendre ou de céder quelque partie que ce soit des terrains, sans l'agrément de l'administration, avant l'accomplissement des conditions de mise en valeur, auquel sera, par conséquent, subordonnée l'acquisition de la propriété.

Le jour où auront été effectués des travaux tels que des colons disposant de moindres ressources puissent s'établir avec chances de succès dans le territoire concédé, la société concessionnaire aura rempli sa mission, au point de vue de l'intérêt général ; il sera donc tout à fait légitime qu'elle cherche à tirer profit de ses efforts ; il est même à souhaiter qu'elle se mette en mesure, le plus tôt possible, de constituer des groupements de colons ; mais on ne peut admettre que des terrains attribués dans des conditions avantageuses puissent être vendus aussitôt, sans améliorations, à la faveur de l'ignorance et de la crédulité de gens imparfaitement renseignés.

Conditions de mise en valeur. — Imposer au concessionnaire l'obligation de mettre en valeur sa terre pour en acquérir la propriété est donc, à tous égards, une nécessité primordiale. Les conditions de mise en valeur devront évidemment s'adapter à la nature de chaque exploitation projetée et faire, par conséquent, suivant les cas, l'objet de clauses différentes. Toutefois, elles peuvent être groupées sous des rubriques générales, répondant aux diverses entreprises à créer à Madagascar et dérivant tant de l'intérêt bien entendu du concessionnaire que de celui de la colonie. Envisagées sous cet aspect, elles ne constitueront en aucune façon une charge pour celui qui devra les remplir, mais elles seront la pierre de touche de son bon vouloir et de ses aptitudes colonisatrices.

A. Installation. — C'est ainsi que des hommes fermement

résolus à faire œuvre utile de colonisation ne demanderont pas une vaste concession avant de s'être livrés à une étude approfondie du pays, avant d'avoir arrêté dans le détail les projets à réaliser. La concession obtenue, ils devront donc être en mesure de procéder, dans un délai restreint, à un commencement d'installation en rapport avec le but et l'importance de l'entreprise. Si ce premier travail n'est pas effectué, sans qu'un cas de force majeure ne soit venu entraver l'initiative des concessionnaires, la colonie pourra, en toute équité, sa bonne foi ayant été surprise, retirer à ceux-ci ses faveurs, de telle sorte que les territoires concédés ne demeurent pas inutilisés et que l'agiotage ne puisse se donner carrière.

B. Cultures. Élevage. Industrie. — Au point de vue des obligations de mise en valeur des concessions par la culture, par l'élevage, par la création d'industries, il convient d'éviter un double écueil ; d'une part, exigences trop étroites qui pourraient amener les occupants à entreprendre des opérations insuffisamment étudiées, prématurées et par conséquent improductives ; d'autre part, latitude trop grande, susceptible d'encourager leur apathie ou de leur permettre d'user seulement ou peut-être d'abuser des richesses naturelles qui seront à leur portée, sans se préoccuper de les multiplier.

Les obligations essentielles et suffisantes de mise en valeur doivent donc être déterminées de telle sorte qu'un effort correspondant aux avantages consentis par la colonie soit donné par les concessionnaires dans un délai assez long pour que ces derniers ne soient pas en quelque sorte poussés à entreprendre des travaux hâtifs, mais pas tel cependant que des exploitations abusives puissent être pratiquées ou que le sol soit improductivement détenu. Il faut que les concessionnaires fournissent à la colonie des gages appréciables de leur activité, qu'ils soient nécessairement incités, par les travaux accomplis, par les dépenses faites, au moment où la propriété du sol leur sera attribuée, à poursuivre normalement leur œuvre de colonisation. Il est facile d'établir, à ce point de vue, une proportion entre l'étendue des terrains à concéder définitivement et les superficies à mettre en culture, ou le nombre de têtes de bétail à entretenir sur les terrains de pâturages, ou la valeur des aménagements à faire en vue de la création d'une industrie ou encore l'importance des

travaux d'utilité générale, tels que construction de routes, draï-
nages, etc.. à entreprendre, en raison même des besoins des
exploitations. L'administration sortirait de son rôle en imposant
l'obligation d'entreprendre telle ou telle culture, de créer telle
ou telle industrie ou de faire tels ou tels travaux; mais elle a le
devoir de s'assurer que les avantages qu'elle accorde seront mis
à profit en vue du développement de la colonisation et de la
richesse économique du pays. En prévoyant ainsi des conditions
de mise en valeur répondant à la nature des diverses entreprises
susceptibles d'être créées à Madagascar, elle n'en laissera pas
moins à l'initiative individuelle la plus grande latitude, puisqu'à
la réalisation de l'une quelconque d'entre elles dans un délai
normal, correspondra l'attribution définitive de la propriété,
celle-ci constituant, pour ainsi dire, en faveur du détenteur du
sol, la rémunération du concours qu'il aura apporté au progrès
économique du pays.

V. — Relations avec les indigènes.

L'étude des conditions les plus favorables à la création et au
développement des entreprises de colonisation conduit, en outre,
à rechercher et à définir en termes précis les bases des relations
qui doivent s'établir entre les concessionnaires et les indigènes.
Les considérations qu'elle évoque méritent de retenir tout particulièrement l'attention parce que, à Madagascar surtout, elles
ont trait à des nécessités de premier ordre.

Comme chez toute peuplade à la civilisation primitive, mise
en contact avec une race supérieure et conquérante, le premier
sentiment du Malgache à l'égard de l'Européen est la méfiance,
soit qu'il conserve des velléités d'indépendance, soit que, lorsqu'il s'agit surtout du colon, il considère ce nouvel occupant du
sol comme un spoliateur ; indolent et paresseux, l'indigène, qui
vit de peu, ne ressent que des besoins limités auxquels il peut
aisément satisfaire, éprouve pour tout travail suivi, contraire à
ses penchants versatiles et fantasques, une répugnance instinc-
tive ; c'est pourtant cette continuité du travail que l'Européen,
nouveau venu, peu au fait des mœurs locales, sera souvent tenté
d'exiger de lui brusquement. Deux tendances diamétralement
opposées se trouvent par suite en présence.

L'intérêt de la colonisation exige évidemment que l'indigène ne demeure pas dans sa paresseuse quiétude, on pourrait ajouter, d'ailleurs, que la société, dont les peuples civilisés sont les premiers représentants, a le droit d'exiger de chacun de ses membres, quel qu'il soit, la somme d'efforts qu'elle juge indispensable au progrès social. Pour astreindre le Malgache à cette obligation, il faut qu'à défaut du besoin qui, pour les races européennes, est devenu la loi naturelle du travail, une action énergique se manifeste, que l'autorité intervienne. C'est à cette idée que répond la réglementation exigeant de tout indigène la justification d'un emploi ou d'une profession.

Mais cette réglementation, quelque étroite qu'elle soit et quelque activité que l'administration apporte à en assurer l'application, ne peut, à elle seule, constituer une solution de tous points satisfaisante du problème complexe qu'est le recrutement de la main-d'œuvre locale.

S'il est indispensable de faire sentir au Malgache qu'il doit se plier à une obligation à laquelle nous-mêmes sommes soumis, il convient cependant de ne pas perdre de vue que sur lui la coercition ne peut avoir qu'une action restreinte et qu'elle ne tarderait pas à devenir non seulement inefficace, mais nuisible, si elle était appliquée sans ménagements.

Dans un pays aussi vaste et accidenté que l'est Madagascar, il ne saurait être question d'organiser un réseau de surveillance tel que le réfractaire à la loi du travail ne puisse y échapper. Sans doute, le Malgache, surtout l'habitant du plateau central et de la côte orientale, est quelque peu attaché à son village, à sa case et à son champ ; il subira jusqu'à un certain point l'action de l'autorité, parce qu'en raison même de son apathie, il lui en coûtera d'aller s'installer ailleurs, que tout acte de résistance comporte de l'activité, une certaine initiative ; mais, si l'obligation à laquelle il doit se plier lui est brutalement imposée, il s'immobilisera d'abord dans sa passivité, opposera la force d'inertie ; si l'on accentue à son égard les mesures de rigueur sans que dans son esprit, la conception d'une faute ait eu le temps de se préciser, ou bien il se dérobera par la fuite, ou bien il se révoltera, pour peu que les circonstances lui donnent à penser qu'il puisse impunément faire acte de violence.

Dans tous les cas, le colon serait la première victime du vide fait autour de lui ou du trouble causé à l'ordre public par la résistance des populations, puisque — le plateau central excepté — l'Européen ne peut s'adonner, à Madagascar, à un travail matériel pénible et que son rôle se borne à une direction intelligente et impulsive.

L'isolement ou le refoulement des indigènes, possible dans d'autres contrées, l'Australie, le Canada, l'Amérique, ne peut être mis en pratique dans la colonie. Il ne répond pas d'ailleurs aux sentiments d'humanité de notre pays et nous priverait, surtout, du concours des races intelligentes et industrieuses de l'île qui, comme les Hovas, doivent être nos meilleurs auxiliaires dans l'œuvre de colonisation que la France a entreprise à Madagascar.

Considérés seulement comme instruments de travail, il faudrait, en outre, remplacer les Malgaches par un autre élément de main-d'œuvre. Or, la question d'immigration de travailleurs étrangers est des plus complexes ; elle comporte l'étude préalable des races laborieuses et tranquilles susceptibles de s'acclimater dans le pays ; elle présente des dangers et des incertitudes : dangers, parce qu'elle peut aboutir à l'introduction d'éléments contre lesquelles il faudra peut-être lutter plus tard sur le terrain économique, tels les Hindous à La Réunion et à l'île Maurice, les Chinois en Australie et en Amérique ; incertitude, parce que l'immigration sera subordonnée au bon vouloir de nations étrangères, au contrôle de leurs représentants et ne sera vraisemblablement obtenue que par l'abandon de privilèges qu'il y a intérêt à réserver à nos seuls compatriotes.

L'immigration de main-d'œuvre étrangère, d'ailleurs dispendieuse, ne peut donc être envisagée, dès maintenant, comme susceptible de faciliter les débuts des entreprises de colonisation, bien qu'il n'y ait pas à se dissimuler qu'il sera sans doute nécessaire d'y recourir plus tard, si la colonie prend le développement qui doit être l'objet de tous nos vœux et le but de tous nos efforts. Pour le moment et pendant quelques années encore, il y aura, en général, avantage à employer l'indigène pour les travaux de colonisation, si peu qu'il soit utilisable.

Or, il est incontestable qu'une entreprise industrielle ou agricole basée sur le seul emploi d'ouvriers travaillant quasi en corvée aurait peu de chance de réussite. La main-d'œuvre forcée est naturellement peu soigneuse, peu attentive ; elle ne peut donner, par conséquent, que de médiocres résultats.

En vue d'amener les indigènes à fournir leur travail autrement que par la contrainte, en quelque sorte, spontanément, j'avais accordé certains avantages, tels que l'exemption des prestations et du service militaire à ceux qui s'engageaient pour une période continue au service des colons. Ces mesures ont donné lieu à des abus, à des opérations équivoques dont les entreprises sérieuses ont gravement souffert et qui ont même, dans l'esprit des Malgaches, porté atteinte au prestige des Européens. Par là le double but que je m'étais proposé n'a pas été atteint : l'indigène s'est soustrait à la loi du travail; la quantité de main-d'œuvre disponible s'est trouvée réduite, au détriment des plus légitimes intérêts. Je me suis vu dans l'obligation de revenir sur des dispositions qui, en définitive — des exemples récents sont là pour l'attester — n'avaient servi qu'à favoriser la paresse de grand nombre d'indigènes, sans aucun bénéfice pour la majorité de nos colons.

L'analyse des conditions du milieu, la simple constatation des faits conduisent donc à conclure que pour secouer l'apathie du Malgache, pour l'inciter au travail, l'intervention de l'administration est nécessaire, qu'elle doit se manifester avec tact et prudence, sans à coup, sans brusquerie, mais que, même exercée ainsi, elle ne peut suffire à amener l'indigène à donner l'effort nécessaire à la colonisation. Il faut, en outre, que l'action personnelle du colon intervienne à son tour pour retenir les ouvriers que l'application de la réglementation du travail lui aura procurés et en augmenter le nombre.

Les résultats déjà obtenus démontrent que le moyen le plus efficace à employer pour conserver cette main-d'œuvre consiste à passer avec les indigènes des contrats d'engagement qui les attachent au sol de l'exploitation, en tenant compte de ce fait que l'on ne saurait, pour le moment du moins, songer raisonnablement à exiger des Malgaches des habitudes de travail identiques à celles que l'on rencontre chez les peuples civilisés ; les penchants d'une race ne se modifient pas du jour au lendemain et il est nécessaire de ménager la transition.

L'installation de cases à l'usage des engagés, l'abandon à chaque famille d'un lot de terrain avec la faculté de le cultiver pendant un temps déterminé, l'appât de la possession, le contact du bien-être sont autant de mesures répondant à cette nécessité.

L'indigène a le sentiment de la justice, il apprécie exactement les traitements divers qu'on lui applique et, s'il ne proteste pas contre une punition même très dure quand elle est méritée, la moindre injustice peut suffire, par contre, à le rebuter.

Le colon, en stipulant au profit de ses employés des allocations représentant la juste récompense de leur labeur et basées sur le coût de l'existence dans la région où est située l'exploitation, en exécutant scrupuleusement ses engagements, donnera satisfaction à cet instinct d'équité; il gagnera ainsi peu à peu leur confiance et finira par en obtenir un travail plus assidu.

Enfin, une certaine bienveillance de l'employeur vis-à-vis de l'employé ne sera pas sans avoir une heureuse répercussion sur leurs rapports réciproques. Les soins médicaux, l'octroi de gratifications minimes seront, par exemple, largement compensés, à mon sens, par une ardeur plus grande au travail et un désir de mieux faire chez l'ouvrier qui en aura été l'objet.

Il convient de remarquer, de plus, que la répugnance manifestée par les indigènes pour certains travaux, ceux avec lesquels ils ne sont pas familiarisés, provient plutôt de paresse d'esprit que de paresse physique, puisqu'ils se livrent parfois à des besognes très pénibles; que, d'autre part, ce n'est pas seulement en obtenant des Malgaches une main-d'œuvre brute, grossière, qu'on satisfera aux besoins essentiels d'une exploitation.

A ce double point de vue on doit s'attacher, il faut le reconnaître, à éveiller l'esprit de l'indigène, le travail de l'homme étant d'autant plus productif qu'il est plus intelligent, quand bien même on ne s'arrêterait pas à cette considération que la France a, ici, à poursuivre une mission civilisatrice; les obligations de morale élevée s'accordent pleinement avec les nécessités de nos intérêts matériels.

En résumé, il importe à tous égards de suivre vis-à-vis des populations qui nous entourent et sont, en général, perfectibles, une politique de tutelle ferme, mais bienveillante et d'éducation progressive.

Les diverses mesures que je viens d'exposer trouveront leur application dans les entreprises de quelque importance que ce soit. Mais lorsqu'il s'agira de grandes exploitations, elles s'imposeront plus impérieusement, parce que l'exploitant aura alors une plus large initiative, un plus vaste champ d'action.

Les grandes concessions comprendront une population indigène avec des villages, des cultures, du bétail. L'intérêt du *concessionnaire sera de voir cette population non pas abandonner le territoire, mais s'attacher davantage au sol et s'augmenter.* Il devra donc respecter ces villages, réserver aux indigènes les terrains nécessaires à leurs cultures et au pacage de leurs bestiaux ; *pour calmer les appréhensions que pourra provoquer autour de lui sa prise en possession du sol, il aura même intérêt à faire rapidement connaître ses intentions à cet égard et à les affirmer par des actes.*

C'est dans cet ordre d'idées que le Gouverneur Général de l'Algérie écrivait déjà, en 1849 : « La grande préoccupation des *indigènes est la question de propriété. En présence du développement que tend à prendre la colonisation, leur imagination travaille et la crainte de se voir dépossédés des terres qu'ils occupent les rend accessibles à tous les bruits absurdes que font courir ceux qni veulent les entraîner dans un mouvement contraire à notre domination.* Il importe donc, au plus haut degré, de les tranquilliser en démentant par nos actes les insinuations de malveillants et de nous occuper ostensiblement de leurs intérêts pour ramener chez eux la confiance qui doit favoriser les idées qu'on est déjà parvenu à faire naître dans certaines localités touchant les constructions et l'extension de l'agriculture. » Ces réflexions sont d'actualité à Madagascar.

C'est pour n'avoir pas tenu compte de semblables considérations qu'on a vu se produire en 1878, la longue et vive insurrection des tribus canaques de la Nouvelle-Calédonie, inconsidérément dépossédées de leurs terres.

Il pourra sans doute arriver parfois que des terrains occupés par les indigènes soient nécessaires à l'entreprise du concessionnaire ; il sera alors équitable que l'occupant reçoive ailleurs une compensation et même une indemnité de dépossession ; l'administration aura à intervenir à ce sujet pour faciliter une entente.

L'intérêt bien entendu du concessionnaire sera encore, non seulement de laisser aux indigènes toutes facilités pour se livrer aux cultures et à l'élevage, suivant leurs procédés habituels, mais de les initier à nos méthodes rationnelles, en excitant chez eux le désir du gain qui est le meilleur facteur d'activité et de travail. En l'amenant à augmenter ses troupeaux, en lui apprenant à les soigner, en lui démontrant la nécessité d'abriter les vaches et les veaux, pour éviter le déchet, à faire une sélection des reproducteurs, en lui donnant des semences de plantes fourragères pour l'amélioration des pâturages, il sera le premier à bénéficier de ces mesures.

Il est facile de concevoir qu'il puisse s'établir entre le concessionnaire et les populations fixées sur son territoire une sorte d'association d'intérêts, tant en vue de l'exploitation des produits naturels que pour l'extension de certaines cultures et l'élevage du bétail. Le colonage partiaire et le cheptel ont à cet égard une application tout indiquée. Ils permettront au concessionnaire de récolter, sans grand frais, les produits naturels et d'amortir ainsi ses dépenses d'installation, de préparer, en outre, progressivement, de nouvelles exploitations d'un rendement à longue échéance sans doute, mais assuré. En ce qui concerne particulièrement l'élevage, ce mode de procéder amènera naturellement les indigènes à se charger du gardiennage des troupeaux, puisqu'ils seront directement intéressés à ce qu'aucun vol ne se produise; à titre de garantie, l'administration imposera aux propriétaires indigènes l'obligation de marquer leur bétail, les empreintes et les instruments *ad hoc* étant déterminés et conservés par elle. Cette mesure, déjà appliquée dans certaines provinces, a donné les meilleurs résultats.

Le concessionnaire mis ainsi, par une association d'intérêts, en contact direct avec les indigènes, sera mieux placé que tout autre pour les pousser dans la voie du progrès. Qu'il s'attache encore à donner satisfaction à leurs besoins primitifs, à leur en créer de nouveaux, et il les habituera peu à peu à le considérer comme leur providence ; il sera donc utile, dans ce but, qu'il adjoigne à son exploitation une sorte de bazar lui permettant de leur vendre, dans les meilleures conditions, les objets d'usage courant et ceux susceptibles de flatter leurs goûts et d'exciter leur vanité.

Enfin, il ne faut pas perdre de vue que c'est encore par l'instruction qu'on fera comprendre aux Malgaches les avantages de la civilisation, la nécessité du travail, qu'on leur inculquera des sentiments de respect et d'affection pour la France, c'est-à-dire pour tous ceux qui la représentent ici, colons, officiers, fonctionnaires, missionnaires. Le concessionnaire pourra aisément organiser, dans les principaux villages de son territoire ou au centre de son exploitation, avec son personnel de direction et de surveillance, quelques écoles où sera formée à ces idées la jeune génération, c'est-à-dire la partie de la population sur laquelle *nous pouvons avoir le plus de prise.* J'ajouterai que la nouvelle réglementation des écoles officielles ou libres de notre colonie, actuellement en préparation, prendra pour base essentielle l'éducation et l'instruction professionnelles et agricoles des élèves indigènes. La colonie ne réservera désormais ses faveurs et avantages qu'aux écoles officielles ou libres pourvues d'ateliers et de *jardins d'essais et d'enseignement,* permettant en un mot de *préparer toute une pépinière d'agents, d'ouvriers, de cultivateurs, capables de venir en aide à nos commerçants, nos industriels et* nos planteurs.

En définitive, par un ensemble de dispositions raisonnées, basées sur la nature de l'indigène, les conditions du milieu, les principes de justice et d'humanité, il sera possible de rapprocher *progressivement de nous des peuplades qui, abandonnées jusqu'à ce jour à leurs penchants, menant une existence végétative, ne peuvent, pour le moment, fournir qu'un travail peu productif,* mais sont — pour la plupart du moins — susceptibles de perfectionnement.

Si, en outre, le concessionnaire a soin de s'initier aux coutumes locales et d'éviter de les froisser, s'il sait intervenir judicieusement pour régler, en toute équité, les quelques petits *différends qui peuvent se produire entre les indigènes habitant* son territoire, il acquerra sur ceux-ci une influence personnelle qui sera des plus profitables à son entreprise.

VI. — Intervention administrative
du concessionnaire.

Ainsi que je l'ai *déjà* expliqué, l'administration, si elle se trouve en présence d'hommes vraiment désireux et capables de faire œuvre utile, devra non seulement leur faciliter l'exercice de leur activité, mais encore leur donner du prestige aux yeux des indigènes.

En matière de grande colonisation, surtout, une large aisance d'allures sera indispensable au colon pour qu'il puisse tirer le parti le meilleur de ses capitaux et employer le plus utilement les indigènes fixés sur le territoire concédé ; son initiative ne saurait avoir d'autre limite que le respect de l'équité, de l'ordre public, au maintien duquel il devra même contribuer, et les nécessités de l'intérêt général. Je ne verrai même pas d'inconvénients à ce que, dans certains cas déterminés, et sous un contrôle suffisant de l'administration, le concessionnaire puisse nous servir lui-même d'intermédiaire dans les questions d'impôts.

Il pourrait être chargé de percevoir les impôts, pour les transmettre aux fonctionnaires de la province.

Il aura naturellement la faculté d'assurer lui-même, au moyen des prestations, sur les indications qui lui seront données, l'exécution des travaux d'utilité publique reconnus nécessaires dans son territotre ou à proximité. Ces travaux seront d'ailleurs considérés comme une mise en valeur partielle de la concession, à laquelle correspondra l'attribution définitive de la propriété suivant les conditions précédemment définies : de telle sorte que le colon y trouvera la rémunération de son *concours* de direction intelligente.

Telles sont les considérations dont je me suis inspiré en proposant au Département l'attribution, dans les régions du Nord-Ouest et du Sud de l'île, de grandes concessions territoriales à des sociétés qui ont conformé d'elles-mêmes à ces indications le programme auquel elles se sont arrêtées.

Je crois utile de vous en faire part, puisque vous aurez mission de les mettre en pratique, comme de vous communiquer les idées que m'a suggérées, sur les conditions très diverses des entreprises de colonisation à Madagascar, une étude attentive des faits et du pays pendant plus de deux années.

Nos efforts resteraient stériles si leur but n'était pas nettement défini ; c'est déjà toucher au succès que de savoir comment y atteindre.

Fait à Tananarive, le 22 janvier 1899.

Le général commandant en chef du corps
d'occupation et gouverneur général de
Madagascar et Dépendances.

GALLIENI.

L'ÉTAT ET LA COLONISATION

Un de nos correspondants nous adresse la note suivante au sujet de l'article qui a paru dans notre dernier Bulletin sous le titre : *l'Etat et la Colonisation.*

« Dans le Bulletin du 5 avril 1899, M. Ch. D. traite la question des concessions de terrains domaniaux dans les colonies, et discute fort judicieusement le projet de décret qui doit régir ces concessions. Ses critiques sont fort justes : L'Etat donne d'une main ce qu'il retire de l'autre. C'est l'esprit général de notre système administratif qui ne comprend pas de liberté sans tutelle.

« Cependant il semble que M. D. donne à l'article du décret réglant les conditions de constitution de la Société anonyme, une interprétation qui dépasserait la portée de ce décret, et créerait une injustice criante : Il dit : « Par une contradiction qui semble un défi au sens « commun, on lui interdit (au concessionnaire) de rece- « voir la représentation de ses apports sous forme d'ac- « tions »; — et plus loin : « Et l'on s'imagine qu'une « perspective aussi rassurante sera de nature à encoura- « ger les initiatives, et qu'il se trouvera des hommes « assez fous pour aller étudier les ressources d'une colo- « nie, rechercher les exploitations à y introduire, déli- « miter les terrains nécessaires pour ces exploitations, « lorsque, pour les rémunérer des fatigues qu'ils ont « subies, des dangers qu'ils ont courus, de l'argent qu'ils « ont dépensé, on leur offre quoi? tous les risques pécu- « niaires et moraux d'une entreprise qu'on leur interdit « de diriger ! »

« Il s'agit de s'expliquer sur cette question des apports,

et leurs restrictions que l'on retrouve toujours dans tous les actes de concession de l'Etat.

« L'Etat défend de vendre la concession qu'il a bien voulu donner gratuitement, et de recevoir en échange des actions d'apport, mais il ne défend pas à la Société créée, de rémunérer les travaux antérieurs, et de rembourser les dépenses des études, recherches et autres, faites par le concessionnaire ou par ses agents.

« Aussi nous voyons fréquemment des Sociétés d'études se constituer avec un capital plus ou moins important, pour préparer les données nécessaires à une demande de concession d'un chemin de fer par exemple, et j'en pourrai citer. Ces Sociétés lorsque la concession est obtenue constituent la Société définitive de construction et d'exploitation, à laquelle elles apportent, non pas la concession elle-même, mais leurs études, peines et soins et leurs dépenses contre une somme en actions de la nouvelle Société qu'il est juste de payer.

« L'explorateur, l'inventeur, créateur de l'affaire peut donc toujours faire estimer par la Société qu'il a constituée, ses peines et soins et en obtenir la rémunération.

« L'interprétation de M. Ch. D. créerait, comme il le dit fort bien, une contradiction qui semble un défi au sens commun, et personne n'a intérêt à laisser s'accréditer une semblable interprétation.

« Paris, le 17 avril.

« J. D. »

Notre correspondant s'est mépris, croyons-nous, sur la signification et la portée des critiques que nous avons formulées. Il n'a jamais fait doute pour nous que l'apporteur d'une concession coloniale puisse recevoir — en argent — la rémunération de ses peines et soins, et le projet de décret-type, en effet, n'y fait pas obstacle.

Mais on conviendra bien que le plus souvent cette rémunération en argent ne sera qu'une faible partie des avantages auxquels peut légitimement prétendre l'homme qui a fait des sacrifices pécuniaires considérables, perdu parfois plusieurs années, risqué sa vie et à tout le moins sa santé, pour découvrir d'abord, faire délimiter ensuite, et finalement obtenir le droit d'exploiter les terrains dont il apporte la concession à une Société.

Cette Société a besoin de tous ses capitaux pour son exploitation et on ne saurait attendre d'elle qu'elle en distraie, pour rémunérer le concessionnaire, une portion en rapport avec le juste salaire dû à celui-ci.

Ce salaire, le concessionnaire le recevra donc sous une autre forme. Le projet de décret type ne s'y oppose pas non plus; mais — et c'est là la disposition que nous avons critiquée — il n'admet de rémunération au profit du concessionnaire, que sous forme de parts bénéficiaires. Or, les parts bénéficiaires, à l'encontre des actions, ne donnent aucun droit d'immixtion dans la gestion de l'entreprise, de sorte que l'inventeur sera, si ses ressources ne lui permettent pas de souscrire des actions de la société, complètement éliminé de l'administration de l'entreprise dont il aura été le promoteur.

C'est là que réside l'anomalie que nous avons signalée, anomalie qui revêt un caractère particulièrement choquant si on rapproche cette disposition de cette autre, à savoir que le concessionnaire reste pendant trois ans solidairement responsable avec la société des engagements que celle-ci aura pris.

Nous voudrions nous tromper et pouvoir donner une autre interprétation du texte du projet de décret-type.

Malheureusement ce texte n'est que trop clair et ne prête à aucune ambiguïté. Voici en effet, comment il s'exprime :

« Art. 2 § 2. — Les concessionnaires n'auront droit qu'au remboursement de leurs avances ;

« § 3. Toutefofs les statuts pourront réserver aux concessionnaires une part dans les bénéfices à distribuer après que le capital-actions aura reçu une rémunération de cinq pour cent. »　　　　Cʜ. D.

LES VIANDES DE CONSERVE DE MADAGASCAR

On se souvient certainement qu'au mois de janvier dernier, M. le ministre de la guerre, répondant à une interpellation relative à des accidents survenus dans la garnison de Sens après consommation de viandes de conserve avariées, avait déclaré que désormais les viandes d'origine coloniale ne seraient plus admises à concourir avec celles de la Métropole à la fourniture de l'armée.

Cependant, quelque temps après, ébranlé par un éloquent discours de M. Etienne, et d'autre part instruit par son collègue, M. le ministre des Colonies de l'existence d'une loi du 11 janvier 1896, qui assure aux usines coloniales une part dans les fournitures militaires, M. le ministre de la Guerre atténua la rigueur de sa première décision. Il assura qu'il n'avait pas l'intention d'exclure de l'alimentation de l'armée les conserves d'origine coloniale, mais qu'il se préoccupait au contraire d'organiser la surveillance de leur fabrication ; dès que ce service serait en état de fonctionner, ajoutait-il, les usines coloniales jouiraient des avantages que la loi du 11 janvier 1896 leur réserve. Revenus de leur émotion justifiée, et forts de ces promesses, les usiniers de Madagascar se remirent avec confiance au travail. Leurs conserves n'auraient rien à redouter de l'examen, qu'elles allaient subir. Cependant ils sont en ce moment même de nouveau plongés dans l'anxiété. Ni la matière première ne leur fait défaut, ni la main d'œuvre. Mais c'est le contrôle annoncé qui ne vient pas, et c'est eux maintenant qui le réclament. Ils se trouvent dans cette situation bizarre : on ne les autorise pas à livrer leurs produits avant l'inspection, mais on n'organise pas ce service de l'inspection. Il ne serait pourtant pas difficile de les satisfaire. Il n'est pas besoin de créer tout un corps de fonctionnaires. Qu'un vétérinaire, qu'un fonctionnaire déjà dans la colonie, et possédant des connaissances techniques soit désigné, voilà tout ce qu'il faut. D'autant plus qu'on ne procédera à Madagascar qu'à un premier examen. Arrivées en France, les boîtes sont soumises à Marseille et à Billancourt à un contrôle, pareil à celui que subissent les conserves de la métropole. Ce n'est d'ailleurs ni immédiatement après la fabrication, ni au moment de leur livraison, qu'il importe d'examiner avec le plus de soin les conserves, c'est au moment de la consommation. Si attentifs que soient les fabricants, aux colonies, comme en France, quand on opère sur des millions de boîtes, des fermentations sont toujours possibles.

En somme, si l'on examine de près les discours qui ont été prononcés à la Chambre en janvier dernier, il est manifeste qu'on cherche à employer des moyens dilatoires pour écarter les conserves coloniales.

Or, cela est injuste pour deux motifs, l'un particulier et l'autre général.

Le nouveau cahier des charges qui depuis 1896 régit les marchés entre les industriels et l'administration militaire stipule que l'adjudicataire pourra faire usage de viande de vache dans la proportion de 50 0/0 et se réserver les morceaux de choix, dits de boucherie, tels que filets, faux filets, etc. Les industriels de Madagascar ne sauraient profiter de ces clauses avantageuses, d'une part parce que dans la colonie il est défendu d'abattre vaches et génisses, et d'une autre parce qu'ils n'ont pas le moyen de se défaire des morceaux de choix, la clientèle locale étant très peu nombreuse. Contrairement à ce qui a lieu en France, il n'entre dans leurs produits que du bœuf, et les morceaux les plus recherchés ne sont pas écartés. D'un autre côté, les préventions qu'on a encore contre les produits coloniaux, sont incompréhensibles. Si l'on a fait l'énorme dépense de conquérir des colonies, c'est évidemment pour qu'elles servent pratiquement à quelque chose. Madagascar peut nous fournir de bonne viande de bœuf, pourquoi la repousser ? Il faudra bien cependant qu'on s'habitue à cette idée que les produits coloniaux ont droit aux mêmes égards que ceux de la métropole.

NOUVELLES DE MADAGASCAR

On nous écrit de Tananarive, le 28 mars 1899 :

Le calme est complètement rétabli dans le Nord-Ouest. Le massif de l'Ankaizinana où s'étaient réfugiés le chef rebelle Kariza et le Npanjaka Ranjalahy, est maintenant tranquille.

Les populations inoffensives, un moment effrayées par les rebelles, sont rentrées dans leurs villages où la vie a repris son cours normal. Le commerce des bœufs redevient prospère et le Nord-Ouest étant riche en bétail, les marchands trouveront dans cette région un marché bien approvisionné. Les transactions de toute nature deviennent de plus en plus actives dans le cercle d'Analalava et la prospérité générale du pays, compromise par les troubles, s'améliore chaque jour. Enfin, en raison de la nécessité de communications rapides entre les régions du Nord-Ouest et Majunga, le vapeur *Mpanjaka* assurant le service postal sur la côte Ouest, fera dorénavant escale à Analalava les 6 et 20 de chaque mois.

La situation sanitaire est devenue tout à fait normale à Tamatave où les grands travaux entrepris suivent leur cours. Le remarquable rapport du lieutenant-colonel Roques, directeur des travaux publics, au sujet de l'assainissement de la ville mérite d'être signalé. Cet officier supérieur passe en revue les causes, d'ailleurs supprimables, auxquelles est due l'insalubrité de cette localité et propose un moyen pratique de les annihiler et de les détruire avec un minimum de travail et de dépenses. A partir du 10 mars, le service des paquebots des Messageries Maritimes est repris dans les conditions où il se faisait avant l'apparition de la péste. L'agent de cette compagnie, en service à Maurice, fait connaître que la Réunion est mise en quarantaine, et qu'aucune marchandise à destination de cette île ne devra être embarquée de Madagascar sur les bateaux de la compagnie.

Grâce aux patients travaux astronomiques du R. P. Colin et à ceux des ingénieurs hydrographes, on possède maintenant un grand nombre de points sur la côte Ouest dont la longitude est exactement déterminée. La réunion de ces points donnera enfin le contour précis de la côte occidentale de l'île. Des erreurs assez considérables, dont l'une dépasse 20 kilomètres à Tomboharano existent actuellement sur toutes les cartes. L'année dernière, les brigades topographiques de l'Etat-Major ont opéré dans le sud de l'île entre Ihosy et Fort-Dauphin. En 1899, elles doivent exécuter un réseau reliant la capitale à Diégo-Suarez.

Ces brigades se mettent en route dès maintenant et leurs travaux ne prendront fin qu'avec la belle saison.

L'Etat-Major du corps d'occupation a rédigé et mis en vente un guide à l'usage des voyageurs se déplaçant entre Tamatave, ou Majunga et Tananarive, et vice versa. Cette petite brochure, agrémentée de gravures et de cartes, rendra d'incontestables services aux personnes voyageant entre la capitale et la côte.

Dans le Sud-Ouest, la pacification et l'organisation administrative des régions soumises se poursuit régulièrement. Les résultats obtenus pendant l'année 1898 et le commencement de 1899 par le capitaine Toquenne sont très remarquables. Tout le pays au Nord de l'Onilahy est pacifié, sauf un point, le Vohinghezo-Volambita, où une action militaire sera peut-être nécessaire pendant la belle saison.

Au commencement du mois de mars, des pluies torrentielles, causant de nombreux dégâts, sont tombées. Depuis une quinzaine de jours le beau temps s'est rétabli et l'hivernage semble bientôt devoir prendre fin en Imerina.

On nous écrit de Tamatave, le 19 mars 1899 :

La statistique officielle de l'épidémie de peste qui a sévi à Tamatave du 24 novembre au 3 février vient d'être publiée au *Journal officiel* de la Colonie.

Le nombre de cas constatés a été de 295, celui des décès de 197, qui se répartissent de la manière suivante :

Cas constatés : 162 indigènes, 61 créoles, 68 asiatiques et 5 européens.

Décès : 101 indigènes, 39 créoles, 56 asiatiques, 1 européen.

Il est intéressant de rappeler ici qu'il résulte du recensement officiel, effectué quelques jours avant l'épidémie, que la population de Tamatave atteignait 6.800 personnes représentant :

346 européens, 1.790 créoles, 394 asiatiques et 4.270 indigènes.

Comme il fallait s'y attendre l'esprit d'hostilité qui anime la Réunion contre Madagascar n'a pas manqué de se manifester d'une manière éclatante. Le *Peï-Ho*, des Messageries Maritimes, arrivé le 7 mars, avait obtenu une patente nette à Tamatave (le dernier cas de peste remontant à plus d'un mois), l'agent de la Compagnie avait cru pouvoir accepter des passagers pour la Réunion, d'autant plus qu'un récent arrêté du Gouverneur de cette colonie portait que la libre pratique serait accordée aux navires munis d'une patente nette ; une soixantaine de personnes environ, fatiguées par l'hivernage et désireuses d'aller se rétablir dans un climat meilleur, s'embarquent donc à Tamatave à destination de la Réunion. Quelques jours après un câblogramme de Maurice nous informait que les passagers avaient été débarqués au lazaret de la grande chaloupe où ils avaient à purger une quarantaine de vingt jours ! et tout le monde sait que le dit lazaret est un des points les plus insalubres de la colonie voisine. Immédiatement les Messageries Maritimes informent le public que ses paquebots ne prendraient plus jusqu'à nouvel ordre, ni passagers ni marchandises pour la Réunion et Maurice. Il serait bon que de tels procédés fussent dévoilés et jugés comme ils le méritent, jusqu'à ce qu'on se décide à modifier la législation coloniale en matière sanitaire surtout dans les rapports de colonie française à colonie française.

— Le voyageur qui arrivait à Tamatave était agréablement impressionné par l'aspect verdoyant et gai de la ville vue de la mer, cette bonne impression s'effaçait bien vite dès qu'il mettait les pieds à terre, et les immondices et les habitations invraisemblables entassées les unes sur les autres et au travers desquelles serpentaient des ruelles informes et infectes lui donnaient une piètre idée de la salubrité de Tamatave.

La peste a ouvert les yeux des habitants sur cette situation déplorable. Dès le début de l'épidémie et sur les instances des médecins (dont les avis avaient été trop dédaignés), un grand nettoyage de la ville fut entrepris et demanda plus de 1.800 journées d'homme ; la largeur des ruelles fut portée à 3 mètres, lar geur minimum. L'élargissement de la rue du *Commerce* est commencé et des trottoirs sont établis sur les côtés, de façon à faciliter la circulation des piétons ; elle est malaisée, vu que le sol sur lequel s'élève la ville est composé de sable. L'ouverture de grandes voies coupant la ville de la Rade à la Baie d'Ivondro et orientées dans la *direction des vents régnants fut décidée et* les travaux immédiatement commencés.

Les plans d'alignement et de nivellement des rues de la *Marine*, des *Pêcheurs*, *Blévec*, *Nationale*, de la *Batterie* et de l'*Artillerie*, de l'*Hôpital militaire*, *Lagougine*, *Amiral-Pierre*, de la *Colonne* et *Louvières*, *Romain-Desfossés*, *Dupetit-Thouars*, de *Pronis*, du *Marché* et prolongement, ont été approuvés et homologués.

Des arrêtés de voirie sévères viennent d'être pris pour réglementer le nettoyage permanent de la ville et améliorer les systèmes de vidanges existant. Enfin la destruction de plus de cent cinquante cases contaminées pendant l'épidémie, a donné un peu d'air à la ville. Il faudrait pour compléter ces travaux débarrasser Tamatave des immondes cases indoues, foyer d'infection redoutable, mais c'est là l'œuvre du temps. Quant à la nouvelle ville il n'en est plus question et il est regrettable que quelques travaux de nivellement n'y aient pas été faits, afin d'encourager les propriétaires à y bâtir.

Au *Phare de la Pointe Tanio*, les soubassements sont déjà prêts à recevoir la tour métallique. Au *Phare de la Pointe Hastie*, la surélévation des fondations est achevée et on procède à la confection du coffrage des soubassements.

Le génie vient de terminer un quai de 40 mètres destiné à remplacer l'appontement provisoire construit en 1897 et les débarquements des marchandises vont être facilités par deux grues établies sur ce quai. Les travaux du *Boulevard maritime* destinés à empêcher les érosions produites dans la partie sud de la rade par les courants, sont poussés avec une grande activité malgré les difficultés que l'on rencontre ici dans les travaux à la mer.

Les magasins à pétrole que fait construire la compagnie coloniale sont très avancés, la maçonnerie d'un bâtiment est entièrement terminée. Le marché couvert dont la construction est très habilement conduite par l'entrepreneur M. Zotier avance à grands pas ; les deux tiers des charpentes métalliques sont en place.

Enfin les casernes et la poudrière en maçonnerie entreprises par le génie s'élèvent rapidement. Voilà un assez joli bilan de travaux et il faut espérer que le premier port de la colonie deviendra avant peu une vraie ville digne de sa situation privilégiée.

Il y a bientôt un mois que nous sommes reliés à Ivondro par la Compagnie des *Messageries de Madagascar*, mais la ligne n'est pas encore ouverte à l'exploitation.

L'inauguration officielle sera faite par le général Gallieni, probablement à la fin du mois prochain.

M. Clarke, inspecteur des Messageries Maritimes et M. Maurice, agent à Tamatave, sont partis pour Tananarive il y a huit jours pour conférer avec le Gouverneur Général sur le service maritime de la Côte Ouest.

La *Ville d'Alger*, destinée à remplacer la *Ville de Riposto*, est attendue impatiemment par tous les habitants de la côte. Il serait à désirer que *la Société française de navigation* qui a déjà fait de gros sacrifices à Madagascar se décidât à organiser fortement un service maritime de la côte Est, car l'insuffisance des moyens de communication constitue une entrave sérieuse au développement de cette partie de Madagascar.

On annonce que la Compagnie des Chargeurs Réunis va reprendre son service ; le *Canarias* est attendu incessamment.

L'épidémie de peste, en arrêtant les transactions, a porté un préjudice considérable au commerce de la côte Est. Les affaires paraissent reprendre avec une grande activité et elles seront certainement facilitées par la disparition de la place d'une nuée de soi-disant commerçants, Hindous pour la plupart, en déconfiture aujourd'hui. Il faudrait surtout que nos commissionnaires se montrent plus circonspects dans leurs crédits ouverts trop libéralement à certains asiatiques sur la foi de je ne sais quels renseignements intéressés.

Ils s'éviteraient ainsi des déboires et ne contribueraient pas à alimenter la concurrence déloyale que font les Hindous à nos honnêtes négociants en inondant le marché de produits qu'ils vendent à vil prix, avec d'autant plus de facilité qu'ils sont bien décidés à ne pas payer leurs fournisseurs.

La désignation du général Pennequin pour l'intérim du gouvernement général a été très favorablement accueillie à Tamatave où les vieux colons ont connu le général (alors capitaine) en 1883.

Retour du général Galliéni. — Les fêtes organisées en l'honneur du général Galliéni avant son départ : fête populaire des enfants de Tananarive et dans l'Emyrne, concours agricole et fête du sport club, ont complètement réussi.

En présence d'un grand nombre de gouverneurs indigènes et d'une assistance considérable accourue des provinces de l'Emyrne, même éloignées, le général Galliéni a, dans un kabary d'adieux, prononcé un discours. Il a annoncé son départ et l'arrivée du général Pennequin. Il a résumé les progrès considérables, moraux et matériels, qui ont été si rapidement réalisés.

Le général a remercié la population de ses chaleureux témoignages de reconnaissance.

« Je ne les ai acceptés, a-t-il dit, que parce qu'ils s'adressaient, non à ma personne, mais au gouvernement de la République, dont je suis le fidèle et dévoué serviteur. »

Le *Journal officiel* publie un ordre du jour plein de patriotisme que le général adresse au corps d'occupation :

Si parfois, dit-il, le découragement vous prenait dans les postes lointains, isolés et insalubres où le cœur le mieux trempé peut être momentanément abattu, levez vos yeux vers le drapeau flottant sur les palissades et lisez les mots d'Honneur et de Patrie inscrits sur nos couleurs ; ils vous indiqueront le droit chemin.

Le général Galliéni est parti le 26 avril de Tananarive au milieu d'un immense concours de population et avec un grand déploiement d'honneurs militaires.

Sur le parcours avaient été dressés des arcs de triomphe, ornés de verdure et de fleurs et portant des inscriptions où les Malgaches exprimaient leur reconnaissance et leurs souhaits de retour.

Le général Pennequin, arrivé le 24, a accompagné le général Galliéni jusqu'à plusieurs kilomètres de Tananarive.

Voyage de M. Guillaume Grandidier. — Le *Journal officiel de Madagascar* du 24 janvier dernier contenait la lettre suivante du général Gallieni à M. Guillaume Grandidier :

« Tananarive le 20 janvier 1899.

« Monsieur,

« Dans le but d'assurer une large part aux collections historiques dans le pavillon de Madagascar à l'Exposition de 1900, vous avez bien voulu m'offrir votre concours gracieux pour pratiquer dans les ruines de la ville de Mahanara des fouilles que, par vos travaux et vos études antérieures, vous pouvez, mieux que tout autre, mener à bien. Je l'accepte de grand cœur.

« Il demeure entendu que tous les objets découverts dans ces fouilles resteront la propriété de la colonie bien que cette mission soit gratuite, le budget ne me permettant, à mon grand regret, de vous donner aucune allocation.

« En informant M. l'administrateur de la province de Vohémar de cette décision et des conditions dans lesquelles doit être remplie cette mission, je l'ai prié de vous faciliter votre tâche, d'assurer le recrutement des travailleurs, de mettre son influence à votre disposition.

« Vous trouverez donc près de lui et de ses fonctionnaires l'aide et l'appui dont vous pourrez avoir besoin.

« Il vous appartiendra de décider sur place où et comment les fouilles devront être pratiquées, et le nombre de travailleurs qui vous sera nécessaire.

« Je vous prierai de vouloir bien inventorier tous les objets qui vous paraîtront intéressants et en dresser le catalogue que vous m'enverrez avec votre rapport. La collection de ces objets sera emportée par vous en France où le service de l'Exposition en prendra livraison au moment voulu.

« Je tiens en terminant à vous remercier vivement de l'intérêt que vous manifestez pour notre colonie ; suivant le bel exemple qui vous a été donné, vous avez tenu à poursuivre l'œuvre si vaste et si utile entreprise par M. Alfred Grandidier votre père dont le nom s'unit glorieusement à notre histoire de Madagascar.

« Agréez...   GALLIÉNI. »

M. Guillaume Grandidier, ne pouvant se rendre par mer à Vohémar, la *Ville de Riposto* qui faisait le service de la côte orientale s'étant mise à la côte à Farafangana, a été obligé de prendre la voie de terre et d'aller de Vatomandry à Mahanara en suivant la côte pendant plus de 800 kilomètres. Parti de Vatomandry le 4 février, il est arrivé à Mahanara le 4 mars, après s'être arrêté cinq jours à Sahambava pour faire des recherches dans un ancien cimetière, où il n'a trouvé du reste, que quelques fioles de verre. Du 5 au 29 mars, il a procédé, avec l'aide de très nombreux travailleurs, à des fouilles méthodiques sur l'emplacement de l'ancienne ville arabe dont M. Jully a signalé l'an dernier l'existence et où un Malgache avait, par hasard, trouvé un pot de terre contenant quelques bijoux et pièces de monnaie en or (remontant, croit-on à la dynastie fatimite). Les recherches ont été, en somme, peu productives, quoi qu'il ait trouvé, entre autres choses, une monnaie de cuivre, des fioles en verre et un bol et des assiettes en porcelaine de Chine.

Le 29 mars, il est allé passer quelques jours dans la grande forêt pour y faire des collections d'histoire naturelle, et, gagnant eusuite Diego Suarez, il·y a pris le 21 de ce mois le *Yang-tsé* qui doit le ramener en France le 15 mai prochain.

ACTES OFFICIELS

Journal officiel de Madagascar et dépendances

16 février. — Arrêté du 31 décembre 1898, fixant le tarif et les conditions de passage des rivières du cercle d'Arivonimamo.

18 février. — Arrêté du 17 janvier, fixant les impôts à percevoir sur les indigènes du Betsiriry. — Arrêté du 21 janvier, fixant le tarif et les conditions de passage des rivières du cercle de Tananarive.

21 février. — Arrêté du 7 février, fixant le mode de délivrance des passeports dans la province de Majunga.

23 février. — Arrêté du 10 février, remplaçant l'arrêté du 2 novembre 1896, réglementant l'attribution des concessions des terres domaniales. — Circulaire à MM. les administrateurs, chefs de province, et commandants de cercle, relative à l'attribution des concessions de terres. — Fonctionnement des bureaux de colonisation. — Choix des périmètres de colonisation.

23 février. — Arrêté du 23 février, promulguant dans la colonie de Madagascar et Dépendances le décret en date du 24 novembre 1898, concernant l'organisation de la justice indigène à Madagascar. — Rapport. — Décret.

28 février. — Arrêté du 17 février, promulguant le décret du 26 décembre 1898, fixant les taxes à percevoir sur les correspondances ordinaires et recommandées à destination ou provenant de l'intérieur. — Décret.

2 mars. — Arrêté du 7 février 1899 fixant le taux du rachat de la prestation annuelle dans le territoire des Betsimisarakas du Sud.

4 mars. — Arrêté du 16 février 1899 modifiant l'arrêté du 7 septembre 1896, fixant le ressort des tribunaux de première instance et des justices de paix à compétence étendue à Madagascar.

Arrêté du 8 février 1899 modifiant et complétant l'arrêté 1906, établissant les impôts indigènes dans la province de Fénérive.

Arrêté du 14 février 1899 réorganisant le service postal dans le cercle-annexe de Fort-Dauphin.

Arrêté du 19 février 1899 modifiant l'arrêté 1269, réglementant le commerce de la vente au détail des boissons alcooliques.

7 mars. — Arrêté du 28 février 1899 promulguant dans la colonie de Madagascar et Dépendances le décret en date du 6 décembre 1898, portant réorganisation du corps des comptables coloniaux.

9 mars. — Arrêté du 19 février 1899 portant création d'un jardin d'essais à Majunga.

11 mars. — Arrêté du 25 février 1899 instituant une commission chargée de réviser la réglementation actuelle de la main-d'œuvre en Emyrne.

Arrêté du 23 février 1899 autorisant M. Martin à ouvrir une usine pour la fabrication de la poudrette à Tamatave.

16 mars. — Circulaire du 28 février 1899 à MM. les administrateurs, commandants de cercle et chefs de province, relative à l'envoi d'échantillons de terrains destinés à figurer à l'Exposition.

21 mars. — Circulaire du 19 mars à MM. les commandants de territoire et de cercle, administrateurs, chefs de province, relative aux crédits alloués pour les routes en 1899.

Arrêté du 17 mars 1899 promulguant dans la colonie de Madagascar et Dépendances les décrets en date du 31 janvier 1899, portant réorganisation, le premier du personnel des agents des affaires civiles de Madagascar, le second, du corps des comptables de la même colonie. Rapport. Décret.

23 mars. — Arrêté du 20 mars 1899 promulguant dans la colonie de Madagascar et Dépendances le décret en date du 2 février 1899, érigeant en communes les principaux centres de population de la colonie. Rapport. Décret.

25 mars. — Arrêté du 7 mars 1899 réglementant les impôts et les prestations dans le cercle de Morondava.

Arrêté du 14 mars 1899 créant un service bi-mensuel de courriers entre Majunga et Soalala.

Arrêté du 17 mars 1899 fixant le traitement alloué à différents chefs indigènes dans le cercle militaire des Baras.

28 mars. — Arrêté du 16 mars 1899 déterminant les impôts dont seront frappées les diverses populations du cercle militaire des Baras.

Arrêté du 16 mars 1899 étendant à toute la province de Tuléar l'arrêté 1341, du 12 janvier 1898, fixant les impôts à percevoir dans la circonscription des Sakalaves Andraïvola.

Arrêté du 16 mars 1899 fixant le droit de rachat de l'impôt sur les rizières dans la province d'Ambositra.

Circulaire du 23 mars 1899 à MM. les chefs des provinces côtières, relative aux pêches maritimes.

INFORMATIONS

L'enseignement spécial pour les voyageurs, institué au Muséum d'histoire naturelle depuis sept ans, a commencé le 18 avril; il se continuera les mardi, jeudi et samedi de chaque semaine à dix heures, dans l'amphithéâtre de la galerie de zoologie. Cet enseignement a pour but de munir les explorateurs de certaines notions, grâce auxquelles leurs voyages seront aussi fructueux que possible. La plupart des leçons sont faites par les professeurs et par les assistants du Muséum. Toutefois, cette année comme les autres, quelques personnes étrangères à l'établissement ont bien voulu prêter le concours de leur science. M. Martel traitera de la spéléologie ou de la science des Cavernes; MM. Bigourdan, de la détermination du point en voyage; M. le commandant Javary, de la représentation du terrain par les cartes et de la photographie dans la construction des cartes et plans; M. Dybowski, de l'outillage et de l'organisation d'un voyage. La leçon d'ouverture a été professée par M. Milne-Edwards. L'éminent membre de l'Institut a insisté sur les services qu'avait déjà rendus cet enseignement spécial pour les voyageurs, qui ne saurait être efficacement donné ailleurs qu'au Muséum. Jamais le Muséum ne s'est enrichi de collections plus nombreuses et mieux choisies. Il récolte donc ce que sèment ses professeurs et ses assistants.

M. Milne-Edwards a énuméré les travaux du P. Buleon, de MM. Clozel, Brault, Chalot, Raffray. Il a particulièrement insisté sur les voyages de MM. Diguet dans la Basse-Californie et Guillaume Grandidier à Madagascar.

Il a fait projeter sur le tableau des photographies représentant des spécimens de la faune et de la flore de Basse-Californie, rapportés par M. Diguet : lièvres à longues pattes, raies de 5 mètres de diamètre, plantes grasses de hauteur prodigieuse.

Il a rappelé aussi les diverses étapes du voyage de M. G. Grandidier, dont nous avons déjà entretenu nos lecteurs.

Enfin M. Milne-Edwards a exposé quelques-uns des résultats du dernier voyage du Prince de Monaco dans les mers arctiques, et projeté d'admirables photographies représentant des paysages polaires.

Cette leçon a été écouté avec un très vif intérêt par un nombreux auditoire et a inauguré la septième année de l'enseignement spécial des voyageurs d'une manière qui fait le plus grand honneur au grand établissement où il se donne.

Concessions. — Le *Journal officiel* du 20 avril publie un décret concédant à la Compagnie coloniale et des mines d'or de Suberbieville et de la côte ouest de Madagascar pour une durée de cinquante ans :

1° La jouissance et le droit d'exploitation des territoires situés d'une part, dans les bassins de l'Ikopa, de la Betsiboka et de la Menavava, et, d'autre part, à la pointe d'Amboanio, tels qu'ils sont limités dans un cahier des charges annexé au décret ;

2° Un privilège temporaire pour la concession des mines d'or dans les terrains d'alluvions compris dans les mêmes territoires ;

3° La concession de l'établissement et de l'exploitation d'un port à Amboanio.

Dans un rapport qu'il adresse au président de la République, le ministre des colonies dit que la compagnie concessionnaire et son fondateur, M. Suberbie, réclamaient à titre d'indemnité des sommes s'élevant à 33 millions pour préjudices résultant tant de l'annulation des concessions obtenues du gouvernement hova que de la guerre franco-malgache de 1895 et des troubles insurrectionnels qui suivirent.

Sans reconnaître le droit aux indemnités, d'ailleurs absolument exagérées en fait, qui étaient ainsi réclamées, le département des colonies, sur la proposition du gouverneur général de Madagascar et du conseil d'administration de la colonie, a considéré qu'il était juste de tenir compte, dans une certaine mesure aux ayants droit de M. Suberbie, des concessions antérieures du gouvernement hova et des pertes réellement subies.

Il a semblé d'ailleurs que cet acte d'équité serait de nature à encourager les capitaux à se porter sur notre grande colonie pour mettre en valeur ses richesses naturelles.

Le *Journal officiel* du 22 avril publie un décret fixant les concessions accordées à la Société de la côte ouest de Madagascar et basé sur le contrat signé à Tananarive, il y a un an, par le général Galliéni et M. Daniel Gaiffe, fondé de pouvoirs de l'ancienne société.

Nominations. — Parmi les récentes nominations de fonctionnaires coloniaux, nous relèverons celles des agents servant ou ayant servi à Madagascar. Sont nommés administrateurs en chef de 1re classe : MM. Lemaire, Pradon, François Alby et Besson ; administrateurs de 1re classe, MM. Moriceau, Leclerc et Lagarde ; administrateurs de 2e classe : MM. Merleaux, Ponty, Molleur et Pallante; administrateurs de 3e classe, MM. Michaut, Beurdeley.

M. Lelong, docteur en droit est nommé juge de paix à compétence étendue à Fianarantsoa.

L'*Institut de France* a procédé dans sa séance trimestrielle du 12 avril à l'élection de son sous-bibliothécaire, en remplacement de M. Paul Fabre, décédé.

M. Henri Dehérain, docteur ès lettres, secrétaire de la rédaction du *Bulletin du Comité de Madagascar*, a été élu par 70 voix, contre 32 accordées à M. Léonardon.

Armée et marine. — Le général commandant en chef à Madagascar passera l'inspection des troupes placées sous ses ordres.

Le général de brigade Torcy, ancien chef d'état-major du général Duchesne, est classé pour le grade de général de division.

M. Comte, capitaine de gendarmerie hors cadres, commandant la prévôté de Madagascar, à Tananarive, est rappelé en France, sur sa demande, et désigné *pour occuper un emploi de son grade dans la légion de la garde républicaine.*

M. Herqué, capitaine dans la cavalerie de la garde républicaine, est désigné pour prendre le commandement de la prévôté à Madagascar, en remplacement de M. Comte.

CHRONIQUE DU COMITÉ

Conférence de M. Delhorbe à l'Ecole coloniale. — Sous le patronage de la Société des Anciens élèves et des élèves de l'Ecole coloniale, M. Delhorbe a fait, le 25 avril, dans l'amphithéâtre de l'Ecole coloniale, une conférence sur : *La colonisation à Madagascar en 1899.* La séance à laquelle assistaient plus de 300 personnes a été présidée par M. Chailley-Bert, qui en quelques phrases pleines d'à-propos a présenté le conférencier.

M. Delhorbe s'est d'abord excusé de traiter un sujet que tant d'orateurs de talent semblent avoir épuisé. Mais au moment où le général Gallieni est sur le point de venir goûter en France un repos bien gagné, le moment est opportun pour examiner les résultats de la colonisation à Madagascar depuis septembre 1896, époque où le général est arrivé.

L'une des principales préoccupations du Gouverneur général a été de réglementer le *travail des indigènes,* au mieux des intérêts de ceux-ci, des colons et de l'administration. L'ancien gouvernement hova avait imposé le travail à tous les indigènes, sous forme de prestation. Nous nous sommes servis de cette arme, qui était à notre disposition. Toutefois, pour faciliter aux colons le recrutement de la main-d'œuvre, certaines prestations pouvaient être rachetées. Mais des abus graves se sont introduits et on a été obligé de revenir un peu sur les mesures très libérales qui d'abord avaient été prises.

Parlant ensuite des rapports entre le colon et l'indigène, le conférencier annonce qu'un code franco-malgache est en préparation.

Il insiste ensuite sur tout ce qui a été fait pour faciliter aux colons leur installation : détermination des lots à concéder, avec à l'appui un exposé de leurs ressources, préparation d'un Guide de l'Emigrant. Il examine les chances de succès de trois catégories de colons : 1° le petit colon disposant de 10 à 15.000 francs ; 2° le colon moyen disposant de 50 à 100.000 francs ; 3° les grandes sociétés. L'orateur passe en revue les différentes sortes de travaux auquel on peut se livrer à Madagascar : exploitation des mines, cultures (cacao, café, riz, manioc, ricin), élevage.

M. Delhorbe termine par un éloge du général Gallieni, qu'il espère voir retourner à Madagascar pour diriger l'exploitation économique de l'île avec autant de bonheur qu'il a réussi à la pacifier.

Le dîner mensuel de l'Union coloniale et du Comité de Madagascar a eu lieu le 18 avril. M. J. Chailley-Bert, vice-président du Comité de Madagascar, a fait un très intéressant et substantiel exposé de la question des chemins à Madagascar.

M. Chailley-Bert a démontré la nécessité du chemin de fer, quels que soient les autres voies et moyens de communication pouvant être établis à Madagascar : fleuves, canaux, routes, automobiles, etc. Seul un chemin de fer satisfera les besoins de ravitaillement de l'intérieur et de transport des marchandises d'exportation à la côte.

Il rappelle les différentes combinaisons qui ont été proposées.

1° Construction sans garantie d'intérêts par une Compagnie moyennant une concession d'environ 500.000 hectares de terre. Mais la terre, à cette période de la colonisation, ne représente qu'un capital infime et l'on reconnut bientôt l'impossibilité de trouver, sur une garantie aussi faible, le capital nécessaire à la construction du chemin de fer et à la mise en valeur des terrains concédés.

2° Une nouvelle combinaison apparut alors, celle de la construction moyennant une garantie de transport. Les études des agents du gouvernement, notamment celles de M. le colonel Roques, évaluèrent de 45 à 50 millions environ les frais de construction du chemin de fer de Tananarive à la mer sur la côte Est. Une garantie d'intérêts, sous forme de garantie de transports, fut offerte par le gouvernement à la Compagnie Coloniale de Madagascar. La Compagnie, qui ne s'engageait que conditionnellement, fit procéder à son tour à des études. Une importante mission fournie par la régie générale des chemins de fer (M. le comte Georges Vitali) s'est livrée pendant plusieurs mois, à Madagascar, à des études de tracé d'un chemin de fer de Tananarive à la côte Est. Tamatave ayant été reconnu comme le seul port convenable pour desservir la capitale par la côte Est, les ingénieurs de la mission étudièrent en premier lieu le tracé le plus court, celui de la ligne droite de Tananarive à Tamatave. Mais ils prévirent de telles difficultés qu'ils donnèrent la préférence au tracé de Tamatave à Andevorante et de ce point, ou plutôt de Mahatsara, sur l'autre rive du Yaroka, à Tananarive. C'était le tracé primitivement indiqué par le colonel Roques et comprenant le plan suivant : Construction d'un chemin de fer de Tananarive à Andevorante et utilisation du canal des Pangalanes de ce point à Tamatave. Mais pour la construction de ce chemin de fer, la mission du comte Vitali évalue la dépense de 65 à 70 millions, alors que les ingénieurs de l'Etat n'avaient prévu que 45 à 50 millions.

Cette différence d'appréciation provient de ce que les ingénieurs de l'Etat n'ont pas suffisamment tenu compte de certains éléments dont la Société serait obligée de se préoccuper : l'amortissement du capital, intérêts intercalaires du capital engagé, les frais d'engagement et d'entretien d'une main-d'œuvre qu'il faudra probablement recruter au dehors de l'île et en tous les cas payer fort cher, enfin dépenses d'hospitalisation et de rapatriement de cette main-d'œuvre.

Quoi qu'il en soit, cette différence d'appréciation dans les chiffres entre l'Etat et la Compagnie, a provoqué un certain temps d'arrêt dans les négociations. De nouvelles combinaisons sont à l'étude. La Compagnie en avait présenté une fort intéressante. S'inspirant de l'exemple des gouvernements étrangers, notamment de l'Inde, et prévoyant une dépense de 70 millions, elle avait proposé au gouvernement de se constituer lui-même bailleur de fonds de l'entreprise, jusqu'à concurrence de 60 millions. De cette façon le capital aurait pu être réuni moyennant un intérêt de 3 0/0 seulement. L'amortissement devait se faire en 35 ans, à savoir, pendant les quinze premières années au moyen de la garantie de transport que le gouvernement offrait à la Compagnie, et pendant les vingt années restant, par les bénéfices de la Compagnie.

Après cet exposé de la question par M. Chailley-Bert, chaleureusement applaudi par tout l'auditoire, MM Diamanti et Pellerin de la Touche ont pris la parole, le premier pour défendre le tracé de la côte Ouest, de Majunga à Tananarive, le second pour exposer les projets de la Compagnie auxiliaire de la colonisation de Madagascar, concessionnaire éventuelle du chemin de fer du Betsiléo.

BIBLIOGRAPHIE

Notes, Reconnaissances et explorations.
23ᵉ livraison, 30 novembre 1898.

Atlas de l'Ambongo par M. Gautier. — Le cercle d'Anjozorobé ou Pays des Mandiavato. — La route de Tanarive à Majunga par M. Mauriès. — La station agronomique de Nahanisana.

Agriculture.

De Sardelys. Le café et le cacao à Madagascar, *Rev. Cultures coloniales*, 5 avril 1899.

J. Ixiot. L'élevage et le commerce des bœufs à Madagascar. *Questions diplomatiques et coloniales*, 1ᵉʳ avril 1899.

A. R. Conty. Les cultures au Brésil et l'avenir de Madagascar. *Bull. Soc. géographie commerciale*. 1899, p. 33.

Voies de communication.

A. Durand. La route de Tamatave à Tananarive. *Bull. Soc. géographie commerciale*. 1899, p. 64.

Erratum. — Nous avons dit dans le *Bulletin* du 5 avril (p. 190) que M. le commandant Debon avait été nommé chef d'état-major du corps d'occupation ; c'est *sous-chef* d'état-major qu'il faut lire, le chef d'état-major reste toujours M. le lieutenant-colonel Gérard.

Le Gérant : A. SMITH.

Paris. — Imprimerie O. Picquoin, 53, Rue de Lille.

L'Assemblée générale du Comité de Madagascar du 31 mai 1899 a décidé qu'à partir du mois de juillet, l'organe du Comité porterait le titre suivant : **REVUE DE MADAGASCAR**, *bulletin du Comité de Madagascar*. Les Membres du Comité recevront, encartée dans le numéro de juillet de la *Revue de Madagascar*, la table des matières parues dans le *Bulletin* de janvier à juin 1899.

BANQUET D'HONNEUR

OFFERT

A M. LE GÉNÉRAL GALLIENI

GOUVERNEUR GÉNÉRAL DE MADAGASCAR

Le 26 juin 1899.

Les Sociétés coloniales et géographiques dont les noms suivent, se sont réunies pour offrir le 26 juin 1899, à M. le général Gallieni, gouverneur général de Madagascar, un banquet d'honneur, en témoignage d'admiration et de reconnaissance pour les services qu'il a rendus à la France :

COMITÉ DE MADAGASCAR,
COMITÉ DE L'AFRIQUE FRANÇAISE,
LIGUE COLONIALE DE LA JEUNESSE,
SOCIÉTÉ DES ÉTUDES COLONIALES ET
   MARITIMES,
SOCIÉTÉ DE GÉOGRAPHIE DE PARIS,

**SOCIÉTÉ DE GÉOGRAPHIE COMMER-
CIALE DE PARIS,
SOCIÉTÉ DES INGÉNIEURS COLONIAUX,
SYNDICAT DE LA PRESSE COLONIALE,
UNION COLONIALE FRANÇAISE.**

Nos collègues recevront une convocation personnelle, mais dès maintenant nous les invitons à se rendre en grand nombre à cette réunion, de manière à donner à cette manifestation un caractère aussi imposant que possible (1).

Historique des troubles du Nord-Ouest

I

Au moment où le calme est complètement rétabli dans le Nord-Ouest de Madagascar, il est intéressant de donner quelques détails sur cette région, de rechercher les causes des troubles qui y ont éclaté, et d'essayer de déduire de cet ensemble de faits quelques conclusions utiles.

Les anciennes provinces d'Analalava et de Nossi-Bé constituent un tout géographique assez bien caractérisé et dont le massif de l'Ankaizinana est l'accident principal. De cet important nœud orographique s'échappent quelques fleuves relativement importants, parmi lesquels on distingue : la Mahavavy qui coule directement vers le Nord et qui débouche dans la mer en face de Nossi-Mitsio; la Sofia qui descend dans une direction diamétralement

(1) *Le banquet* qui sera offert le 26 juin au général Galliéni est distinct du *banquet colonial de 1899*, qui aura lieu le 10 juin.

opposée en recevant de nombreux affluents venus de Mandritsara, de l'Antsangalanga et qui s'infléchit ensuite vers l'Ouest pour se jeter dans la baie de la Mahajamba. Entre ces deux grandes rivières enveloppant presque tout le pays qui nous occupe, d'autres cours d'eau, encore volumineux, coulent de l'Est à l'Ouest, tels que la Maevarano, qui déverse ses eaux dans la baie de la Loza, grossie sur sa rive droite du Bealanana et du Sandrakoto, et le Sambirano, qui débouche dans la baie de Passandava.

Le pays s'incline ainsi à l'Ouest sur les Comores et la côte d'Afrique et s'ouvre dans la même direction par les voies de pénétration que tracent les rivières descendant de l'Ankaizinana. Il comprend deux zones distinctes : l'une montagneuse, très élevée, s'étend sur les hautes vallées de la Mahavavy, de la Maevarano et de la Sofia ; l'autre, plus basse, encore montueuse et tourmentée, mais d'un plus faible relief, occupe la partie inférieure et moyenne de ces fleuves.

La première est habitée par des Sakalaves, des Antankares, des Sihanakas, des Zazamangas et des Hovas, populations relativement tranquilles, semi-nomades, ne s'occupant guère que de l'élevage des bœufs qui constitue la principale richesse du pays ; la seconde est habitée par des agriculteurs et des marchands, les uns presque sédentaires et ne se déplaçant qu'à de longs intervalles pour trouver de nouvelles terres et laisser en friche celles que la culture a épuisées ; les autres, des Indiens musulmans, installés à demeure fixe, assistés dans leur trafic par leurs coréligionnaires, les nègres plus ou moins arabisés de la côte d'Afrique ou des Comores, improprement désignés sous le nom d'Arabes.

La population agricole est un mélange de Sakalaves,

de Betsimisarakas, de Nakoas, de Hovas, de Tsimihetys, d'Antankares, de Zazamangas.

La situation économique varie essentiellement d'une région à l'autre : le haut pays a de nombreuses ressources propres telles que l'élevage, les bois précieux, la cire, le caoutchouc *baranbaja*, tandis que la zone maritime avec sa population groupée sur les côtes vit en partie du commerce d'échange des produits de la zone élevée contre les denrées de l'extérieur.

Le contact prolongé avec les musulmans du canal de Mozambique devait avoir pour effet de modifier les mœurs, les coutumes, les croyances religieuses, l'organisation politique des populations du Nord-Ouest de l'île.

L'Islamisme, sans y jeter de profondes racines, a néanmoins communiqué aux mœurs une marque particulière. La polygamie est permise et les préceptes du Coran sont mitigés de pratiques superstitieuses et de fétichisme qui permettent aux mpikidy (devins) d'exercer une grande influence. En réalité, la population maritime est dominée par les musulmans de Zanzibar et de Mascate.

Le Nord-Ouest était partagé en petits royaumes au moment où les Hovas songèrent à y étendre leur domination. Aussi Radama Ier parvint-il, sans trop de difficulté, à imposer son protectorat à toutes ces principautés. Ce protectorat presque nominal et très atténué, était une atteinte au prestige des chefs qui nourrirent l'espoir de l'éluder un jour. C'est l'origine de leur sympathie pour la France, car ils ont naguère compté sur nous pour s'affranchir des Hovas. Cette sympathie devait disparaître le jour où nous allions nous substituer à ces derniers, c'est-à-dire au moment où nous voudrions imposer aux souverains Sakalaves notre domination effective.

Au commencement du xixe siècle, le royaume Antankara s'étendait sur tout le nord de Madagascar, descendant sur la côte Est jusqu'au Bemarivo et sur la côte Ouest jusqu'à Tetezambata. Tsialana était le souverain de cette région lorsque les Hovas s'emparèrent de Vohémar vers 1824 et d'Ambohimarina, sa capitale, en 1833. Tsimiharo et les autres roitelets de la côte Nord-Ouest, craignant d'être dépouillés par les Hovas, cédèrent Nossi-Bé, Nossi-Mitsiou, Nossi-Faly à la France et lui offrirent en même temps le protectorat de leurs possessions continentales (1840). Tsimiharo reçut en échange une pension annuelle de 1200 francs. A sa mort, il partagea son héritage entre son fils Tsialana et ses neveux Randrian-galahy et Dindila. Il en résulta une guerre civile qui se termina à l'avantage de Tsialana.

Celui-ci ne déposséda pas entièrement ses cousins, qui conservèrent une part d'autorité dans les territoires dont ils avaient hérité de Tsimiharo.

Le traité du 17 décembre 1885, qui cédait le territoire de Diégo-Suarez à la France, diminua beaucoup le royaume Antankara en même temps que les Hovas refoulaient de plus en plus ses limites vers l'Ouest. Il confine encore aujourd'hui à la province de Diégo-Suarez au nord, s'arrête à Loky au sud-est et à hauteur de Mangindrano au sud. Il est divisé en trois districts, à la tête desquels se trouvent les princes Tsimanenona, Faralahy et Randrianjalahy. On appelle *Manantany* le premier ministre du roi; les princes sont assistés par les *Tainitry ny mpanjaka* ou adjoints royaux, aidés eux-mêmes par des officiers ou *Anadoany*. Enfin les villages ont pour chefs des notables, les *Andriamba-venty*, dont les fonctions sont analogues à celles des mpiadidy de l'Imerina. Autrefois l'impôt régulier était inconnu. Le roi demandait de loin en loin à ses sujets, sous forme de

cotisation (*taty-bato*), un certain nombre de bœufs à pré-
lever sur les troupeaux de chaque district. Les Indiens
donnaient de leur côté quelques pièces de toile et de
l'argent.

Les royaumes de Tsiaraso, au sud du précédent, et de
la reine Binao avaient une organisation à peu près iden-
tique.

Aussi, au moment de notre substitution aux Hovas,
tous ces roitelets n'avaient jamais été effectivement
dominés et jouissaient en fait d'une grande liberté et d'un
pouvoir à peu près absolu.

La sympathie qu'ils nous avaient témoignée à distance
allait être sérieusement mise à l'épreuve par notre implantation dans le pays et par l'installation d'une administration régulière.

II

Plus encore qu'en Imerina, le nouvel ordre de choses
créé par notre pénétration dans le nord-ouest de l'île
s'établissait au détriment d'une aristocratie locale, jalouse
de ses prérogatives et recevant de nombreuses excitations de l'extérieur. Au moment de l'organisation des
provinces d'Analalava et de Nossi-Bé, on l'avait traitée
avec beaucoup de ménagements en considération de nos
anciennes relations avec les chefs Sakalaves. On l'avait
laissée à la tête du pays en l'encadrant dans nos rouages
administratifs, en même temps qu'on la soumettait à un
contrôle effectif. Mais elle perdait néanmoins aux yeux
du peuple son prestige d'autrefois qui se dissipait peu à
peu avec son effacement et son nouveau rôle tout subal-
terne.

Des considérations d'ordre économique augmentaient
encore ses ressentiments contre nous et ses regrets du

passé. Le commerce des bœufs lui échappait peu à peu, car autrefois les princes de cette région étaient de grands marchands de bétail et retiraient de beaux bénéfices de ce négoce. Ils vivaient ainsi dans l'aisance, dans l'abondance et même dans le luxe, sans préoccupations d'aucune sorte. La semi-déchéance qui les frappait les portait à regarder en arrière, mais ils restaient soumis, presque serviles en apparence. Voilà pour le présent. L'avenir leur paraissait sombre. Ils voyaient avec terreur l'établissement définitif des blancs dont ils redoutaient la concurrence commerciale. Le souvenir de leur ancienne indépendance, leur effacement présent les portaient à considérer d'un œil jaloux le développement des propriétés et des concessions, l'accroissement des troupeaux dans ces concessions. Au fond ils craignaient moins la misère qu'ils ne regrettaient la perte de leur suprématie sous toutes ses formes.

Enhardis par le petit nombre d'Européens présent dans le pays, encore peu édifiés sur notre puissance, ils résolurent de demander à la violence, à l'assassinat la solution du problème économique et social qui les préoccupait. Ils formèrent alors avec d'anciens esclaves libérés, d'anciens serviteurs et gardiens de troupeaux, des vagabonds de toute origine, un complot d'extermination, en même temps qu'ils faisaient enrôler dans la milice locale, des individus qui leur étaient absolument dévoués : ils préparaient un coup de main et n'attendaient pour le tenter que d'être favorisés par les circonstances. Ils voulaient ainsi donner à leur action une apparence de légitimité afin de la rendre populaire en exploitant éventuellement contre nous quelque faute. Ces causes latentes des troubles du Nord-Ouest, qui n'attendaient qu'un prétexte pour éclater, avaient besoin d'être mises en évidence pour l'intelligence des divers événements qui se sont passés dans le Sambirano et dans l'Ankaizinana. Toutefois la population laborieuse de ces régions, celle qui travaillait avant notre arrivée, comme elle travaille aujourd'hui, celle précisément qui aurait souffert des abus s'il s'en était sérieusement produit, nous est restée fidèle, en dépit des excitations et des menaces de toute nature des mécontents, faisant ainsi ressortir le côté hostile et perfide des ennemis occultes de notre domination.

L'emploi des milices dans les provinces du Nord-Ouest pour la garde du pays était peut-être trop généralisé. Les miliciens n'étaient pas non plus recrutés avec tout le soin désirable; un grand nombre étaient, ainsi qu'on l'a vu, des créatures des roitelets de la côte, recevant le mot d'ordre de ces derniers et entièrement à leur dévotion. Insuffisamment encadrés, peut-être aussi insuffisamment surveillés, ils ont parfois commis des exactions au préjudice des populations qu'ils devaient protéger. Enfin il est possible que quelques colons, par des exigences exagérées aient indisposé les indigènes, fait naître parmi eux des inquiétudes pour l'avenir et nous aient aliéné ainsi leur sympathie. Mais, ces faits, s'ils se sont produits, n'ont été que le prétexte attendu d'un coup de main prémédité qu'ils devaient légitimer aux yeux des populations. Or, ces dernières, un moment terrorisées, sont rentrées dans leurs villages dès que nos troupes y ont paru, prouvant ainsi que les troubles du Nord-Ouest ont été fomentés par les anciens chefs du pays ayant à leur solde quelques vagabonds.

III

La répression des troubles du Nord-Ouest comprend une double offensive de l'Ouest à l'Est du capitaine Laverdure et du commandant Mondon, par les vallées du Sambirano et de la Maeranana, une autre offensive du commandant Lamolle venant d'Ambatondrazaka, par le Sud-Est, enfin des mesures défensives dans les provinces limitrophes de Diego-Suarez, Vohémar, Maroantsetra et Majunga pour les préserver de l'infiltration possible des bandes formées dans les provinces de Nossi-Bé et d'Analalava. Le signal du soulèvement est donné dans la nuit du 25 octobre 1898 par l'enlèvement du poste de Moratalama sur le moyen Sambirano. Le garde de milice Ettori, trahi par ses miliciens, est assassiné ainsi que le sergent et le caporal indigènes qui lui étaient restés fidèles. Deux jours après, le poste d'Ambalavelona, au nord du bas Sambirano est également pris et le commis Frontin qui administrait la région est tué avec les colons Dubois, Durand et Vergniaud.

Le 28 octobre, le commandant du *Fabert* était avisé de ces graves événements par M. Chauvot, administrateur de la province de Nossi-Bé. Le *Fabert* appareilla pour Ankify, sur la Grande Terre, où l'avait déjà précédé M. Chauvot avec quelques miliciens. Le commandant du *Fabert*, après avoir délibéré avec M. Chauvot sur le parti à prendre, résolut de réoccuper Ambalavelona pour y relever le drapeau français. Il débarqua à cet effet 50 marins sous les ordres du lieutenant de vaisseau Bertrand que devait accompagner M. Chauvot. Après cette opération, le *Fabert* retourne à Nossi-Bé où les Indiens et Arabes du village d'Ambanoro inspiraient quelques inquiétudes à la population. Le commandant du *Fabert* la rassura en installant un poste militaire à la résidence, en armant des partisans et se dirigea le 30 octobre sur Majunga pour rendre compte télégraphiquement de la situation.

Le Gouverneur Général prescrivit aussitôt l'envoi dans

le Sambirano d'une compagnie de tirailleurs Sénégalais placée sous les ordres du capitaine Laverdure. Cette troupe s'embarqua le 2 novembre à bord du *Pourvoyeur* et débarqua le lendemain à Ankify. Quarante miliciens marchaient avec le détachement. Le capitaine Laverdure prenait le commandement administratif et militaire de la partie continentale de la province de Nossi-Bé érigée en cercle sous le nom de cercle-annexe de la Grande Terre. Il devait y rétablir l'ordre en usant de ménagements, en raison de nos anciennes relations amicales avec les chefs Sakalaves.

Il laissa un poste à Ambalavelona et s'avança dans l'intérieur des terres sur le poste de Marotolana où les premiers troubles s'étaient produits. Les miliciens de ce poste avaient fait cause commune avec les rebelles. Le corps de leur malheureux chef, le garde Ettori, ne fut pas retrouvé, ce qui fit un moment supposer que ce fonctionnaire vivait peut-être encore.

Le poste de Marotolana rétabli, le capitaine s'occupa de faire rentrer dans leurs villages les populations effrayées par les menaces des dissidents.

Entre temps le poste d'Ambalavelona repoussait plusieurs attaques des bandes rebelles venues en nombre pendant l'absence de la plus grande partie de nos forces. Le capitaine Laverdure apprenait bientôt que le Sambirano n'était pas la seule région en effervescence et qu'il existait un deuxième foyer de rebellion dans le massif montagneux de l'Ankaizinana, à l'Est de la province d'Analalava. Les événements y ont suivi la même marche que dans le Sambirano. Le 1er novembre, Kariza, personnage influent de Mangindrano (haut Bealanana), aidé du caporal de milice Dezimo, s'empare du poste de Bealanana où est tué le garde de milice Gouraud. Le rova est incendié après avoir été pillé. Les miliciens du poste, complices de Kariza, s'adjoignent à lui. Dès que le Gouverneur Général est informé des troubles de Bealanana, il place la province d'Analalava sous la direction du commandant Mondon, appelé de Majunga, avec mission de rejeter les rebelles sur le Sambirano où opérait le capitaine Laverdure, de se mettre en relation avec ce dernier pour agir de concert avec lui, d'assurer la sécurité des colons, de rétablir l'ordre et de surveiller les étrangers, Indiens, Comoriens et Arabes. Le commandant Mondon s'embarque le 16 novembre à Majunga, emmenant avec lui une compagnie de 150 Sénégalais commandée par le capitaine Briand.

A son arrivée à Analalava, le même jour, la situation est la suivante : une bande d'environ 300 fusils est signalée vers Bealanana, dans la partie orientale de la province, et une autre bande de même force se trouve dans les environs de Maromandia, près de Port-Radama, sur les limites de la province d'Analalava et de celle de Nossi-Bé. Tous les Européens avaient été rappelés au chef-lieu à Analalava. On craignait un mouvement insurrectionnel du mpanjaka Zoma qu'on signalait sur la Sofia et qui nourrit une vive inimitié contre nous.

Le but à atteindre consiste à défendre Analalava et à réoccuper Bealanana.

Pendant que le commandant Mondon s'occupe de mettre Analalava à l'abri d'un coup de main, le capitaine Briand est envoyé dans la direction du Nord-Ouest pour fonder quelques postes, protéger les populations et couvrir à distance le chef-lieu de la province. Une partie des habitants fugitifs de l'Ankaizinana demandent protection au poste d'Andranosamonta qu'ils aident à mettre en état de défense. Vers Maromandia, où il s'est avancé, le capitaine Briand reçoit un excellent accueil des populations terrorisées par les fauteurs de troubles.

Le commandant Mondon, tout en assurant la défense d'Analalava par la construction d'un blockhaus armé d'un hotchkiss, prend ses dispositions pour rassembler une petite colonne à Befotaka afin d'aller réoccuper Bealanana. Les approvisionnements sont envoyés à Befotaka au moyen de boutres remontant la *Loza* et la *Maevarana*. De graves nouvelles continuent d'arriver du Sambirano. La bande qui occupait la presqu'île de Lavalohalika, et qui ne comptait au début que 300 hommes, en atteint, dit-on, 1.500 répartis en quatre groupes. A Befandriana et à Mandritsara les meneurs travaillent la population en faisant circuler de fausses nouvelles. Une véritable Jacquerie contre les blancs et les indigènes qui les servent se prépare. Tous les roitelets, Tsialana, Binao, Salamo, Tondroko et surtout Tsiaraso, encouragent les révoltés sans cesser de protester de leur loyalisme et de leur fidélité.

Les troupes arrivent bientôt de tous côtés : le 21 novembre, le lieutenant de Fraysseix, avant-garde du commandant Lamolle, venant d'Ambatondrazaka, entre à Mandritsara et calme les inquiétudes. La bande de Bealanana, commandée par Kariza, était restée inactive.

Le capitaine Laverdure et le commandant Mondon convergent leurs efforts sur Bealanana.

Celui-ci laisse des postes dans les localités occupées : Maromandia, Andranosamonta, Analalava, Befotaka, pour assurer une protection effective à la population et part avec les troupes disponibles, le 3 décembre, en suivant la rive gauche de la Maevarana.

La marche est contrariée par une température très lourde et une chaleur étouffante ; on chemine parfois sous une pluie torrentielle. Le 6, à 11 heures du matin, on arrive au pied de l'Antsaronza, l'une des portes de l'Ankaizinana. Le pays devient de plus en plus montueux. De nombreux troupeaux paissent en *toute tranquillité* dans leurs pâturages habituels ; les provisions, le riz ont été laissés dans les maisons, ce qui indique que la population *terrorisée s'est simplement cachée.*

Le 9, on arrive à Bealanana, déjà occupé par le capitaine Laverdure. La population donne des renseignements précis sur Kariza et Faralahy, sur leurs agissements et leurs cruautés. Le capitaine Briand est laissé en ce point pour rétablir le poste, pacifier le pays et poursuivre les chefs rebelles. Le capitaine Laverdure revient vers l'Ouest, parcourt la région avec une petite colonne pour rassurer les habitants et les faire rentrer dans leurs villages. Il opère ensuite entre Analalava et Ambalavelona pour purger la zone côtière des deux provinces *des rebelles qui s'y étaient rassemblés dès le début des troubles.*

Le 17 décembre, le commandant Mondon, de retour à Analalava, apprenait le résultat des opérations du capitaine Briand vers Mangindrano. *Les reconnaissances de cet officier eurent pour résultat de disloquer la bande de Kariza,* qui se dispersa dans la forêt de Manjindrano et se réduisit bientôt à quelques fidèles seulement. Le capitaine Briand rentrait à Bealanana le 18, ramenant 400 bœufs et quelques individus compromis, parmi lesquels le secrétaire de Kariza.

On recueillait alors quelques détails sur la révolte de l'Ankaizinana. Le chef des Betsimisarakas de Mangindrano avait écrit à Kariza, après les événements de Sambirano, et lui avait donné rendez-vous à Ambotrao. Kariza s'y était rendu avec Ranjalahy, fils de l'ancien roi

Saona, de Maromandia. Ils résolurent de nous chasser du pays et décidèrent de châtier les gens de l'Ankaizinana s'ils ne se soulevaient pas. Pour commencer le mouvement insurrectionnel, Kariza s'aboucha avec les miliciens de Bealanana par l'intermédiaire du caporal Dezimo, interprète du garde Gouraud, frère de sang de Faralahy et ami intime de Kariza. On sait le reste : le *meurtre de Gouraud le 1ᵉʳ novembre, le pillage des armes*, etc... Gouraud avait résisté aux fahavalos jusqu'à cinq heures du matin avec sa carabine. Il avait enfin été tué par son cuisinier, le milicien Tombo. Son cadavre, transporté à 500 mètres de Bealanana, avait été enduit de pétrole et brûlé. A la suite de ce coup de main, Ranjalahy se nomma mpanjaka de l'Ankaizinana, Kariza, chef des Sakalaves et Faralahy, chef des Antsihanakas. Ils se partagèrent les fusils et se distribuèrent les rôles de manière à tenir le pays.

Immédiatement après son arrivée à Bealanana, le capitaine Briand avait fait afficher des avis invitant les habitants à rentrer dans leurs villages. Les soumissions, plus exactement les rentrées, affluèrent en peu de temps et la vie normale reprenait son cours.

Enfin, le 23 décembre, le commandant Lamolle, dont *les troupes venues du Sud-Est* opéraient depuis un mois dans la région Mandritsara-Befandriana-Bealanana, arrivait à Analalava, recevait le commandement administratif et militaire des deux provinces qu'il devait organiser et pacifier. A ce moment, grâce à la présence de nos tirailleurs, le calme renaissait partout et l'effervescence était virtuellement calmée. Les plus grandes précautions avaient été prises sur les frontières des provinces limitrophes de Majunga, de Maroantsetra, de Vohémar et de Diégo, qui furent ainsi préservées de l'insurrection. Le commandant du cercle d'Ambatondrazaka qui avait pris les mêmes mesures pour empêcher l'infiltration sur son territoire des bandes venant du foyer des troubles, recevait le 17 novembre l'ordre de franchir cette barrière, d'aller occuper fortement Mandritsara et de tenir solidement la ligne Mandritsara-Befandriana.

L'arrivée subite de la colonne du commandant Lamolle avait non seulement empêché les rebelles de se répandre dans les régions voisines, mais avait déterminé tous les habitants à se ranger de notre côté.

Le commandant Lamolle en prenant le commandement des territoires du Nord-Ouest avait pour mission d'étudier l'organisation à donner au pays, en tenant compte de l'attitude des chefs indigènes et de se faire une opinion exacte sur les causes de la révolte.

Dans la province de Diégo-Suarez, on devait s'opposer à toute incursion des rebelles en garnissant la frontière sud de cette circonscription de postes de milice. Le commandant Weber quitta Antsirane le 25 novembre pour se porter sur les lieux. Il envoya le lieutenant Dayre jusqu'à Loky, dans la province de Vohémar, où le commis de résidence Fournier avait été assassiné le 21 novembre. On sut plus tard que ce crime était imputable à un acte de vengeance personnelle. Le capitaine Giamarchi gardait le Sud de la montagne d'Ambre.

Dans les provinces de Vohémar et de Maroantsetra, les frontières occidentales étaient gardées avec soin et la pointe Sud-Ouest de cette dernière circonscription fut rattachée au cercle d'Ambatondrazaka pour qu'une surveillance plus active y fût exercé. Enfin, le 4 janvier, une compagnie de légion débarquait à Nossi-bé et à Majunga, et était mise à la disposition du chef des provinces du Nord-Ouest.

Les dissidents ont peu à peu perdu tous leurs fidèles, en même temps que les populations paisibles rentraient dans leurs villages. Le pays est aujourd'hui tranquille et les travaux de colonisation, un instant interrompus, peuvent dès maintenant y être repris en toute sécurité.

IV

Puisque la plupart des causes de mécontentement sont inhérentes à la progression de la colonisation dans le Nord-Ouest, ces causes doivent survivre à la répression qui vient d'avoir lieu et nous obligent à prendre des précautions défensives si nous voulons être constamment prêts à faire face aux éventualités les plus inattendues qui peuvent toujours se produire.

Il ne saurait être question, après la douloureuse expérience du Sambirano et de Bealanana de confier la garde du pays à des milices. Des troupes régulières indigènes solidement encadrées, maintenues dans une stricte discipline représentent au contraire une garantie de sécurité absolue. La défiance qu'inspiraient aux habitants les détachements de milice accompagnant les colonnes et les reconnaissances était caractéristique, tandis que partout où se trouvaient des tirailleurs la population reprenait confiance et rentrait dans ses villages.

De leur côté, les colons ne devront pas alarmer les indigènes par des exigences déraisonnables. Les naturels de l'intérieur sont de mœurs douces, ils ne résistent pas ouvertement à la volonté de l'Européen, mais, poussés à bout, ils ont parfois recours au crime pour se débarrasser d'une tyrannie insupportable.

Après avoir attentivement étudié l'organisation administrative à donner aux anciennes provinces de Nossi-bé et d'Analalava, le Gouverneur général a définitivement transformé en cercle-annexe la partie continentale de Nossi-bé et a divisé en deux la province d'Analalava : le haut pays constitue le cercle-annexe de Mandritsara et le reste de la province forme le cercle d'Analalava. Les commandants des deux cercles-annexes relèvent du chef du cercle d'Analalava qui assure ainsi l'unité d'action sur toute cette région. Chaque cercle est divisé en un certain nombre de secteurs commandés par des officiers responsables du maintien de la tranquillité dans leur circonscription.

Les anciens chefs, manifestement coupables d'avoir fomenté et encouragé les derniers troubles, sont l'objet d'une surveillance spéciale, surtout dans la province de Nossi-bé. Malgré leur connivence presque certaine avec les fauteurs de troubles, on a écarté l'idée de faire de l'administration directe en se passant de leurs concours : c'eût été une nouvelle cause de perturbation au moment où le calme était à peine rétabli et au lendemain d'une effervescence générale.

VOYAGE DANS LA VALLÉE DU BAS-MANGOKY
ET A TRAVERS LE FIHERENANA
(suite) (1)

11 Octobre 1896. — Journée d'épreuves !

Les anciens du village veulent que je parte, mais à l'encontre de ce qui a été convenu la veille entre nous, je n'aurai pas de guide.

Discussions interminables et orageuses !

Que font mes porteurs pendant ce temps-là ? Ils se laissent enivrer par les indigènes qui leur font boire de

(1) Voir le *Bulletin* 1899, p. 5

ce rhum fabriqué par eux en distillant de la canne à sucre macérée avec l'écorce du tamarinier.

A 4 heures du soir je suis parvenu à mettre tout mon monde en route dans la direction du Mangoky dont Katsakatsa est un peu écarté. Mes porteurs titubent et l'unique guide qui ait, au dernier moment, consenti à venir avec nous, décrit à droite et à gauche du sentier des zig-zag extravagants.

C'est bien le reste, lorsqu'au bout d'une heure nous tombons, dans un gros village, au milieu d'un bacchanal effréné : depuis deux jours, on distille et l'on boit de l'eau-de-vie.

Me voilà entouré, presque bousculé ! Hommes et femmes veulent me voir, me toucher : les yeux hors de la tête, ils dansent, se poussent, tombent sur moi. Les uns me prennent la main, d'autres me tirent des coups de fusil dans la figure. Samat, soumis au même supplice, ne sait où donner de la tête. Les porteurs ont mis là leurs paquets et prennent part à la farandole !

En voilà une situation à la fois ridicule et dangereuse !

Nous en sortons pourtant à force de nous démener, de crier, de distribuer des coups de pied, de menacer, et au soleil couchant nous sommes enfin campés à trois kilomètres de ce maudit village, à la lisière de la forêt et sur le sable qui borde le fleuve. Les porteurs, abrutis, se sont couchés pêle-mêle, sans songer seulement à cuire leur riz.

A cet endroit il y a de chaque côté du Mangoky une bordure de sable d'un kilomètre.

Dimanche. — Nous cherchons un gué, et, pour le trouver, j'envoie à l'eau le plus petit des porteurs, Kaboulo. Après plusieurs tentatives, il traverse, nous passons alors après lui, à la file. Mes habits sur ma tête, tout nu, derrière tous ces nègres nus, j'ai l'air, sur le sable, d'un grand point d'exclamation blanc !

Le fleuve est large de six à sept cents mètres avec 1 m. 40 d'eau dans le chenal.

Quittant le sable nous nous engageons dans la forêt vierge, et, comme il n'y a plus de sentier, la marche est lente et très pénible, si bien que de guerre lasse nous rejoignons la rivière, quoiqu'il soit encore très lassant de marcher en plein midi sur du sable friable, où l'on enfonce jusqu'aux chevilles.

Enfin nous découvrons un sentier qui nous ramène sous bois dans la direction de Vondrové.

Nous dépassons les collines que j'apercevais depuis Tanandava et dont la direction est N.-E. avec, dans le Sud, des contreforts qui s'étendent loin vers l'Est.

Ces collines de grès très friable, de sable compacte et d'argile, n'ont que 200 à 300 mètres.

Çà et là nous rencontrons de grands étangs saumâtres ; l'un d'eux, véritable lac, s'appelle Antsakoa.

Campement sous bois près d'une mare dont l'eau chargé de sel nous dispense d'en mettre dans la soupe ! Par exemple le thé est plus que mauvais !

Je passe la nuit, comme dans une cathédrale, sous les arcades d'un immense multipliant. De gros baobabs, dont nos feux éclairent la pâle écorce, ont l'air d'une cour de gros bourgeois pansus et massifs autour de mon multipliant aux mille bras.

Lundi 12 octobre. — En m'éveillant je constate qu'une sacoche en cuir contenant divers instruments et des objets d'usage journalier, a été aux trois quarts brûlée pendant la nuit : une boussole, une montre, deux thermomètres etc. sont désormais inutilisables.

Si j'ai bien calculé, nous devons atteindre Vondrové dans la journée.

A 8 heures et demie, nous passons l'Anadranta, petite rivière qui vient du nord pour se jeter dans le Mangoky. Subitement, d'un taillis, en face de nous, débouche une bande de sangliers : j'ai le temps d'en tirer un ; et, comme, malgré la distance, il paraît blessé, nous lui donnons la chasse. Cette poursuite irréfléchie n'a d'autre résultat que de nous égarer : nous voilà perdus dans des marécages, loin du sentier.

Après bien des efforts nous atteignons un plateau qui se prolonge dans l'Est au milieu de mamelons peu élevés et boisés. La forêt proprement dite a cessé à l'Anadranta et nous marchons au milieu des herbes parmi des lataniers clairsemés.

A midi, après avoir dépassé un rideau d'arbres d'un kilomètre nous voyons Vondrové.

Me voici donc au point extrême atteint en 1891 par Douliot, qui lui venait du Nord, de Morundava.

Notre arrivée est signalée par un incident comique. A peine avions-nous fini le Kabary avec le chef, qu'un jeune Sakalave accourt, hors d'haleine, criant : « Les fahavalos ! voilà les fahavalos ! ils viennent voler les bœufs ! » Tous les hommes bondissent, brandissent leurs armes et se dirigent en courant dans la direction d'où nous venons, et où paissent des troupeaux que nous avons rencontrés un moment avant. Ils disparaissent derrière le rideau d'arbres, nous laissant seuls, assez interloqués, à la place où nous tenions conseil.

Alors les femmes se réunissent sous un arbre, tenant chacune à la main un long roseau dressé en l'air comme un cierge, et elles se mettent à danser vivement et à chanter en chœur un hymne en l'honneur des braves guerriers qui courent après les fahavalos :

— « Nos hommes sont vaillants comme des taureaux !

Que les fahavalos disparaissent ! Qu'ils soient anéantis ! Que l'on nous donne leurs têtes et leurs sexes pour les exposer sur des piquets devant le village ! Que l'on ramène les bœufs ! etc. » — Cela dure longtemps ! Je ne sais même combien de temps, car voilà les hommes qui reviennent en bataillon serré, sur rangs de six, au petit trot, brandissant leurs lances et leurs fusils qu'ils font partir pour faire du bruit. Ils vont à la rencontre des femmes, paradent un moment devant elles, toujours trottant en phalange carrée, puis ils se débandent tout à coup et reviennent s'asseoir en rond autour de l'arbre sous l'ombre duquel nous étions restés, bien tranquilles, à contempler cette manifestation guerrière, en attendant les événements. Et le kabary recommence.

Qu'était-ce donc que ces fahavalos ?

C'était nous, tout simplement : un berger, ayant vu nos traces nombreuses, avait donné l'alarme.

Ce soir, mes matelots, comme ils s'appellent entre eux, s'évertuent à jouer de l'accordéon pour mettre un peu de gaieté dans le village ; l'un d'eux essaie même un cavalier seul engageant. Mais les gens restent sur la réserve et les jeunes femmes ne viennent pas se mêler à nous. Tant de froideur attriste mes pauvres matelots qui poussent des soupirs de regrets en songeant, j'en suis sûr, à leur débauche chez le petit roi Réafy. Leur accordéon cesse de grincer et ils s'étendent auprès de leur feu, l'œil fixé avec inquiétude sur les cases obscures, dans lesquelles, dédaigneux de leurs avances, les indigènes se sont terrés les uns après les autres.

Vondrové est un très gros village, composé d'à peu près deux cents cases en plusieurs groupes, situés à 500 mètres de la rive droite du Mangoky. Le pays tout autour est boisé, et sur la rive gauche du fleuve, un dos de terrain couvert de hautes brousses borde une grande plaine qui s'étend vers le Sud-Est et est limitée dans l'Ouest par une rivière qui rejoint le Mangoky à un mille en aval de Vondrové. Cette rivière qui n'était marquée sur aucune carte s'appelle Likily et est le dernier affluent de gauche du Mangoky. Le Likily venant du Sud me parut la route indiquée pour la première étape de mon retour vers Tuléar.

Douliot avait eu ce projet de continuer son voyage vers le Sud ; mais ses hommes avaient refusé de le suivre et il avait dû rebrousser chemin à Vondroyé. Il était du reste fort accablé par la fièvre à laquelle il devait bientôt succomber.

Le chef Tsyamboitsy me fait cadeau d'un cabri et de farine de tavalo. Nous ne manquons pas de vivres mais les habitants sont exigeants pour le paiement et ma toile d'échange commence à diminuer fort. Ils acceptent pourtant ici des bracelets de cuivre et des verroteries, des aiguilles et des hameçons.

Mercredi 14. — L'humeur de ces indigènes est décidément très instable. Avant-hier ils nous faisaient grise mine, et cette nuit le tam-tam et les chants n'ont cessé que fort tard. Est-ce parce que j'ai annoncé que j'allais partir ?

Ce n'est guère qu'à minuit que j'ai pu fermer l'œil. Vers deux heures du matin, je fus éveillé par un bruit léger dans ma case. J'écoutai sans remuer. J'avais laissé la porte en roseaux entr'ouverte pour avoir plus d'air, après avoir simplement mis une caisse devant pour empêcher les chiens d'entrer. Je pensai que mon domestique Rahma cherchait quelqu'objet... J'ouvris les yeux et je dis : « C'est toi Rahma qui as l'audace de venir m'éveiller ! » Aussitôt un corps d'homme bondit hors de là case, renversant la porte, bousculant la caisse. Je fus sur mes pieds, et prenant vivement mon revolver à ma droite je m'élançai dehors. L'individu avait pris du large et je l'aperçus, comme une ombre, disparaître derrière les cases sans avoir le temps de l'ajuster.

Je rentrai me coucher content de n'avoir pas tiré et je décidai de me taire sur cet incident.

Difficultés aiguës pour avoir des guides. Il m'en faut pourtant. Cette fois-ci la question se résoud d'une façon inattendue : je n'aurai pas un guide, mais cinq, sous prétexte que dans la direction que je veux suivre, le prochain village est à trois jours de marche et qu'un seul guide n'oserait revenir, mais qu'à cinq ils seront plus hardis. J'accepte cette combinaison, et je me résigne, faute de pouvoir faire autrement, à leur payer d'avance le prix énorme qu'ils exigent.

Cet arrangement commencé à midi dure jusqu'à trois heures et de peur d'avoir à recommencer je presse le départ. Tout le village nous suit sur le bord du fleuve, et Tsyambotsy auquel je dis adieu, me fait un petit discours, puis s'adressant aux guides, il leur dit : « Jusqu'à présent le blanc n'a pas été pillé, conduisez-le à Lohaoesy sans perdre une aiguille ! » Ces nobles paroles provoquent chez Samat un tel excès de défiance qu'il murmure d'un air abattu : « Demain nous serons pillés ! »

Il prophétisait, ou à peu près.

Nous commençons à traverser le Mangoky pour nous diriger cette fois franchement vers le Sud. Nous avons de l'eau jusqu'au ventre et pendant tout le temps que dure le passage, femmes, enfants et guerriers insultent à grands cris les crocodiles pour les épouvanter et les éloigner de nous.

Je n'ai pas rencontré une seule pirogue sur le fleuve.

Les indigènes n'en construisent pas et si ceux de Vondrové en connaissent l'usage, c'est qu'ils ont vu des Indiens d'Andalanda et d'Ambohibé venir jusque chez eux chercher du caoutchouc.

Le Mangoky n'en est pas moins navigable, même pour chaloupe au moins depuis Vondrové jusqu'à la mer.

E. J. Bastard.

LE RETOUR DU GÉNÉRAL GALLIÉNI

Le *Djemnah*, sur lequel le général Galliéni est revenu en France, est entré dans le port de Marseille, le 25 mai, à trois heures quinze. L'amiral Besson et Mme Galliéni avaient rejoint le général au Frioul. Dès son arrivée le général a été salué par M. Binger qui a pris la parole au nom du ministre.

« En venant vous saluer au nom du ministre des colonies, j'éprouve une joie très profonde, non seulement à cause de la grande amitié dont vous m'honorez depuis déjà longtemps, mais encore pour un autre motif, celui-ci moins égoïste qui tient à la signification que les coloniaux attachent à votre nom, à votre glorieux passé, et aussi aux espérances qu'ils fondent sur les précieux services que vous rendez encore à l'œuvre que vous avez si courageusement entreprise et si vaillamment menée à bien.

Nul mieux que moi ne sait mesurer l'étendue de vos efforts et apprécier les bienfaits de votre sage administration. Je n'ai besoin de faire aucun effort de mémoire pour me souvenir de nos premiers rapports au ministère fin 1896, époque à laquelle notre domination se réduisait à l'occupation de quelque bourgade sur la côte et à celle de Tananarive, dont la banlieue même était en pleine insurrection. Je sais toutes les difficultés que vous avez rencontrées pour étendre le cercle de ces points microscopiques et assurer vos communications avec la côte et comment, méthodiquement, vous entrepreniez la pacification de l'Emyrne et de la côte est d'abord et celle de la côte ouest ensuite. Deux ans à peine vous ont suffi pour mener à bien ce programme et obtenir la pacification d'un territoire beaucoup plus vaste que la France entière.

Le caractère grandiose de cette œuvre apparaît encore mieux quand on sait de quelle faible force vous disposiez, car, soucieux avant tout des finances de l'Etat et de la colonie vous avez tenu à obtenir le maximum de résultats possibles avec le minimum de ressources. A tel point qu'on peut dire qu'entre les mains d'un homme moins expérimenté elles auraient été insuffisantes et auraient fait passer une semblable entreprise pour téméraire.

Vous devez être heureux, monsieur le gouverneur général, car vous avez accompli à Madagascar une œuvre gigantesque. Après avoir rétabli la paix, vous avez su encourager la colonisation, préparer, par des travaux publics considérables, la prospérité de l'avenir, et tâche plus difficile encore, vous avez réussi à effacer dans l'esprit des peuples que vous avez conquis tous les préjugés qu'ils entretenaient contre nous.

Vous quittez la colonie en laissant les finances dans une situation prospère, après avoir confié l'intérim à un homme capable que vous avez vous-même désigné au choix du gouvernement. Vous avez donc le droit de regarder paisiblement derrière vous et de jouir d'un repos mérité auprès des vôtres avec la pleine satisfaction d'un devoir noblement accompli et avec la certitude que la France entière, après avoir suivi vos labeurs et souvent aussi partagé vos angoisses, vous exprime pour votre œuvre grandiose sa plus profonde gratitude et sa bien vive reconnaissance. »

Le général a remercié M. Binger et lui a serré la main.

M. Milne-Edwards, président de la Société de géographie de Paris, a salué le général et l'a chaudement félicité au nom de ses collègues.

« La Société de géographie, dit-il, a voulu vous donner un témoignage de ces sentiments, en vous remettant, au moment où vous touchez le sol français, la grande médaille d'or qu'elle vous a décernée cette année, comme gage de la haute estime où elle tient vos travaux et j'ai été personnellement très heureux et très honoré de vous l'apporter ici.

« La dette que le pays a contractée envers vous n'est pas de celle dont on s'acquitte aisément ; vous avez reçu de ses mains une terre sauvage et tourmentée, vous lui rendez une colonie pacifiée, riche d'espérances où, grâce à votre ferme et sage administration, l'autorité est respectée, où sont encouragés et secourus ceux qui marchent droit au devoir.

« Toute action puissante entraîne avec elle un très rude labeur ; vous l'avez supporté sans que votre volonté s'y affaiblisse, vous avez su vous mettre en garde contre les illusions et les légèretés, et votre œuvre est là qui démontre clairement que la force morale est la première et la plus grande des forces.

« A Madagascar, vous avez compris qu'il ne s'agissait pas seulement d'une conquête, mais encore d'une colonie à fonder ; vous vous êtes entièrement dévoué à cette tâche difficile, aussi avez-vous déjà réuni un nombre très considérable de renseignements et de documents précieux, accueillant toutes les bonnes volontés, comme vous l'écriviez en 1897 à notre cher secrétaire général honoraire M. Maunoir : « Nos collègues de la Société de géographie trouveront en moi le concours le plus bienveillant et le plus complet ».

« Les missions que vous avez encouragées, et auxquelles vous traciez leurs itinéraires, les nouvelles routes ouvertes, le service topographique organisé, les recherches ordonnées pour l'amélioration des systèmes de culture et des méthodes d'élevage, la création de jardins d'essai, d'écoles professionnelles, toutes ces choses excellentes sont dues à votre énergique initiative et nous formons — permettez-moi de vous le dire — le même souhait que les Malgaches, celui de voir longtemps le gouvernement de Madagascar entre des mains qui en ont porté si noblement le lourd fardeau. »

M. René de Pré Saint-Maur a offert ensuite au général Galliéni la médaille d'or que lui a décernée la Société de géographie commerciale.

M. Grandidier a pris à son tour la parole au nom du Comité de Madagascar, en l'absence de M. Charles-Roux et du prince d'Arenberg, pour apporter au général Galliéni le témoignage de gratitude et d'admiration des membres du Comité de Madagascar et de tous ceux qui, à un titre quelconque, s'intéressent à nos colonies.

M. Clément Delhorbe, en qualité de secrétaire général du Comité de Madagascar s'est associé aux paroles prononcées par M. Grandidier, et a souhaité la bienvenue au général au nom de l'Union coloniale et de la Ligue coloniale de la Jeunesse.

M. le Myre de Vilers a ensuite offert au gouverneur général de Madagascar les médailles d'honneur de l'Alliance française et de la Société nationale d'acclimatation, en rappelant que la Société antiesclavagiste a conféré le même honneur au général.

Le général est arrivé à Paris le 26 mai. Il a été salué à la gare par M. J. Charles Roux, président du Comité de Madagascar, qui au nom de ses collègues lui a exprimé la gratitude du Comité pour la belle œuvre qu'il vient d'accomplir à Madagascar.

Le gouverneur général a été reçu dans l'après-midi du même jour par M. le ministre des Colonies.

Le 27, il a été invité à dîner par M. le ministre des Colonies, et le 29, par M. le Président de la République.

Promotion du général Galliéni. — Par un décret paru au *Journal officiel*, le 29 mai, le général de brigade Galliéni, gouverneur général et commandant en chef du corps d'occupation de Madagascar (emploi créé), est promu, au grade de général de division dans l'infanterie de marine, pour prendre rang à une date qui sera fixée ultérieurement par décret.

Nous avons assez souvent loué ici l'œuvre accomplie par le général Galliéni, pour qu'on se doute aisément avec quelle satisfaction nous annonçons cette promotion, juste récompense d'éclatants services, qui fait du général Galliéni, âgé seulement de cinquante ans, le plus jeune de nos généraux de division.

ACTES OFFICIELS

Journal officiel de Madagascar et dépendances

30 mars 1899. — Arrêté du 17 mars prélevant un crédit de 350.000 francs sur la caisse de réserve, pour être affectés aux travaux de route permettant de relier le plateau central à la côte.

Arrêté du 23 mars 1899 ouvrant un crédit de 6.000 francs au budget extraordinaire pour construction de phares à Majunga.

11 avril 1899. — Arrêté du 31 mars ouvrant un crédit de 800.000 francs au titre du budget extraordinaire local (exercice 1899) pour les travaux de la route de Tamatave à Tananarive.

Arrêté du 31 mars créant un service hebdomadaire de courriers entre Fianarantsoa et Betroka.

15 avril 1899. — Arrêté du 24 mars 1899 concédant la propriété dite « Jardin et rizière de la Reine » à la Congrégation des Frères des Ecoles chrétiennes, et celle dite « Mahazoarivo » à la Société des Missions évangéliques de Paris.

19 avril 1899. — Ordre général du 19 avril. Circulaire et arrêté du 16 avril sur l'organisation de l'enseignement à Madagascar.

22 avril. — Circulaire et arrêté du 20 avril organisant l'assistance médicale en Imerina.

Projet de décret réglementant le travail des indigènes en Imérina.

26 avril. — Circulaire du 21 avril à MM. les administrateurs et commandants de Cercle au sujét de la situation financière de la Colonie.

NOUVELLES ET INFORMATIONS

On nous écrit de Tanarive :

Réorganisation du 3ᵉ territoire militaire. — Primitivement englobée dans le cercle de Tananarive, qui comptait sept sous-gouvernements, la Capitale avait reçu, à compter du 1ᵉʳ janvier dernier son autonomie administrative et financière. L'Administrateur-maire y exerçait depuis cette époque les fonctions dévolues aux chefs de province, mais sa situation n'était pas assez clairement déterminée.

La décentralisation réalisée par l'arrêté du 30 novembre dernier donnait une plus grande liberté et une plus grande initiative au fonctionnaire chargé de l'administration de la ville. Cette mesure s'imposait par suite de l'accroissement de la capitale, de la multiplicité des intérêts qui y étaient engagés, intérêts exigeant un régime spécial et distinct de celui des régions limitrophes où l'élément européen est beaucoup moins représenté.

L'arrêté du 21 février dernier précise la constitution de la province de Tananarive et définit expressément la situation de son administrateur qui est celle d'un chef de province autonome.

Canal d'Andévorante à Farafangana. — L'article VII de la convention passée le 6 octobre 1897 entre le Ministre des Colonies et la compagnie française de Madagascar pour l'établissement d'une ligne d'eau continue entre Tamatave et Andévorante stipule que cette Compagnie aura la faculté de requérir jusqu'au 1ᵉʳ janvier 1900, l'extension de sa concession aux voies navigables à établir le long de la côte, au nord de Tamatave et au sud d'Andévorante. Le prolongement vers le sud du canal des pangalanes n'offrirait que peu de difficultés d'exécution eu égard aux immenses avantages qui en résulteraient pour la mise en valeur de la riche région côtière Andévorante, Vatomandry, Mahanoro, Mananjary, Farafangana. Entre le pied des hauteurs et la côte s'étend une zone basse d'une grande fertilité recouverte de limons et de dépôts alluvionnaires. De nombreuses rivières, perpendiculaires à la côte, presque sans pente dans la dernière partie de leur cours, y sont praticables aux embarcations légères et donnent ainsi aux vallées les plus fertiles la possibilité de recevoir des exploitations agricoles. Mais les ports commodes manquent à toute cette côte inclémente, et la difficulté des relations avec l'extérieur qui en résulte ne laisse pas que de paralyser l'essor de la colonisation.

Le moyen le plus simple de vaincre cet inconvénient paraît être de réunir par une ligne d'eau continue cette région à Tamatave, régulièrement fréquentée par les navires faisant la navigation au long cours. Lassalle, voyageant dans ces parages vers la fin du siècle dernier, proposait déjà la création d'un canal intérieur où la navigation serait exempte des dangers et des vicissitudes de toute nature qu'elle rencontre sur la côte orientale de l'île.

L'étude de l'aménagement d'une voie d'eau au sud d'Andévorante vient d'être faite jusqu'à Masomeloka, sur une longueur de 170 kilomètres. La longueur des seuils à couper est de 5.200 mètres, sans préjudice des curages et dragages à pratiquer dans les parties où la voie d'eau naturelle est à approfondir. Les conditions d'exécution de ce canal sont à peu près identiques à celles de la section Ivondro-Andévorante qui a 2.550 mètres de seuils sur un parcours de 99 kilomètres.

Toutefois, dans ce dernier tronçon les déblais de dragage paraissent plus importants que dans le premier. Telle est, en gros, l'économie de ce projet. Il est à espérer que la *Compagnie française de Madagascar* usera de son droit de préemption et mettra à exécution ce grand travail qui, outre ses avantages économiques, exercera une heureuse influence sur la salubrité générale de la zone traversée.

Organisation de la justice indigène. — Les décrets des 28 décembre 1895 et 9 juin 1896 relatifs à la justice indigène, élaborés peu de temps après la conquête du pays au moment où nous étions encore peu familiarisés avec les mœurs et coutumes des Malgaches, manquaient de précision et se bornaient à consacrer quelques principes essentiels, tels que la participation de l'élément autochtone à la formation des tribunaux destinés à juger les indigènes.

Peu à peu, grâce à leur contact journalier avec les diverses populations de l'île, nos fonctionnaires et nos officiers ont pu signaler les améliorations qui pouvaient être apportées au système judiciaire. Des arrêtés locaux, réalisant de notables progrès, ont été pris à plusieurs reprises, notamment celui du 15 février 1898 qui définissait enfin d'une manière précise les trois points essentiels du fonctionnement de toute juridiction : compétence, procédure, recours. Les tribunaux indigènes institués par cet arrêté étaient présidés par des représentants de l'autorité française, mais les assesseurs étaient des indigènes, ayant la plénitude des attributions judiciaires attachées à cette situation. La vénalité de la plupart des Malgaches, leur penchant aux compromissions devaient avoir pour effet de les éloigner de plus en plus de l'assessorat effectif, au fur et à mesure qu'ils devenaient moins nécessaires pour nous initier aux mœurs et coutumes locales. Le dernier décret concernant la justice indigène, en date du 24 novembre 1898, réalise cette dernière réforme et ne donne plus aux assesseurs qu'un rôle purement consultatif : c'est la principale modification apportée à l'arrêté du 15 février 1898. Le prestige de la justice aux yeux des indigènes sera augmenté par cette disposition nouvelle qui laisse toute latitude au fonctionnaire français, tout en lui procurant les informations et les renseignements dont il a besoin.

L'habitation dans les différentes tribus de l'île. — M. Jully, directeur adjoint des travaux publics à Madagascar, et qui se trouve actuellement à Paris pour organiser l'Exposition de la colonie en 1900, a fait à la Société de Géographie, le 19 mai. une conférence sur *l'habitation indigène à Madagascar*.

. « On peut, dit-il, diviser les tribus en quatre groupes : 1° les tribus du sud ; 2° celles de l'ouest ; 3° celles de l'est ; 4° celles des hauts plateaux, tribus qui présentent des différences caractéristiques, tant dans leurs habitations que dans leurs costumes et leurs mœurs. Le premier groupe est celui qui se rapproche le plus de l'état sauvage : *ses cases sont des huttes. Le* deuxième et le troisième groupe, quoique présentant des distinctions qui affirment la supériorité du second, ont un caractère commun : l'imperfectibilité prouvée par leur routine immuable. Quant au quatrième groupe, caractérisé par des constructions véritables, il est très supérieur aux autres, même dans ses cases primitives, cases en bois travaillé, formant une charpente complète, et qui atteignent de grandes dimensions. Les tribus appartenant à ce groupe, principalement les Betsiléos et les Antimerinas ou Hovas, n'ont cessé depuis un siècle de s'assimiler les innovations faites sous leurs yeux. Tananarive et Fianarantsoa en sont la preuve : dans ces deux villes, non seulement il existe des monuments, mais on trouve à s'y loger confortablement. De cette étude ressortent donc la supériorité de la race des hauts plateaux et sa perfectibilité. »

Pour le futur colon, il est important de savoir que les diverses régions de l'ile et les tribus qui les habitent offrent des différences profondes, qu'il lui faut connaître avant de choisir l'endroit où il s'établira.

Le président remercie M. Jully de sa communication. Il fait remarquer que l'on doit à M. Jully la construction de la résidence générale de Tananarive et celle de l'hôpital de Tamatave servant actuellement de prison. Après avoir fait toute la campagne de Madagascar en qualité d'officier de réserve, M. Jully fut, quand il rentra avec nos troupes à Tananarive. nommé (octobre 1898) ingénieur des travaux publics, puis chef du service des bâtiments civils, et enfin, adjoint à la direction des travaux publics.

Retour de M. Guillaume Grandidier. — Nous avons le plaisir d'annoncer que M. G. Grandidier est revenu en France le

15 mai, en excellente santé, après avoir séjourné un *an* à Madagascar. Notre collègue a accompli deux cents kilomètres en pays inconnu, il a rapporté de nombreux spécimens de l'histoire naturelle de l'île. Il a bien voulu nous laisser espérer qu'il exposerait prochainement ici le résultat de quelques-unes de ses recherches.

Nous sommes heureux d'annoncer qu'une partie du prix d'Audiffred a été décernée par l'Académie des sciences morales et politiques à M. J. Charles-Roux pour son ouvrage : *Notre marine marchande.*

M. Martineau, le nouveau gouverneur de la côte des Somalis, est arrivé le 21 avril à Djibouti. Pendant les réceptions qui ont eu lieu le soir même, M. Martineau a exposé ses projets. Parmi eux figure la construction d'un hôpital pour les rapatriés de Madagascar et de l'Indo-Chine qui ont besoin de repos avant le passage de la mer Rouge. Comme on le voit l'ancien secrétaire général du Comité de Madagascar n'oublie pas les intérêts de la grande île sur laquelle il écrivit jadis un livre apprécié.

Marine. — Le croiseur *Fabert* est revenu à Toulon, où il va être désarmé. La campagne de Madagascar aura vraisemblablement été la dernière de ce bâtiment, dont l'état laissait beaucoup à désirer.

Le croiseur *Nielly* est parti le 13 mai de Brest pour Madagascar.

— Le lieutenant-colonel Buyck a été nommé à l'état-major de Madagascar.

Sont nommés dans la *Légion d'honneur* :

Officiers : le capitaine d'infanterie de marine Brüss, au 7e, pour faits de guerre à Madagascar.

Le capitaine Colonna d'Istria, du 8e d'infanterie de marine, pour faits de guerre à Madagascar.

Sont inscrits d'office pour faits de guerre à Madagascar :

1° Au tableau de classement pour le grade d'officier de la Légion d'honneur, le capitaine Brun, au 13e d'infanterie de marine; s'est particulièrement signalé par la pacification de la région d'Hango et de la prise du repaire de Mandrizavona, décembre 1898.

2º Au tableau de classement pour le grade de chevalier de la Légion d'honneur : le capitaine Morize, au régiment colonial; a pris part aux combats des 22 juillet et 31 août, à l'assaut du village fortifié de Beuvo et de l'enlèvement des défenses du cirque de Korambi.

Le lieutenant d'infanterie de marine Sénèque ; s'est distingué à Iaritsena et à Ivatorory, ainsi que dans la colonne d'Imbouabé, où il a été blessé.

Nominations. — M. David, chef de division au secrétariat général du gouvernement général de Madagascar.

M. Mouttet, commis de résidence de 1ʳᵉ classe à Madagascar.

Le journal de la République française publie depuis le 6 mai, le rapport d'ensemble du général Gallieni sur la situation à Madagascar. Nous aurons l'occasion de revenir sur ce très important document.

CHRONIQUE DU COMITÉ

Séance du Conseil du 31 Mai.

Le Conseil du Comité de Madagascar s'est réuni à 4 heures et demie, sous la présidence de M. Charles Roux, président, assisté de M. Grandidier, président d'honneur, et Delhorbe, secrétaire général. Etaient présents : MM. le prince d'Arenberg, Mercet, Perier, Milne Edwards, Delacre, R. P. Piolet, Duportal, Depincé, Grosclaude, Pector, Mante. S'étaient excusés MM. C. d'Estournelles, vice-président, délégué du gouvernement à la conférence de La Haye, Chailley-Bert, Pagnoud.

Le procès-verbal de la dernière séance est adopté sans modification.

L'ordre du jour appelle la nomination du bureau du Conseil pour l'année 1899-1900.

M. le vicomte Armand a déclaré décliner toute nouvelle candidature à la charge de trésorier. Le Conseil décide que les fonctions de président et de trésorier seront réunies. Sont nommés par acclamation :

Président-trésorier : M. J. Charles-Roux ;

Vice-présidents : MM. d'Estournelles de Constant, J. Chailley-Bert.

Secrétaire général : M. C. Delhorbe.

M. le Secrétaire général fait un exposé de la situation financière du Comité, qui est approuvé.

M. le Président annonce que M. le Gouverneur général, désireux de créer à Paris un office de renseignements pour toutes les personnes qui s'intéressent à la colonisation et voudraient y participer, a décidé de donner officiellement au Comité de Madagascar le rôle d'intermédiaire entre la colonie et le public. (*Applaudissements*).

M. le Secrétaire général donne lecture de la circulaire suivante relative au Comité de Madagascar et adressée par M. le Ministre de la marine, à MM. les vice-amiraux commandant en chef, préfets maritimes, officiers généraux, supérieurs et autres commandant les troupes de la marine en France et aux colonies, gouverneurs généraux et gouverneurs des colonies, etc.

Paris, le 21 février 1899

« Messieurs,

« Mon attention a été attirée sur les services que le Comité de Madagascar, dont le siège est à Paris, 44, Chaussée d'Antin, est appelé à rendre à la colonisation de notre grande île africaine.

« En vue d'encourager les efforts de cette association, qui poursuit une œuvre exclusivement patriotique, j'ai l'honneur de vous informer que j'autorise les officiers et le personnel de la marine à faire partie du Comité de Madagascar.

« Je vous prie de vouloir bien porter à la connaissance des intéressés la présente décision dont l'insertion au *Journal Officiel* et au *Bulletin Officiel* de la marine tiendra lieu de notification.

« Edouard LOCKROY. »

M. le Président déclare avoir, au nom du *Comité*, adressé l'expression de ses remerciements à M. le Ministre de la marine ; il fait observer que la faveur qui nous est accordée est très exceptionnelle et il en souligne toute l'importance.

M. le Secrétaire général donne connaissance du résultat des élections du Conseil pour 1899-1900, que nous avons publié dans le *Bulletin* (p. 191).

M. le Secrétaire général donne lecture d'une liste de 62 nouveaux membres du Comité (Voir ci-dessous).

M. le Président demande au Conseil s'il n'estime pas qu'en raison du développement pris par le Comité, il y aurait lieu de modifier le *Bulletin du Comité*. Par deux votes successifs il est décidé 1° que l'organe du Comité de Madagascar portera désormais le titre de : REVUE DE MADAGASCAR, et en sous-titre : *Bulletin du Comité de Madagascar* ; 2° que le format de la nouvelle publication sera agrandi dans le sens de la largeur.

A cinq heures la séance du Conseil est levée.

ASSEMBLÉE GÉNÉRALE
du Comité de Madagascar du 31 mai 1899

La séance est ouverte à 5 heures 5, sous la présidence de M. J. Charles Roux, président, assisté de M. Grandidier, président d'honneur, et de M. Cl. Delhorbe, secrétaire général.

M. le Secrétaire général donne lecture du procès-verbal de la dernière assemblée générale, qui est adopté.

M. le Président donne lecture du document suivant :

Rapport du Conseil à l'Assemblée générale du 31 mai 1899.

Messieurs,

Ce n'est pas seulement pour se conformer aux prescriptions de l'article 6 de nos statuts que le Conseil d'Administration du Comité vous a invités à vous réunir aujourd'hui en Assemblée Générale, mais aussi pour avoir le plaisir de vous faire connaître l'heureuse marche de notre Association pendant l'exercice qui vient de s'écouler et le développement que. grâce au concours de tous, nous avons pu imprimer à notre œuvre.

Chaque jour, en effet, notre société prend une extension nouvelle, et tous ceux qui s'intéressent à un titre quelconque, non seulement au développement de la Grande Ile, mais à la question coloniale, en général, se rendent compte des services que peut leur rendre le groupement de colons, de savants, de fonctionnaires et d'officiers ayant été ou étant encore à Madagascar. Aussi le nombre de ceux qui s'adressent à nous va-t-il sans cesse en augmentant.

La quantité de nos membres, du reste, — nous

sommes heureux de le constater, — a suivi la même progression, et nous avons eu depuis notre dernière réunion, à enregistrer 235 inscriptions nouvelles.

La première conséquence de cet accroissement de forces s'est fait sentir dans notre budget, qui est aujourd'hui dans une situation telle que nous pouvons envisager l'avenir avec confiance.

Notre publication mensuelle, enfin, est de plus en plus répandue et appréciée, si nous en jugeons par les nombreuses reproductions dont elle est l'objet de la part de la presse quotidienne et périodique. Ce fait, coïncidant avec l'amélioration de nos ressources, nous a engagés à lui donner un plus grand développement.

Faire connaître Madagascar sous ses faces les plus diverses, l'étudier sur les pas de nos soldats, pour ainsi dire, au point de vue les plus variés de sa mise en valeur en mettant chacun au courant des ressources qu'il peut offrir à la science, à l'industrie, au commerce, à l'activité de nos compatriotes, en un mot, tel est bien, en effet, le but de nos constantes préoccupations. Aucun moyen ne nous paraît plus efficace pour l'atteindre que de répandre autour de nous et sur tous les points de notre pays, des publications aussi complètes que possible et tenues constamment à jour, c'est-à-dire à même d'infiltrer partout des idées saines sur la colonisation de la Grande Ile, des renseignements exacts et précis sur sa situation politique et économique.

Aussi, pour obéir à ces considérations, votre Conseil vient-il de décider, nos ressources financières s'y prêtant, qu'à partir du mois de juillet prochain, c'est-à-dire dès la seconde partie de cet exercice, notre Bulletin ferait place à une publication plus importante, plus générale, qui prendrait le titre de Revue de Madagascar, la dénomi-

nation que nous avions adoptée pour notre organe ayant
paru un peu trop spéciale pour en permettre la disper-
sion dans le grand public. Bien entendu, nous comptons
sur le concours dévoué de tous nos membres, tant en
France qu'à Madagascar, pour nous aider à justifier, par
l'intérêt que cette œuvre présentera, le titre qui l'annonce.

Dans ce même ordre d'idées nous vous faisions part,
l'an passé à pareille époque, de la publication par nos
soins, joints à ceux de l'Union Coloniale Française, d'un
Guide de l'émigrant à Madagascar, dont nous atten-
dions les meilleurs effets. Notre espérance n'a pas été
déçue, bien au contraire! Aussi est-ce avec une vive
satisfaction que nous avons, cette année, à vous présenter
un nouvel ouvrage portant-le même titre mais de beaucoup plus important que son aîné. Il est l'œuvre de tous
les collaborateurs civils et militaires qui ont secondé le
Général Galliéni dans l'admirable tâche qu'il vient d'accomplir dans notre nouvelle colonie; tous ces travaux
ont été coordonnés, mis au point et complétés par les
soins du Capitaine Nèples avec autant de science que de
modestie. — Nous sommes heureux d'avoir vu notre nom
attaché à cette publication grâce au concours quotidien
qu'y a aussi apporté sans relâche pendant six mois notre
éminent Président d'honneur M. A. Grandidier toujours
sur la brèche et prêt à tous les dévouements, quel que soit
l'effort qu'on lui demande.

Des trois grands volumes in-8° qui composent le Guide
de l'Emigrant publié par la Colonie et qu'on peut se procurer chez M. Colin et au Comité de Madagascar, publication la plus importante de ce genre qui ait encore jamais
été faite, nous extrairons un manuel que nous nous effor-
cerons de rendre complet et pratique sous le plus petit
volume possible pour le mettre à la portée de tous ceux

qui se préparent à partir pour Madagascar, ou même pour provoquer au besoin ce désir chez ceux qui se sentent entraînés vers la vocation coloniale sans savoir encore où ils planteront leur tente.

Nous avons en vue, enfin, vous ne l'ignorez pas, de faire revivre par ordre chronologique et en remontant au moment de la découverte de Madagascar, tous les documents, ouvrages ou extraits d'ouvrages publiés sur la grande île soit à l'étranger, soit en France, en les rendant faciles à consulter par des interprétations ou par des traductions soignées. Ce projet nous a déjà valu un certain nombre d'adhésions et nous ne doutons pas que de nouveaux concours, en venant s'ajouter à ceux déjà acquis ne nous permettent de mener à bonne fin cette conception qui mettra à la portée de tous des ouvrages de bibliothèque souvent introuvables. Cet ensemble constituera un monument complet de l'histoire de Madagascar et trouvera dans l'Union Coloniale Française des continuateurs pour ce qui concerne nos autres colonies.

Nous serions désireux avant de lui donner toute notre attention de terminer une autre de nos entreprises, nous voulons parler du *Monument* commémoratif de la dernière campagne pour l'érection duquel nous avons déjà réuni une somme qui atteindra bientôt un total de 60.000 francs. L'année ne se passera pas, espérons-nous, sans que nous ayons atteint notre but, ce qui nous laissera la liberté de concentrer nos efforts sur la grande publication dont nous venons de vous entretenir.

Un événement plus considérable a marqué, durant l'exercice qui vient de s'écouler, notre vie sociale. Afin de faciliter la venue et l'installation des colons à Madagascar, le Gouverneur général songeait depuis longtemps à créer à Paris même un office de renseignements tenu constamment à jour des progrès et des conditions de la colonisation. Le Comité de Madagascar, l'Union Coloniale française poursuivaient le même but : une entente devait nécessairement se produire entre nos sociétés, le Gouvernement général et le Ministère des Colonies. L'accord s'est fait et dorénavant le Comité de Madagascar est qualifié pour transmettre aux intéressés les renseignements officiels, éclairer les partants sur le succès ou les conditions de succès de leur projet, documenter les arrivants sur les modifications qui surviennent dans la colonie et les tenir au courant de son fonctionnement constant.

Vous vous associerez certainement à votre conseil, Messieurs, pour offrir au général Gallieni l'hommage de notre gratitude pour cette nouvelle et grande marque de confiance et d'intérêt qu'il vient de donner à notre œuvre : elle nous impose de grands devoirs.

Nous devons vous signaler aussi un autre témoignage de sympathie que nous avons reçu de MM. les ministres de la Guerre et de la Marine, qui ont bien voulu autoriser les officiers placés sous leur dépendance à se faire inscrire au nombre de nos membres : c'est une faveur bien rarement accordée, vous le savez, ce qui doit nous la faire d'autant plus apprécier.

Les rouages de notre administration intérieure se sont perfectionnés par la création d'un certain nombre de délégués nouveaux dans les principaux centres de France et de Madagascar. Toutes ces collaborations, qui nous sont si précieuses, ont été soutenues par des conférences que nous ne manquons pas d'organiser partout et chaque fois que l'occasion s'en présente. •

Nous ne pouvons pas, bien qu'à regret, vous entretenir dans ce rapport de la situation intérieure actuelle de Madagascar. Mais vous savez tous, rien que par la lecture du *Bulletin*, combien elle s'est améliorée depuis notre dernière réunion, ce qui a permis au général Gallieni de venir passer quelque temps parmi nous.

Lors de son arrivée récente il a été reçu, à Marseille, par M. Grandidier qui lui a souhaité, en notre nom, la bienvenue. A son arrivée à Paris, notre Président a eu le plaisir de lui annoncer que toutes les grandes Sociétés coloniales et géographiques de Paris, répondant à notre appel, s'étaient groupés autour de nous pour organiser en son honneur un grand banquet et lui offrir par ce groupement le témoignage de leur attachement et de leur admiration. Le gouverneur général a bien voulu accepter cette invitation : nous vous convoquerons prochainement à cette fête qui aura lieu le 26 juin. Par l'empressement que vous apporterez à y assister, vous la rendrez, nous en sommes sûrs, aussi imposante que possible et digne en tous points du pacificateur et de l'habile organisateur de Madagascar!

Après la lecture de ce rapport, M. le R. P. Piolet demande la parole et invite l'Assemblée à exprimer ses remerciements au bureau du Conseil pour le dévouement qu'il apporte à mener à bien l'œuvre patriotique que se propose le Comité. (*Applaudissements*).

Au nom du bureau, M. le Président remercie l'Assemblée de ce témoignage de confiance. Il ajoute que tous les amis de Madagascar doivent exprimer d'une manière toute particulière leur gratitude à M. Grandidier, membre de l'Institut. Dans quelques jours va paraître le *Guide de l'Immigrant à Madagascar* qui comprendra trois forts volumes, accompagnés de cartes et de plans. La matière de cet important ouvrage a été fournie à M. Grandidier par M. le Gouverneur général et les officiers placés sous ses ordres, mais c'est M. Grandidier, qui a mis en œuvre ces matériaux, grâce à un travail acharné pendant six mois sans interruption. (*Applaudissements*).

M. le Président exprime au nom de l'Assemblée ses remerciements à M. Cl. Delhorbe qui grâce à son dévouement, à son activité, à son récent voyage à Madagascar a tant contribué à faire du Comité ce qu'il est devenu. (*Applaudissements*).

La transformation du *Bulletin du Comité de Madagascar* en une *Revue de Madagascar* est adoptée par acclamation.

L'ordre du jour appelle une *Causerie sur l'Etat actuel de Madagascar* par M. A. Jully.

Voici une analyse succincte de cette causerie pleine d'entrain et de verve et qui a obtenu un très vif succès.

Le gouverneur général publie en ce moment un rapport qui donne une idée d'ensemble de la situation de Madagascar. L'orateur fait toutefois remarquer que le simple contraste suivant prouvera la différence entre la situation actuelle et celle qui existait en septembre 1896, date de l'arrivée du général Gallieni. Maintenant on peut se promener dans l'Imerina, en toute sécurité, en septembre 1896, l'orateur qui habitait dans la banlieue de Tananarive ne couchait jamais sans un winchester chargé à côté de lui.

Deux mesures récentes doivent retenir l'attention : 1° un projet de décret réglementant le travail des indigènes en Imerina, ayant pour objet de réprimer quelques abus qui se sont produits en 1898, et de tenir compte de quelques erreurs que l'expérience a démontrées (Voir *Journal officiel de Madagascar* du 22 avril) 2° l'organisation de l'enseignement professionnel.

L'expérience a prouvé que les Hovas ont une grande facilité d'assimilation : en un an des Hovas inexpérimentés deviennent des apprentis assez habiles. Le gouverneur général a donc décidé d'adjoindre à toutes les écoles de l'île des ateliers professionnels.

La situation financière est bonne. L'excédent des recettes sur les dépenses pour l'exercice 1898 se monte à 1.800.000 francs. Cette somme est égale au montant de la subvention allouée par la métropole. Le gouverneur général a l'intention pendant son séjour en France de demander au Ministre de proposer au Parlement d'affecter la dite subvention au gage d'un emprunt de 60 millions, absolument indispensable pour doter la Colonie d'une partie de l'outillage économique qui lui est nécessaire.

Les travaux publics s'imposent absolument. Les commandants de cercle ont déjà fait ce qu'ils ont pu pour créer des routes, mais leurs efforts n'ont, par suite du manque d'argent, obtenu nécessairement qu'un résultat limité.

Les frais de transport entre Tananarive et la côte grèvent tout kilo apporté à Tananarive d'une somme de 0 fr. 80. Les denrées locales sont très bon marché, mais les denrées étrangères très coûteuses. La vie du colon est donc encore onéreuse. En outre une voie de communication permettra l'exportation des produits de l'île qui actuellement se réduit à si peu de chose. Actuellement sur toute la côte Est, c'est du riz des Indes qu'on consomme. Or de tous côtés en Imerina il y a des terrains qui pourraient être convertis en rizières. De même la culture du coton qui a bien réussi au temps de Radama I pourra être reprise avec succès. Le Hova est très âpre au gain. Dès qu'il saura qu'il peut s'enrichir en exportant des produits agricoles, on peut être certain qu'il se mettra à les cultiver.

L'orateur donne ensuite quelques détails sur les recensements de la population à Madagascar, les données actuelles permettent de l'évaluer approximativement à 3.450.000 habitants. Mais certaines tribus de l'île, telles que les Mahafalys sont encore absolument inconnues.

L'orateur termine en se félicitant de voir le Comité de Madagascar devenir une sorte d'agence de renseignements pour tous ceux qui veulent aller à Madagascar. On y voit arriver tant de gens qui ne savent ni où ils veulent aller, ni à quelle occupation ils veulent s'adonner, en un mot qui sont complètement ignorants, qu'une agence de ce genre est absolument indispensable.

(Applaudissements.)

Au nom de l'Assemblée, M. le Président remercie M. Jully de son intéressante communication, il ajoute que

M. Jully est chargé conjointement avec M. Grosclaude de l'organisation de l'exposition de Madagascar en 1900, les plans qu'il a eus sous les yeux lui permettent d'affirmer le très vif intérêt que cette exposition présentera.

La séance est levée à six heures.

Liste des nouveaux Membres du Comité.

Membres fondateurs :

MM. CHANDON ET Cie, Epernay.

ALBERT ROUX, La Pascalette, Salins d'Hyères, Var.

A. DUCHESNE, procureur général, Tananarive.

ED. PREMIER fils, Romans (Drôme).

LOUIS JANE, négociant importateur, 66, rue des Martyrs.

LOUIS PLASSARD, 80, boulevard de Courcelles, Paris.

Membres sociétaires :

MM. FONTOYNONT, négociant, 7, avenue des Gobelins, Paris.

L. PANTON, Majunga.

G. LAUTH, 1, rue de la Douane, Strasbourg.

ACHILLE HAITZ, Schiffmattweg, 9. Strasbourg.

J. O. SEIB, directeur de la Société de forage, Robertsau, Strasbourg.

LUCIEN FREMY, Chalonnes-sur-Loire.

J. B. MIRO, 26, rue de Chartres, Neuilly-sur-Seine, administrateur de la Compagnie des Messageries françaises de Madagascar.

LA COMPAGNIE DES MESSAGERIES FRANÇAISES DE MADAGASCAR, 14, rue de Milan, Paris.

EMMANUEL PINCHON, 68, rue de la Chaussée-d'Antin.

LÉON MONIÉ, Suberbieville.

LÉON FAYOL, agent de change, courtier maritime, Dunkerque.

OCTAVE DIAMANTI, directeur de la Compagnie coloniale des Mines d'or de Suberbieville et de la Côte-Ouest de Madagascar.

FRANÇOIS STEPHEN-RIBES, administrateur de la Compagnie française de commerce et de navigation à Madagascar, 166, boulevard Haussmann, Paris.

MM. L. Robin, Tamatave.

François Crozier, consul de France, à Liège.

Lieutenant-Colonel Gérard, Tananarive.

Membres adhérents :

MM. Levray, Majunga.

Ed. Bourdon, explorateur, 6, rue du Conservatoire, Paris,

J. Crocombette, 18, rue des Capucines, Lyon.

Comte de Carné Trécesson, chef d'escadron 2e hussards, Senlis, Oise.

Hugues Laroussie, négoc. commissionnaire, Le Caire, Egypte.

Cornibé fils, négociant, Le Tauzin Saint-Augustin, Artignemale, Bordeaux.

Camille de Rechniewski, ingénieur civil, 5 bis, rue d'Odessa, Paris.

Pierre Ledertin, ingénieur, 16, rue Rualménil, Epinal.

François Cape, Frontignan par St-Pé d'Ardet, Hte-Garonne

Jean Richard, Tamatave.

Pannelier, 26, rue des Tournelles, Paris.

Alfred Hoiriel, ingénieur, 9, rue Stœber, Strasbourg.

André Fuchs, Tamatave.

Clotaire Eudes, pharmacien, Port-en-Bessin, Calvados.

P. Ducret et Cie, négociants commissionnaires, 24, rue des Petites-Ecuries.

J. Bocuze et Cie, 22, rue de Crillon, Lyon, Brotteaux.

Syreizol et J. Carrère, 3, rue du Teich, Bordeaux.

C. Fischer.

Bault, ingénieur, 1, rue Bât-d'Argent, Lyon.

Comte, capitaine de gendarmerie, Tananarive.

A. Dietrich, Tananarive.

H. de la Valette, ingénieur des Mines, 62, boulevard Saint-Germain.

Bourdier, chef du service topographique, Tananarive.

Godefroy-Lebœuf, horticulteur, impasse Girardon, Paris.

Léon Ségard, étudiant, 69, boulevard Gambetta, Tourcoing, Nord.

Amiard, Fougères, Ille-et-Vilaine, 36, place du Théâtre.

Gaston Sol, Amboanio (Majunga), Madagascar.

Ch. Guichard, Diégo-Suarez.

Pierre Jeanson, directeur des Mines d'Antongobato, Diégo-Suarez.

Jules Poirier, 16, rue Jean-Pouyat, Limoges, Haute-Vienne.

BIBLIOGRAPHIE

Guide de l'Immigrant à Madagascar, publié par la Colonie avec le concours du Comité de Madagascar, 3 vol. in-8°, 1 Atlas in-4°, Paris, Armand Colin et Cie. Prix 40 francs.

T. I. Histoire, géographie, organisation administrative.

T. II. Productions, industries, commerce, culture, colonisation.

T. III. Voies de communication, hygiène, documents officiels, législation.

L'Atlas comprend 40 cartes, cartons, profils et plans.

Nous ne saurions mieux donner une idée de l'esprit dans lequel cet ouvrage est conçu qu'en publiant l'extrait suivant de la préface :

Le Gouvernement de la Colonie devait à tous de publier des données certaines sur la colonisation de Madagascar, de fixer des bases d'appréciation, dans un esprit dégagé de toutes considérations étrangères au bien de la Colonie et aux intérêts des Français qui veulent tenter sa mise en valeur : de là le *Guide* que nous avons l'honneur de présenter au public.

Dès que l'état de la pacification a permis d'y songer, l'administration s'est immédiatement préoccupée de faciliter par tous les moyens en son pouvoir la venue et l'établissement de nos compatriotes dans la Colonie. C'est dans ce but qu'ont été institués les bureaux de colonisation au chef-lieu de chaque cercle et de chaque province, et l'office du travail au Gouvernement général. De plus, l'administration a fait reconnaître, étudier, délimiter des lots dans chaque province ou cercle, de telle sorte que le colon arrivant de France peut immédiatement être mis en possession de l'un de ces lots qu'il choisit d'après le genre d'exploitation auquel il désire se livrer. Chaque lot fait l'objet d'une notice descriptive très complète accompagnée de croquis détaillés. Le lecteur trouvera dans cet ouvrage le résumé de toutes ces notices et pourra, à l'aide de la carte générale des lots que contient l'atlas, jeter en toute connaissance de cause son dévolu sur un terrain approprié à l'exploitation qu'il se propose d'entreprendre. Le même chapitre lui donnera en outre l'indication de toutes les formalités à remplir pour obtenir une concession agricole, soit à titre gratuit, soit à titre onéreux, en même temps que tous les renseignements désirables sur les conditions d'installation et d'existence dans la région, le prix de la main-d'œuvre, les moyens de communication et de transport, etc. ; les cultures qui, présentant le plus de chances de réussite, semblent devoir être conseillées, font l'objet d'un autre chapitre. Les productions végétales actuelles de l'île sont exposées tout au long dans la troisième partie; voilà pour l'agriculteur.

De son côté, le commerçant trouvera un exposé complet de la situation commerciale dans les différentes provinces de l'île, avec les prix de tous les articles ou denrées, l'indication des centres commerciaux, des tendances des demandes et des offres.

Enfin, l'industriel pourra consulter le tableau des principales industries que l'on rencontre aujourd'hui dans la grande île, le détail de celles qui paraissent pouvoir être entreprises avec succès dans la Colonie, avec les différentes régions qui s'y prêtent, les capitaux qu'elles exigent et les meilleures conditions et avantages de chacune d'elles. Toutes les formalités à remplir pour obtenir soit une concession forestière, soit une concession minière, sont exposées avec clarté.

Ces renseignements, comme d'ailleurs tous ceux que contient l'ouvrage, ont été puisés aux sources les plus autorisées. Ils sont empruntés, la plupart du temps, aux rapports des administrateurs et commandants de cercles, mieux à même que personne de connaître à fond la situation économique de leur circonscription.

Le travail que nous publions aujourd'hui, on le comprendra, ne peut donc pas être définitif. De jour en jour, en effet, Madagascar nous devient plus connue. Cependant, nous avons cru qu'il était préférable de dire maintenant, simplement et sincèrement, ce que l'on sait de la grande île, pour certains, objet d'un mirage trompeur, pour d'autres, terre de malédiction et de désolation.

Nous souhaitons que ce *Guide*, qui n'a d'autre prétention que de commencer à faire connaître notre nouvelle *possession*, évite à nos compatriotes qui viendront s'y fixer les tâtonnements, les incertitudes et aussi les désillusions. Nous avons confiance que, grâce aux ressources de la Colonie, à la douceur du climat de sa région centrale, beaucoup de nos *compatriotes* n'hésiteront pas à s'y établir et auront à cœur de continuer l'œuvre si brillamment commencée par nos troupes et de faire de cette terre lointaine une seconde France, la France australe.

Histoire.

Lovett (Rev. R.). *History of the London Missionary Society.*
2 vol. 1899. Oxford University Press. Prix 26 fr. 25.

Exposé de l'action de la London Missionary Society depuis sa fondation, en Océanie, dans l'Afrique australe, dans l'Inde et en Chine. La dernière partie du premier volume est entièrement consacrée à Madagascar. Nombreux portraits et plusieurs cartes.

Grammaire.

Boucabeille, officier d'ordonnance du général Gallieni, et Lavoipiere, directeur de l'Ecole normale « Le Myre de Vilers ». *Les mots français-malgaches groupés d'après le sens.* 1 vol. in-16 cartonné, Paris, Hachette et Cⁱᵉ, 1899. Prix 1 fr. 50.

Romans.

Pierre Mille. *Ramary et Ketaka.* Revue de Paris. 1ᵉʳ avril 1899.

Nouvelle dont la scène se passe à Tananarive. Description très agréable à lire de la vie des Européens dans les premiers mois qui suivirent la conquête. Episodes du fahavalisme.

OFFRES ET DEMANDES

Un des membres du *Comité*, ayant obtenu une concession de 5.000 hectares à Madagascar, désirerait trouver un commanditaire disposant de 50.000 francs.

— Jeune homme vingt-trois ans, ayant habité trois ans Madagascar, attaché au *jardin d'essai de Tananarive*, très au courant des cultures tropicales, demande emploi de gérant de cultures.

Le Gérant : A. SMITH.

Paris. — Imprimerie G. Picquoin, 53, Rue de Lille.

5ᵉ ANNÉE. — N° 2.
5 Février 1899.

BULLETIN

DU

COMITÉ DE MADAGASCAR

PUBLICATION MENSUELLE

SOMMAIRE :

	Pages.
L'Hygiène du Colon à Tananarive, par M. le Dʳ Fontoynont	49
Budget colonial et Budget local	57
Nossi Bé et la grande Terre	62
Un livre bleu sur Madagascar	68
Le Voyage de la Reine Rasoherina à la côte en 1867 (fin)	76
Nouvelles de Madagascar	83
Actes officiels	88
Informations	89
Bibliographie	96

1)

Abonnement : 12 francs par an. — Le Numéro : 1 franc

PARIS

COMITÉ DE MADAGASCAR
44, CHAUSSÉE D'ANTIN
AUGUSTIN CHALLAMEL, ÉDITEUR
17, RUE JACOB

MEMBRES D'HONNEUR

M. le Général Duchesne, ancien Commandant en chef du Corps expéditionnaire de Madagascar.

M. le Ministre des Colonies.

M. H. Boucher, ancien Ministre du Commerce.

M. le Général Galliéni, Gouverneur Général de Madagascar.

BUREAU

Président d'honneur.. M. Grandidier, Membre de l'Institut.

Président........... M. J. Charles-Roux, ancien député.

Vice-Présidents......
M. d'Estournelles de Constant, Ministre plénipotentiaire, député de la Sarthe ;
M. J. Chailley-Bert, publiciste, Secrétaire général de l'Union coloniale française.

Secrétaire général... M. C. Delhorbe, chargé de Missions à Madagascar, membre du Conseil Supérieur des Colonies.

Trésorier........... M. le Vicomte Armand.

MEMBRES DU CONSEIL

MM.

Arenberg (Prince d'), député, président du Comité de l'Afrique Française.

Brindeau, député du Havre.

Carnot, ancien député, administrateur de la Cie des Messageries Maritimes.

Courmes A., administrateur délégué de la Cie française d'exploitation et de colonisation à Madagascar.

Daleas, ingénieur.

Delacre, négociant-commissionnaire.

Delaunay-Belleville, président de la Chambre de Commerce de Paris.

Delhorbe L., administrateur de la Cie Coloniale de Madagascar.

Depincé, secrétaire général de la Société française des Nouvelles-Hébrides.

Descubes, ancien député.

Duportal, ingénieur en chef des Ponts et Chaussées.

Duprat, directeur de la Cie des Chargeurs Réunis.

Fleury-Ravarin, député de Lyon.

Grosclaude E., publiciste.

Gruet, ancien député.

Humbert, député de la Seine.

Krantz, Ministre des Travaux Publics.

Laillet, ingénieur.

Lamarzelle (de), sénateur du Morbihan.

Lanessan (de), ancien gouverneur général de l'Indo-Chine, député du Rhône.

MM.

Lasserre, député de Tarn-et-Garonne.

Maistre C., explorateur.

Mante, de la Maison Mante frères et Borelli, président du Conseil de la Cie Coloniale de Madagascar.

Mercet, vice-président du Comptoir National d'Escompte de Paris, président de l'Union Coloniale française.

Milne-Edwards, de l'Institut, directeur du Muséum.

Charles Pagnoud, consul de Belgique, administrateur délégué de la Cie Lyonnaise de Madagascar, Lyon.

Pauliat, sénateur du Cher.

Pector, de la Maison Pector et Ducout Jne, négociant-commissionnaire.

R. P. Piolet, ancien Missionnaire à Madagascar.

Perier F., président du Conseil d'administration de la Cie Havraise péninsulaire.

Rigaud, ancien ingénieur de la résidence Générale de France à Madagascar.

Siegfried, J., ancien ministre, sénateur de la Seine-Inférieure.

Suberbie, directeur de la Compagnie des Mines d'or de Suberbieville.

Torcy (Général de), ancien chef d'Etat-major du corps expéditionnaire.

COMITÉ DE RÉDACTION DU BULLETIN

MM. les Membres du Bureau.

MM. Georges Charlet, publiciste, Delacre, négociant, Duportal, ingénieur, Grosclaude, publiciste, Guillaume Grandidier, licencié ès-sciences, Jean Hess, publiciste, Iribe, publiciste, Milne-Edwards, de l'Institut, F. Pagès, publiciste.

Rédacteur en chef : M. le Secrétaire Général du Comité.

Secrétaire : M. Henri Dehérain, docteur ès-lettres, lauréat de l'Institut.

5ᵉ ANNÉE. – N° 3.   5 Mars 1899.

BULLETIN

DU

COMITÉ DE MADAGASCAR

PUBLICATION MENSUELLE

SOMMAIRE :

Pages.

M. Félix Faure et la conquête de Madagascar...   97
Stabilité gouvernementale   98
Le service géographique de l'Etat-major du corps
    d'occupation...............................   101
Les produits coloniaux et la métropole.........   114
Travaux publics et transports   116
Nouvelles de Madagascar....................   121
Actes officiels.............................   132
Informations..............................   133
Chronique du Comité : Séance du conseil ; liste
    des membres nouveaux   139
Bibliographie.............................   142

Abonnement : 12 francs par an. — Le Numéro : 1 franc.

PARIS

COMITÉ DE MADAGASCAR | AUGUSTIN CHALLAMEL, ÉDITEUR
44, CHAUSSÉE D'ANTIN | 17, RUE JACOB

5ᵉ ANNÉE. – Nᵒ 4.   5 Avril 1899.

BULLETIN

DU

COMITÉ DE MADAGASCAR

PUBLICATION MENSUELLE

SOMMAIRE

Pages.

L'Etat et la colonisation...................... 145
Le général Pennequin........................ 150
L'Emigration des Françaises à Madagascar..... 152
La question des chemins de fer à Madagascar... 156
Instructions du Gouverneur général au sujet des
   principes de colonisation..................... 162
Nouvelles de Madagascar..................... 183
Actes officiels.............................. 185
Informations............................... 186
Chronique du Comité........................ 191
Nécrologie................................. 191
Offres et demandes......................... 192

Abonnement : 12 francs par an. — Le Numéro : 1 franc.

PARIS

COMITÉ DE MADAGASCAR | AUGUSTIN CHALLAMEL, ÉDITEUR
44, CHAUSSÉE D'ANTIN | 17, RUE JACOB

MEMBRES D'HONNEUR

M. le Général Duchesne, ancien Commandant en chef du Corps expéditionnaire de Madagascar.
M. le Ministre des Colonies.
M. H. Boucher, ancien Ministre du Commerce.
M. le Général Galliéni, Gouverneur Général de Madagascar.

BUREAU

Président d'honneur.. M. Grandidier, Membre de l'Institut.

Président.......... M. J. Charles-Roux, ancien député.

Vice-Présidents...... M. d'Estournelles de Constant, Ministre plénipotentiaire, député de la Sarthe ; M. J. Chailley-Bert, publiciste, Secrétaire général de l'Union coloniale française.

Secrétaire général... M. C. Delhorbe, chargé de Missions à Madagascar, membre du Conseil Supérieur des Colonies.

Trésorier.......... M. le Vicomte Armand.

MEMBRES DU CONSEIL

MM.

Arenberg (Prince d'), député, président du Comité de l'Afrique Française.

Brindeau, député du Havre.

Carnot, ancien député, administrateur de la Cie des Messageries Maritimes.

Catoire, administrateur des grands Bazars du Betsileo.

Courmes A., administrateur délégué de la Cie française d'exploitation et de colonisation à Madagascar.

Daleas, ingénieur.

Delacre, négociant-commissionnaire.

Delaunay-Belleville, président de la Chambre de Commerce de Paris.

Delhorbe L., administrateur de la Cie Coloniale de Madagascar.

Depincé, secrétaire général de la Société française des Nouvelles-Hébrides.

Descubes, ancien député.

Duportal, ingénieur en chef des Ponts et Chaussées.

Duprat, directeur de la Cie des Chargeurs Réunis.

Fleury-Ravarin, député de Lyon.

Grosclaude E., publiciste.

Grust, ancien député.

Honoré, directeur des grands Magasins du Louvre.

Krantz, Ministre des Travaux Publics.

Laillet, ingénieur.

Lanessan (de), ancien gouverneur général de l'Indo-Chine, député du Rhône.

MM.

Lasserre, député de Tarn-et-Garonne.

Maistre C., explorateur.

Mante, de la Maison Mante frères et Borelli, président du Conseil de la Cie Coloniale de Madagascar.

Mercet, vice-président du Comptoir National d'Escompte de Paris, président de l'Union Coloniale française.

Milne-Edwards, de l'Institut, directeur du Muséum.

F. Pagès, administrateur délégué de la Société auxiliaire de Colonisation française à Madagascar.

Charles Pagnoud, consul de Belgique, administrateur délégué de la Cie Lyonnaise de Madagascar, Lyon.

Pauliat, sénateur du Cher.

Pector, de la Maison Pector et Ducout Jne, négociant-commissionnaire.

R. P. Piolet, ancien Missionnaire à Madagascar.

Perier F., président du Conseil d'administration de la Cie Havraise péninsulaire.

Rigaud, ancien ingénieur de la résidence Générale de France à Madagascar.

Siegfried, J., ancien ministre, sénateur de la Seine-Inférieure.

Torcy (Général de), ancien chef d'Etat-major du corps expéditionnaire.

COMITÉ DE RÉDACTION DU BULLETIN

MM. les Membres du Bureau.

MM. Georges Charlet, publiciste, Delacre, négociant, Duportal, ingénieur, Grosclaude, publiciste, Guillaume Grandidier, licencié ès-sciences, Jean Hess, publiciste, Iribs, publiciste, Milne-Edwards, de l'Institut, F. Pagès, publiciste.

Rédacteur en chef : M. le Secrétaire Général du Comité.

Secrétaire : M. Henri Dehérain, docteur ès-lettres, lauréat de l'Institut.

5e ANNÉE. – N° 5   5 Mai 1899.

BULLETIN

DU

COMITÉ DE MADAGASCAR

PUBLICATION MENSUELLE

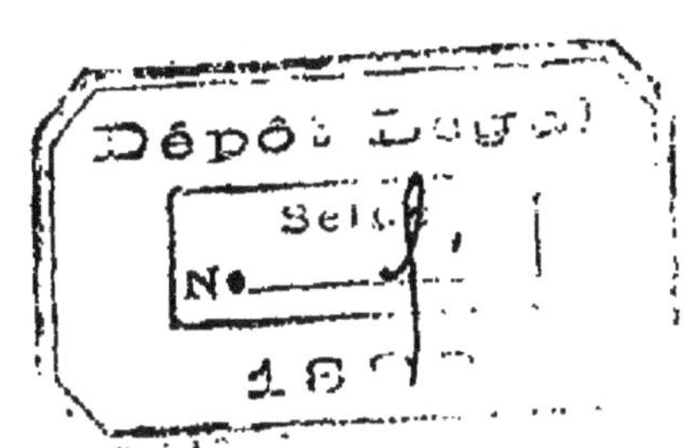

SOMMAIRE

Pages.

Navigation de la Tsiribihina..................... 193
La situation minière de Madagascar............... 195
Les Concessions des terres domaniales........... 199
Instructions du Gouverneur général au sujet des
    principes de colonisation (*fin*).............. 208
L'Etat et la colonisation........ 220
Les viandes de conserve de Madagascar........ 223
Nouvelles de Madagascar..................... 225
Actes officiels.............................. 232
Informations................................ 234
Chronique du Comité...... 237
Bibliographie................................. 240

Abonnement : 12 francs par an. — Le Numéro : 1 franc

PARIS

COMITÉ DE MADAGASCAR | AUGUSTIN CHALLAMEL, ÉDITEUR

44, CHAUSSÉE D'ANTIN | 17, RUE JACOB

5ᵉ ANNÉE. — Nᵒ 6.

5 Juin 1899.

BULLETIN

DU

COMITÉ DE MADAGASCAR

PUBLICATION MENSUELLE

SOMMAIRE

	Pages.
Banquet d'honneur offert à M. le général Galliéni.	241
Historique des troubles du Nord-Ouest............	242
Voyage dans la vallée du Bas Mangoky et à travers le Fiherenana, par E. J. Bastard (*suite*)	257
Le retour de M. le général Gallieni	264
Actes officiels...............................	267
Nouvelles et informations....................	268
Chronique du Comité : séance du Conseil et Assemblée générale annuelle du 31 mai. — Liste des membres nouveaux...............	273
Bibliographie	286
Offres et demandes..........................	288

Abonnement : 12 francs par an. — Le Numéro : 1 franc.

PARIS

COMITÉ DE MADAGASCAR | AUGUSTIN CHALLAMEL, ÉDITEUR

44, CHAUSSÉE D'ANTIN | 17, RUE JACOB

MEMBRES D'HONNEUR

M. le Général Duchesne, ancien Commandant en chef du Corps expéditionnaire de Madagascar.

M. le Ministre des Colonies.

M. H. Boucher, ancien Ministre du Commerce.

M. le Général Galliéni, Gouverneur Général de Madagascar.

BUREAU

Président d'honneur.. M. Grandidier, Membre de l'Institut.

Président-Trésorier.. M. J. Charles-Roux, ancien député.

Vice-Présidents...... M. d'Estournelles de Constant, Ministre plénipotentiaire, député de la Sarthe ; M. J. Chailley-Bert, publiciste, Secrétaire général de l'Union coloniale française.

Secrétaire général... M. C. Delhorbe, chargé de Missions à Madagascar, membre du Conseil Supérieur des Colonies.

MEMBRES DU CONSEIL

MM.

Arenberg (Prince d'), député, président du Comité de l'Afrique Française.

Brindeau, député du Havre.

Carnot, ancien député, administrateur de la Cie des Messageries Maritimes.

Catoire, administrateur des grands Bazars du Betsileo.

Courmes A., administrateur délégué de la Cie française d'exploitation et de colonisation à Madagascar.

Daleas, ingénieur.

Delacre, négociant-commissionnaire.

Delaunay-Belleville, président de la Chambre de Commerce de Paris.

Delhorbe L., administrateur de la Cie Coloniale de Madagascar.

Depincé, secrétaire général de la Société française des Nouvelles-Hébrides.

Descubes, ancien député.

Duportal, ingénieur en chef des Ponts et Chaussées.

Duprat, directeur de la Cie des Chargeurs Réunis.

Fleury-Ravarin, député de Lyon.

Grosclaude E., publiciste.

Gruet, ancien député.

Honoré, directeur des grands Magasins du Louvre.

Krantz, Ministre des Travaux Publics.

Laillet, ingénieur.

Lanessan (de), ancien gouverneur général de l'Indo-Chine, député du Rhône.

MM.

Lasserre, député de Tarn-et-Garonne.

Maistre C., explorateur.

Mante, de la Maison Mante frères et Borelli, président du Conseil de la Cie Coloniale de Madagascar.

Mercet, vice-président du Comptoir National d'Escompte de Paris, président de l'Union Coloniale française.

Milne-Edwards, de l'Institut, directeur du Muséum.

F. Pagès, administrateur délégué de la Société auxiliaire de Colonisation française à Madagascar.

Charles Pagnoud, consul de Belgique, administrateur délégué de la Cie Lyonnaise de Madagascar, Lyon.

Pauliat, sénateur du Cher.

Pector, de la Maison Pector et Ducout Jne, négociant-commissionnaire.

R. P. Piolet, ancien Missionnaire à Madagascar.

Perier F., président du Conseil d'administration de la Cie Havraise péninsulaire.

Rigaud, ancien ingénieur de la résidence Générale de France à Madagascar.

Siegfried, J., ancien ministre, sénateur de la Seine-Inférieure.

Torcy (Général de), ancien chef d'Etat-major du corps expéditionnaire.

COMITÉ DE RÉDACTION DU BULLETIN

MM. les Membres du Bureau.

MM. Georges Charlet, publiciste, Delacre, négociant, Duportal, ingénieur, Grosclaude, publiciste, Guillaume Grandidier, licencié ès-sciences, Jean Hess, publiciste, Iribe, publiciste, Milne-Edwards, de l'Institut, F. Pagès, publiciste.

Rédacteur en chef : M. le Secrétaire Général du Comité.

Secrétaire : M. Henri Dehérain, docteur ès-lettres, sous-bibliothécaire de l'Institut.

www.ingramcontent.com/pod-product-compliance
Lightning Source LLC
LaVergne TN
LVHW080327210726
843507LV00021B/1002